广西文物保护与考古研究所学术丛书

广西科技重点研发计划项目成果

广西不可移动文物基础数据采集关键技术研究

杨清平　赖兰芳　张亦汉　马　华　著

广西科学技术出版社

·南宁·

图书在版编目（CIP）数据

广西不可移动文物基础数据采集关键技术研究 / 杨清平等著 . —南宁：广西科学技术出版社，2023.11
ISBN 978-7-5551-2100-8

Ⅰ.①广… Ⅱ.①杨… Ⅲ.①文物—数据采集—研究—广西 Ⅳ. ①K872.67

中国国家版本馆CIP数据核字（2023）第225822号

GUANGXI BUKE YIDONG WENWU JICHU SHUJU CAIJI GUANJIAN JISHU YANJIU
广西不可移动文物基础数据采集关键技术研究
杨清平　赖兰芳　张亦汉　马　华　著

策划组稿：罗煜涛　　装帧设计：梁　良
责任编辑：李　媛　　责任校对：苏深灿
责任印制：韦文印

出 版 人：梁　志
出版发行：广西科学技术出版社
社　　址：广西南宁市东葛路 66 号　　邮政编码：530023
网　　址：http://www.gxkjs.com

印　　刷：广西民族印刷包装集团有限公司

开　　本：787 mm × 1092 mm　1/16
字　　数：497 千字　　印　　张：20.75
版　　次：2023 年 11 月第 1 版
印　　次：2023 年 11 月第 1 次印刷
书　　号：ISBN 978-7-5551-2100-8
定　　价：198.00 元

序

杨清平教授及其研究团队著的《广西不可移动文物基础数据采集关键技术研究》一书即将出版，他邀请我为该书作序，我欣然应允。

该书是广西壮族自治区科学技术厅2019年度广西重点研发计划项目——“广西不可移动文物基础数据采集关键技术研究”的最终研究成果。项目负责人、著作第一作者杨清平教授是我的好朋友，他是年轻的二级教授，长期在考古一线工作，主持了多项国家级、省部级和市厅级研究课题，在国际和国内刊物上发表了一系列有重要学术影响力的研究文章，在广西考古、花山岩画研究和文化遗产保护等方面均取得了十分重要的成果。赖兰芳教授是广西文物保护与考古研究所的副所长，长期从事单位的管理和学术研究工作，主持和参与了大量的研究课题，尤其是在公共考古方面倾注了大量心血，取得了不少成果。其余两位作者张亦汉和马华分别是广东财经大学的副教授和深圳砺剑天眼科技有限公司副总经理，分别是地理信息系统和信息技术领域的专家，他们虽然比较年轻，但是均在各自研究领域颇有建树。看到他们经过三年的艰苦工作，取得了这一重量级的研究成果，我感到由衷的高兴。

我是做科技考古的，对科学技术在考古和文化遗产保护中的重要作用有着较为深刻的体会。就考古而言，科学技术在研究遗址埋藏环境、气候、年代、遗物成分、器物制作技术和工艺流程、微痕、生物基因遗传等方面具有不可替代的作用，国内外科研人员正在运用科技力量有力推动考古学研究向更深、更广的方向发展。就文化遗产保护而言，由于自然因素和人为因素的影响，众多文化遗产面临破坏、损毁甚至消失的风险，因此如何运用科学技术保护文化遗产，延续文化根脉，是我们面临的紧迫任务。

近年来，文化遗产保护引起了国内外相关组织和部门的重视。例如，1992年联合国教科文组织开始推动“世界记忆”项目，旨在世界范围内利用信息技术实现文化遗产的数字化，以便永久保存并最大限度地使公众分享文化遗产。在我国，国务院发布了《关于加强文化遗产保护工作的通知》，国家文物局发布了《历史文化遗产保护领域中长期科学和技术发展规划战略研究报告》等，这些文件都是政府层面在文化遗产保护中重视发挥科技力量的具体表现。同时，我国学者运用科学技术手段在遗址和遗迹现场保护以及遗物的展示、研究与利用方面做了大量工作，成绩斐然。当然，我们也应该清醒地看到，虽然很多新技术被不断运用于考古和文化遗产保护当中，但是仍面临很多的问题。例如，不是所有的技术都很成熟，有的还处于尝试阶段。又如，有的技术不是在所有的地区都能够适用，不能完全满足各地文物保护的要求。凡此等等，均要求我们要因地制宜，不断加大面向考古和文化遗产保护的科技研发力度，以便更好地促进文物保护事业的健康发展。

广西拥有一万多处不可移动文物，文化遗产资源极为丰富。同样地，由于广西的不可移动文物往往长期暴露在外，长时间经历风化侵蚀和人为破坏，相当一部分已经被腐蚀、损坏，甚至倒塌。如何更好地记录、保存、复原、传承历史文物并再现其历史价值，促进其保护与合理利用，是广西文物工作者需要思考的问题。

正是在这样的背景下，清平教授等人通过运用不同技术手段、设计不同的参数，对广西不同类别的不可移动文物进行了数据采集技术研究，重点研究了多种不同地理信息技术应用于不可移动文物的方式方法，这是加强科技手段研究，并将其运用于文化遗产保护的具体实践，对不可移动文物保存、修复和应用均具有重要意义。目前，虽然有学者运用不同的科技手段对一些文物进行了数据采集，但是要实现真正意义上的不可移动文物数字化还存在一些技术难题。如激光扫描类技术虽可对不透明物体获取点云数据，但后期数据管理、纹理展示开发功能却较弱；环物摄影类技术虽能够获取实物形状，但不能获取物体的三维空间点云数据，无法开发后期测量展示功能；“激光扫描＋摄影类”技术的后期工作量大，对复杂结构的文物本体容易形成数据缺失而无法完成贴图，其成果需要借助人工修补干预，难以保证展示成果的科学性。同时，还需要考虑当地的地形地貌及各种障碍物的影响。更为重要的是，对于不同类别文物，到底运用何种技术进行数据采集才是最合适的手段，学者们还没有统一的认识，尤其是针对一些特殊文物的数据采集，目前还没有一套成熟的技术手段。清平教授带领的团队，立足广西不可移动文物保护的实际情况，研究影响不可移动文物数据采集的因素及其贡献的度量、不可移动文物的室内和室外三维建模精确匹配与融合、点云与倾斜数据的融合建模、多技术综合的不可移动文物的多维展示等多方面的内容，突破了当前不可移动文物数据采集中仅采用室内或室外形式的局限，率先采用无人机实现室内外一体化建模，实现了不可移动文物的精确三维建模，并在充分对比研究的基础上，发现了不同技术手段在具体运用中的优缺点，从而找到了广西不同类型文物可以运用的技术手段和最适宜运用的技术手段，特别是运用了新近发展的贴近摄影测量技术，能够很好地记录地理信息，无缝地贴合国土空间规划，还能够高精度地展示文物本体的细节，是一种非常适宜推广的全新技术。

找到一套适合广西实际情况的不可移动文物数据采集技术是文物工作者苦苦追寻的目标，这次在清平教授及其团队的努力下终于得以实现，其意义深远，且不可低估。更为重要的是，他们在研究数据采集技术的基础上，制定了《广西不可移动文物贴近摄影测量数据采集技术标准》《广西不可移动文物倾斜摄影数据采集技术标准》《广西不可移动文物三维激光扫描数据采集技术标准》《广西不可移动文物全景摄影数据采集技术标准》等四个技术标准。这是空间数据采集技术在广西不可移动文物上的本土化体现，具有很强的应用价值。这些标准具有前瞻性、创新性、科学性、实用性和推广性等特点，广西壮族自治区文物局组织专家评审后，同意将上述四个标准作为广西不可移动文物数据采集的地方准则。这使广西第一次有了不可移动文物数据采集方面的技术遵循，填补了空白。这种标准在全国各地也不多见，具有极为重要的现实意义和历史意义。

清平教授及其团队还综合应用多种技术从多维度展示不可移动文物，并开发相应的系统平台以支持其演示。书中介绍的“广西不可移动文物综合管理平台”已经在国家知识产权局登记，未来必将在广西全区文物管理中发挥重要的作用。项目成果以产品（包括视频、图片和模型）、标准和学术论文等形式展示，得到了相关同行的广泛认可。

该书是广西文物系统第一次进行不可移动文物基础数据采集技术的综合研究成果，内容十分丰富，在多个方面填补了广西空白，是一项具有开创性意义且极具分量的重要研究成果。通过实验对比，为广西找到的一套最合理、最优化的文物数据采集技术，将助力广西文物数字化保护水平迈上一个新的台阶；开发的一套适合广西不可移动文物管理特点的管理系统，将为广西不可移动文物的规范化管理提供基础数据和分析依据；制定的四个技术标准，将进一步提升广西不可移动文物数据采集的规范化、科学化水平。此外，研究中所获得的基础数据也弥足珍贵。我相信，该书的出版必将极大地推动广西乃至全国文化遗产科技保护的进一步发展，尤其是推动最优数字化技术在不同文物类型基础数据采集中的研究和运用。

是为序。

万辅彬

2023 年 10 月于南宁

［序作者万辅彬先生，系广西民族大学（原广西民族学院）原副校长，广西民族大学二级教授，中国科学院自然科学史研究所兼职博士生导师，广西高等学校首届教学名师，中国科技史、科技文化、科技考古、铜鼓文化研究专家。享受国务院政府特殊津贴。］

内容提要

本书获广西壮族自治区科学技术厅2019年度广西重点研发计划项目——“广西不可移动文物基础数据采集关键技术研究”（项目合同为桂科AB19185006）资助。

本书分别阐述广西不可移动文物基础数据采集关键技术研究项目概况，项目研究背景、建设必要性和可行性，项目研究总体技术路线设计，基础数据采集可行性实验论证过程，综合管理平台总体技术设计，广西不可移动文物数据采集技术标准制定，项目研究总结等内容，重点研究倾斜摄影测量技术、贴近摄影测量技术、三维激光扫描技术、全景摄影技术、偏振光成像技术、高光谱成像技术等多种技术运用于广西五种不同类型的不可移动文物数据采集的核心参数，以期寻找最适合目前广西不可移动文物数据采集的技术与方法，并在此基础上制定不同技术应用于广西不可移动文物数据采集的标准。

本书是第一部专门研究广西不可移动文物基础数据采集技术的著作，具有较强的创新性。书中列出了部分核心技术的优缺点，并针对每一类遗址可以采用的技术进行推荐。书中列出的四种技术标准也是广西文物部门制定的第一个文物保护方面的技术标准，具有前瞻性、创新性、科学性、实用性和推广性等特点。书中介绍的“广西不可移动文物综合管理平台”是目前广西第一个真正意义上的不可移动文物综合管理系统。

本书旨在报告研究成果，并为广西不可移动文物的保护、研究、利用和管理等方面提供重要参考依据。

目 录

第一章

广西不可移动文物基础数据采集关键技术研究项目概况

第一节　项目概述

“广西不可移动文物基础数据采集关键技术研究”项目是由广西文物保护与考古研究所、砺剑防务技术集团有限公司共同申报，2019 年经广西壮族自治区科学技术厅批准为广西重点研发计划项目（桂科 AB19185006），项目负责人为杨清平，实施时间为 2019 年 9 月至 2022 年 9 月。

一、总体目标

通过对相关技术和设备的考察、实验与研究，找到一套适合广西独特地理环境的不可移动文物数据采集技术和方法。具体目标包括：

（1）通过选取代表性遗存，对初步筛选的核心技术进行对比实验和研究，找到针对不同类型不可移动文物最适合的采集技术和方法。

（2）运用最适合的技术，对广西五种不同类别的典型不可移动文物（包括古墓葬、古遗址、古建筑、古壁画和古石刻，共 15 处）进行数据采集，高保真还原本体特征、所处自然和人文环境等信息。

（3）先构建适合存储不可移动文物的数据库，再开发一套适合广西不可移动文物管理特点的管理系统。通过管理系统评估分析文物现状，获得文物本体基础状态和周边环境信息，并对数字信息进行分析处理，为实现不可移动文物的规范化管理提供基础数据和分析依据。

（4）制定一套由广西壮族自治区文物局组织专家认定的广西不可移动文物数据采集技术标准，以方便全区推广应用。

二、主要研究内容

（1）通过文献检索和现场考察，对国内外现有的各种不可移动文物数据采集技术进行分析，全面了解国内外数据采集技术的应用情况。

（2）通过对不同种类（体量、类型和环境）的典型不可移动文物进行室内、户外建模实验，将不同参数的模型进行比对分析，总结现存问题和技术难点。[①]

① 彭颖，杨清平．广西文物建筑基础数据采集数字化技术研究策略［J］．企业科技与发展，2021（1）：46-48，51。

（3）利用高光谱成像、偏振光成像、三维扫描和摄影测量等技术，获取不可移动文物本体形貌特征、所处环境、地理信息等基础数据，找到广西特殊地理环境下不同类别不可移动文物数据采集的最佳方法。

（4）从建模技术难点、参数选取、数据应用等几个环节进行分析、完善、补充，使新技术更好地应用在不可移动文物保护中。①

（5）建立数据库，进行信息分类分析，完成数据融合。将所获取的各项文物的地理位置、周边环境、形貌特征等信息进行安全、可靠地存储，并加以分析、综合。

（6）根据各种不同数据采集技术的特点和广西各类不可移动文物数据采集的要求，总结出适合广西不可移动文物数据采集技术方法，并制定相应的标准。②

（7）建立广西不可移动文物管理系统，对不可移动文物的规范化管理提供建议。

第二节　报告编制依据

本报告的编制既遵循国家和广西的法律法规、部门规章及规范性文件，也遵循有关测量技术方面的行业标准。

一、国家法律法规、部门规章及规范性文件

国家法律、法规、部门规章及规范性文件主要有以下几个：

（1）《中华人民共和国文物保护法》。

（2）《国务院关于进一步加强文物工作的指导意见》（国发〔2016〕17号）。

（3）《中共中央办公厅　国务院办公厅关于加强文物保护利用改革的若干意见》（中办发〔2018〕54号）。

（4）《中共中央办公厅　国务院办公厅关于实施革命文物保护利用工程（2018—2022）的意见》（中办发〔2018〕45号）。

（5）《中华人民共和国建筑法》。

（6）《文物保护工程管理办法》。

（7）《不可移动文物认定导则（试行）》。

① 彭颖，杨清平．广西文物建筑基础数据采集数字化技术研究策略［J］．企业科技与发展，2021（1）：46-48，51。

② 同①。

二、广西壮族自治区地方性法律法规、部门规章及规范性文件

（1）《广西壮族自治区文物保护条例》。

（2）《广西壮族自治区人民政府关于进一步加强文物工作的实施意见》（桂政发〔2016〕68号）。

（3）《广西壮族自治区人民政府办公厅关于进一步加强文物安全工作的实施意见》（桂政办发〔2018〕61号）。

（4）《关于加强文物保护利用改革的若干措施》（桂办发〔2019〕100号）。

三、行业标准

（1）《全球定位系统（GPS）测量规范》GB/T 18314—2009。

（2）《机载激光雷达数据获取技术规范》CH/T 8024—2011。

（3）《机载激光雷达数据处理技术规范》CH/T 8023—2011。

（4）《1∶500　1∶1000　1∶2000 地形图航空摄影规范》GB/T 6962—2005。

（5）《航空摄影技术设计规范》GB/T 19294—2003。

（6）《1∶500　1∶1000　1∶2000 地形图航空摄影测量外业规范》GB/T 7931—2008。

（7）《1∶500　1∶1000　1∶2000 地形图航空摄影测量内业规范》GB/T 7930—2008。

（8）《1∶500　1∶1000　1∶2000 地形图航空摄影测量数字化测图规范》GB/T 15967—2008。

（9）《城市测量规范》CJJ/T 8—2011。

（10）《IMU/GPS 辅助航空摄影技术规范》GB/T 27919—2011。

（11）《数字航空摄影测量　空中三角测量规范》GB/T 23236—2009。

（12）《城市三维建模技术规范》CJJ/T 157—2010。

（13）《数字测绘成果质量要求》GB/T 17941—2008。

（14）《数字测绘成果质量检查与验收》GB/T 18316—2008。

（15）《测绘成果质量检查与验收》GB/T 24356—2023。

（16）《基础地理信息数字产品　数字影像地形图》CH/T 1013—2005。

（17）《基础地理信息数字成果 1∶500、1∶1000、1∶2000 数字正射影像图》CH/T 9008.3—2010。

有关法律法规、部门规章、规范性文件及行业规定，为本项目的实施提供了法律依据和规范。尤其是广西壮族自治区文化和旅游厅制定的《关于加强文物保护利用改革的若干措施》关于“实施重点文物保护利用工程”“实施革命文物保护利用工程”“建立不可移动文物保护机制”“强化科技支撑”等方面的措施，为广西不可移动文物的管理和保护提供了强有力的保障。

第三节　研究的文物类型

本项目选取古墓葬、古遗址、古建筑、古壁画和古石刻五个类别的文物进行研究，涵盖广西不可移动文物的所有类别。

一、古墓葬

古墓葬，是用来安置逝者的场所。自古以来，中国人由于受“祖先崇拜”和“视死如生”等观念的影响，对丧葬十分重视。中国古代葬俗形式多样，最常见的是土葬。土葬往往有封土、墓室、葬具和随葬品等。墓葬所展现的埋葬习俗与埋葬制度常常被视为当时社会的缩影，因此，古墓葬研究具有相当重要的意义。

二、古遗址

古遗址，是古代人类各种活动留下的遗迹和遗物的综合体，主要包括人类生产、生活而留下的不可移动的场所。通过对各种古遗址的调查、勘探和发掘，可以揭露不少古代遗迹和发现许多遗物，进而可以对相关社会情况进行深入考察，因而古遗址在考古研究与文物保护工作中具有重要价值。

三、古建筑

古建筑，是指具有历史、艺术、科学价值且在中华人民共和国成立之前修建的建筑和建筑遗迹。中国古代建筑是以木材、砖瓦为主要材料，以木构架为主要架构形式，具有框架式的结构特征，同时往往具有“间—单座建筑—庭院—建筑群”这样的平面布局结构。中国古代建筑是中国传统文化的瑰宝，我们不仅有必要让这类文物本体长期保存于世，还要让其在现代社会中发挥应有的价值。

四、古壁画

古壁画，主要指在岩穴、石崖壁面和独立岩石上的彩画、线刻和浮雕等，是最原始的绘画形式。其中，岩石是世界上最早的绘画材料。古人在岩石上磨刻和涂画，来描绘人类的生活，以及他们的想象和愿望。岩画中的各种图像，构成了文字发明以前原始人类最早的“文献”。这些图画是以绘制、雕塑或用其他手段在天然或人工洞穴的壁面上制作而成，后来也出现在建筑物的天花板上。古壁画强调主观创造，追求画面的形式美，不受客观世界的局限。传统的线描勾勒法和渲染着色法“工笔重彩”地显示出了其浓厚的民族特色，又在结构布局、人物造型、线描勾勒、赋彩设色等方面系统地反映了各个时期的文化艺术风格及其传承演变。

五、古石刻

古石刻，是指古人有意识地在碑碣等石制品或石壁表面进行文字、图案的刻画，具有重要的历史、艺术和科学价值。古石刻主要类型为摩崖石刻、画像石、石碑和岩画，其丰富的内容是一定时期经济、政治、思想文化的反映。古石刻是一种相当丰富的文化宝藏，其品种繁多、数量浩大、分布范围广泛。自先秦以来，无石不刻，无地不刻。石刻作为一种重要的记录和传播途径，在信息记录匮乏的年代，起到了重要的作用。

第四节　研究对象

考虑到广西各类文物的典型性、代表性、地域性和可行性等，本项目在古墓葬、古遗址、古建筑、古壁画和古石刻 5 个类别中各选取 3 处全国重点文物保护单位作为研究对象，最终确定了以下 15 处文物保护单位作为具体的研究对象。

一、墓葬典型代表

广西的古代墓葬数量多，分布广。在广西的全国重点文物保护单位中，有的墓葬经过发掘清理可见墓室，有的墓葬有地面设施，有的不见墓室只见封土堆。封土堆、地面设施与墓室内部的数据采集方法有所不同。我们在选取研究对象时，选取了既有封土堆又有地面设施及墓室的桂林靖江王陵之康僖王陵、有地面设施和封土堆的靖江王陵之悼僖王陵，以及只有封土堆的合浦汉墓群之四方岭墓群。

（一）靖江王陵之康僖王陵

靖江王陵位于桂林城东尧山西南麓，分别为第二代靖江王朱赞仪悼僖王陵、第三代靖江王朱佐敬庄简王陵、第四代靖江王朱相承怀顺王陵、第五代靖江王朱规裕昭和王陵、第六代靖江王朱约麒端懿王陵、第七代靖江王朱经扶安肃王陵、第八代靖江王朱邦苎恭惠王陵、第九代靖江王朱任昌康僖王陵、第十代靖江王朱履焘温裕王陵、第十一代靖江王朱任晟宪定王陵和第十二代靖江王朱履佑荣穆王陵共 11 座陵。[①] 首封靖江王的朱守谦因罪被废，后死于南京，墓葬无从考证。末世第十三、十四代靖江王因战乱未能入葬王陵。靖江王陵规模宏大，序列齐全，等级分明，分期明显，遗迹遗物保存完整，为现存明代藩王陵墓所罕见。1996 年被国务院公布为全国重点文物保护单位。

康僖王陵为靖江康僖王朱任昌及王妃支氏合葬墓，位于叠彩区大河乡尧山村委莫家村悼僖王陵北侧，营建于明万历十一年（1583 年），占地面积 9.4 亩[②]。王陵坐东朝西，陵园建筑布局对称规整，以神道为中轴线，由外到内地表遗存分别有外门台基、左右碑亭台基、中门台基、右厢房遗址、享殿台

① 蔡雄．构建明王城历史文化博览园［C］．实践与耕耘，2008：277-278.

② 1 亩约 666.7 m^2，全书同。

基和圆丘形墓冢（图 1–4–1）。笔直的神道两侧有石像生 11 对，外门前列一对武士驭马、一对守门狮，中门前由外至内分别为望柱、獬豸、石羊、石虎、麒麟、石象、文臣各一对，享殿前列一对男侍、一对女侍，保存基本完整（图 1–4–2）。石像生在雕刻技巧上注重用“形”来表现物体的性格，线条细腻，有明有暗，生动逼真。陵园以享殿为中心，依外门和中门圈以两重陵墙围护，平面呈“回”字形，陵墙遗址清晰。已修复外陵门、外陵墙、神道、中门及享殿台明。1994 年至 2002 年间，桂林市靖江王陵文物管理处先后主持完成了康僖王陵外园墙复原、陵园建筑遗址保护与环境整治、地宫清理修复等文物保护工程。

图 1–4–1　康僖王陵中轴线

图 1–4–2　康僖王陵石像生

（二）靖江王陵之悼僖王陵

悼僖王陵为靖江悼僖王朱赞仪及王妃张氏合葬墓，位于叠彩区大河乡尧山村委莫家村桂林市林业科学研究所油茶实验林地内，营建于明永乐六年（1408 年），是第一座在桂林修建的靖江王陵（图 1–4–3）。王陵坐东朝西，陵园建筑已塌毁，地表遗存有陵门基址、围墙一周、享堂基址、圆丘形墓冢。陵门外神道呈折线形，神道两侧有望柱、石羊、石虎、武士驭马、文臣各一对，这些石像生远离外门，于中门前自西向东对称排列，大体呈折线形，保存基本完整。悼僖王陵石像生在历代靖江王陵中数量最少，外形短肥粗壮，古拙质朴，石作线条不流畅，各部位比例不够协调。陵园后增建有外围墙一周，墙内除悼僖王陵外，还包括六府辅国将军朱赞伦墓及悼僖王孙追封怀顺王朱相承及其王妃谷氏墓。以外围墙计算，陵园面积 367 亩，是陵园占地面积最大的王陵。2015 年广西文物保护与考古研究所和桂林市文物工作队（今桂林市文物保护与考古研究中心）以及桂林市靖江王陵文物管理处合作，对悼僖王陵的陵园建筑遗址进行考古清理。

图 1–4–3　悼僖王陵

（三）合浦汉墓群之四方岭墓群

合浦汉墓群位于北海市合浦县廉州镇。地理坐标：东经 109° 09′ ～ 109° 15′，北纬 21° 36′ ～ 21° 42′，海拔 12 ～ 45 m。合浦汉墓群位于合浦县东北以及南部，发现于低缓的丘陵和台地上，南至禁山、廉南、平田、杨家山等大队，东至中站、廉东、冲口等大队，北至廉北、堂排、清江等大队，分布区域 68.75 km^2。[①] 墓群集中分布在四方岭、金鸡岭、风门岭、文昌塔、罗屋村、红岭头、黄泥岗、寮尾村、禁山、浪狗岭、望州岭、狮子岭、铜鼓岭、脯鱼岭、堂排村、冲口、大沙洲等区域，北区以金鸡岭为中心，南区以四方岭、风门岭为中心，集中分布区域约为 27.59 km^2，在全镇总面积中占比 13.2%。因为对墓群较少开展全面的考古勘探，无法对遗迹、遗物进行详细的登记，所以难以对现存墓葬数量进行统计。据 2001 年统计，地表可见墓葬封土 1056 个，但近十年来呈减少趋势。合浦汉墓群于 1996 年被列为全国重点文物保护单位，具有墓葬数量众多、分布广泛的特点。目前为止，已发掘墓葬 1000 余座，出土的随葬品数以万计，足以窥见汉代合浦的政治、经济、文化和社会面貌。我们经过现场勘查与对比，选取汉墓群中的四方岭为研究对象（图 1-4-4）。四方岭墓群密集区范围大致为东至罗屋村内南北向小道的延长线，南至罗屋村东西向小道，西至合乾公路东侧，北至南宁到北海公路南侧，占地面积约 450000 m^2。重点保护区内现有古墓葬 476 座，可见封土堆 100 座。其中，328 号墓位于保护区的中部，是四方岭墓葬密集区内现存可见最大封土的汉墓，平面呈椭圆形，长轴 64.9 m，短轴 60.3 m，高 3.80 m（图 1-4-5）。四方岭墓群目前已发掘了 100 多座，出土了包括波斯地区珍贵文物在内的众多文物。这些文物是汉朝与海外交往的重要物证，是古代“海上丝绸之路”的历史见证，具有重要价值。

图 1-4-4　四方岭墓群

图 1-4-5　四方岭 328 号墓外表

二、古遗址典型代表

广西的古代遗址类型多样，有洞穴遗址、台地遗址、坡地遗址、城址等，其中洞穴遗址和城址具有典型的广西特色。因此，我们选取了甑皮岩洞穴遗址和大浪古城遗址、越州故城遗址作为研究对象。

① 李昂．国家考古遗址公园范围划定研究［D］．北京：北京建筑大学，2015.

（一）甑皮岩遗址

甑皮岩遗址位于桂林市南郊独山西南麓洞穴内，年代距今 12000—7000 年，是华南地区新石器时代早期代表性遗址（图 1-4-6、图 1-4-7）。该遗址于 1965 年发现，1973 年首次发掘，2001 年再次发掘，遗址总面积约 200 m^2。历次考古发掘出土大量石器、陶器、骨器、蚌器、角器等文化遗物，以及动植物遗存。[①] 甑皮岩先民是现代华南人和东南亚人的古老祖先之一，甑皮岩文化代表了距今 12000—7000 年间古人类在亚热带和热带地区的一种最佳生活方式。甑皮岩遗址一方面反映了甑皮岩先民杰出的创新能力与文明成就，同时也承载了中国与东南亚地区史前文化交流发展的重要历史信息。该遗址于 2001 年被国务院公布为全国重点文物保护单位，2013 年成为全国 150 处重大遗址和华南地区重要的国家考古遗址公园。

图 1-4-6　甑皮岩遗址洞口

图 1-4-7　甑皮岩遗址洞内

（二）大浪古城遗址

大浪古城遗址位于北海市合浦县石湾镇大浪行政村古城头小组（自然村），地处周江（南流江下游第一支流）下游约 3 km 处的东岸，分布面积约 4.47 公顷，是合浦县现存最早的城址之一（图 1-4-8）。遗址中心坐标：北纬 21° 44′ 52.96″，东经 109° 15′ 56.60″。遗址基本为正西方向，平面呈正方形，各边城墙长 218 m。遗址西临周江故道，距现入海口约 21 km；另三面有人工护城河环绕，护城河原宽 9.75 m，与周江故道相连，现已拥堵，部分已成为洼地或水塘（图 1-4-9）。经多次发掘，出土了部分泥质陶和夹质陶等文物。2009 年大浪古城遗址被广西壮族自治区人民政府公布为自治区文物保护单位，2013 年被国务院公布为全国重点文物保护单位。

① 杨姗姗．桂林甑皮岩国家考古遗址公园旅游产品深度开发研究［J］．社会科学家，2018（7）：97-103.

图 1-4-8　大浪古城遗址（远景）

图 1-4-9　大浪古城遗址北城墙与护城河（局部）

（三）越州故城遗址

越州故城遗址位于钦州市浦北县、玉林市博白县、北海市合浦县三县交界处，坐落在浦北县石埇镇坡子坪村委仰天窝村北部的几座山岗之间，距县城 60 km。地势北高南低，城正南面有南流江横穿而过。

历次调查与勘测发现，越州故城是一座依地形地势而建的古城，平面形状似长方“回”字形，分为内城、外城。内城位于城西北部，两个山头的顶点为内城北墙和外城北墙，墙体为土墙，用红黄色泥土与粗沙混合修筑而成（图 1-4-10）。外城南北长约 850 m，东西宽约 600 m；内城南北长约 130 m，东西宽约 160 m。外城墙周长 2080 m，墙基宽 6 ～ 10 m，残高 3 ～ 8 m；内城墙宽 3 ～ 6 m，残高 1 ～ 2 m。[①] 外城墙每隔百步修建有“马面”，马面凸出于墙体，用于军事防御。东西南北四城门保存较好，其中东、北城门穿山而过。越州故城坐北朝南，占地 24.67 公顷，护城河绕城墙一周。该遗址内城疑为府衙及官舍，由南向北大概有三级宽广平座，纵看又有左、中、右三行，但以中心位置最宽。该遗址以十字街为中心，除西、北两门间的内城外（图 1-4-11），东、北两门一片为军队驻地和练兵场，西门至南门区域为居民区，南门东向一侧为内码头，护城河及内码头的水源引自南流江。城内练兵场以及居民区为遗物的主要分布区域，地表散见有大量陶瓷生活器皿残片、铜渣、石量、陶纺轮以及莲花座等。另外，南流江出土许多兵器，器型有铜斧、铜镞。广东和广西组建联合考古工作队先后两次（1963 年和 1983 年）对内城（刺史办公地）进行试掘，出土的遗物有铁剑、兽面瓦当、青黄釉瓷碗残片、筒瓦、板瓦等。该遗址 1981 年被广西壮族自治区人民政府公布为省级文物保护单位，2013 年被国务院公布为全国重点文物保护单位。

① 宋伯涵．广西浦北南朝至隋唐陶瓷的科技研究［D］．南宁：广西民族大学，2017.

图 1-4-10　越州故城遗址城墙（局部）

图 1-4-11　越州故城遗址西城门现状

三、古建筑典型代表

广西古建筑主要为木构建筑和砖木混合结构建筑，包括民居建筑、宫殿建筑、坛庙建筑、宗教建筑、园林建筑、陵墓建筑、城市建筑和设施性建筑等多种类型。① 我们在综合考虑建筑类型、年代、性质及特点之后，选取全州县燕窝楼、合浦县惠爱桥和兴安县千家寺红军标语楼作为研究对象。

（一）燕窝楼

燕窝楼（蒋氏宗祠）位于桂林市全州县永岁乡石岗村，为该村蒋氏族人于明代所建。燕窝楼筹建于明弘治八年（1495 年），建成中殿。正德六年（1511 年），该村进士、工部右侍郎蒋淦受皇恩而重修，于嘉靖七年（1528 年）建成牌楼、门楼及后殿。后又经明清历代多次修葺。燕窝楼由牌楼及祠堂两部分构成。牌楼为蒋氏宗祠中最精彩的建筑，建于明嘉靖七年，木结构，“一”字形四柱三间三楼，庑殿顶。明楼大额枋上镶“科甲传芳”镂空木横匾，大、小额枋上有双龙、双狮、卷草等浮雕图案。次楼大小额枋、枋垫板上有如意八宝、草龙、梅花等图案。明楼、次楼檐下饰如意斗拱，明楼出挑四层，次楼出挑三层，形似燕窝，故又称“燕窝楼”，是我国现存如意斗拱中较早的　例（图 1-4-12）。牌楼后为祠堂，祠堂沿中轴线分别有门楼、东西廊、中殿、过廊、横廊、前后天井和后殿，东、西、北三面有围墙。整组建筑顺山坡而建，前低后高，占地面积 493 m^2，建筑面积 444.84 m^2（图 1-4-13）。

燕窝楼是我国现存较早的如意斗拱牌楼建筑，是研究如意斗拱发展历史不可多得的实物资料，具有重要的价值。牌楼柱、枋用楠木制作，如意斗拱用香樟制作；明楼斗拱出挑四层，次楼出挑三层，状如燕窝，与比例得当的梁、枋搭配，各种浮雕相得益彰，构成了一座精巧且庄重的牌楼。牌楼的额枋、枋垫板（龙凤板）、雀替和牌匾等构件，大量使用了圆雕、高浮雕、镂雕的工艺手法，刀工细腻，线条流畅，寓意吉祥、富贵、平安的各种图案栩栩如生，使牌楼成为艺术价值极高的建筑作品。该楼在明清时期经过多次修葺，留下了从明代中期到清代晚期的建筑实例，包括穿斗、抬梁两个建筑体系在同一组建筑中使用的实例，对于研究岭南明清建筑发展演变过程及规律具有不可替代的作用。2006 年，燕窝楼被国务院公布为全国重点文物保护单位。

① 张冶，朱学斌．2000 年以来泰山古建筑研究的进展与反思［J］．泰山学院学报，2021， 43（6）：39-51．

图 1-4-12　燕窝楼东立面

图 1-4-13　燕窝楼牌楼庑殿顶北面屋面

（二）惠爱桥

惠爱桥原名金肃门桥，俗称旧桥，位于北海市合浦县廉州镇惠爱路的西门江上。始建于明正德元年（1506 年），明清时期经历多次重修保护，清光绪十三年（1887 年）烧毁于大火。清宣统元年（1909 年），廉州知府李经野捐献自己的俸禄并号召乡绅筹集资金重修，因惠爱于民而称惠爱桥。惠爱桥是中国本土建造的桁架桥，表明世界桥梁的四大基本类型都可以在中国找到源头，智慧的中国人民对世界桥梁史做出了巨大贡献。惠爱桥为木质结构，东西走向，三铰拱“人”字架结构，拱脚支撑在两岸石砌的榄核形桥墩幄上，桥墩旁还设有砖砌弧拱式泄水孔。两端桥墩水下基础以松木为桩基，桥墩外壁用料石包砌，用灰土夯实填箱（图 1-4-14、图 1-4-15）。惠爱桥桥型特别，结构科学合理，采用的木拱结构形式在我国传统桥梁中较为罕见，对我国传统桥梁史研究具有较高的科学价值。2013 年，惠爱桥被国务院公布为全国重点文物保护单位。

图 1-4-14　惠爱桥东立面

图 1-4-15　惠爱桥北立面

（三）千家寺红军标语楼

红军标语楼位于桂林市兴安县华江乡政府所在地千家寺。该楼占地 131.35 m^2，建筑面积 252.7 m^2，是山区常见的砖木结构的二层木楼房，建于清末民初。1934 年 12 月上旬，中央红军突破国民党第四道封锁线渡过湘江后，向西行军来到越城岭老山界脚下，为翻越老山界作准备。中央机关组成的军委第一、第二纵队及红三、红五、红八军团曾在此宿营。红军宣传人员在此建筑的二楼南面骑楼墙面及东西两侧局部，用墨汁写下了“红军是工农自己的军队”“当红军有田分”“打倒屠杀工农的国民党”等标语及绘制了宣传漫画。一年后，这些标语被国民党军官发现并下令毁掉，行事者直接采用纸筋灰覆盖了事。1987 年冬天，因一起火灾事故露出多条红军标语。现已剥出的 18 幅红军标语书写工整，字迹清晰（图 1–4–16、图 1–4–17）。1994 年 7 月千家寺红军标语楼被广西壮族自治区人民政府列为自治区文物保护单位，2006 年被纳入“湘江战役旧址”，由国务院公布为全国重点文物保护单位。

图 1–4–16　千家寺红军标语楼全景

图 1–4–17　千家寺红军标语楼二楼墙上的标语

四、古壁画典型代表

广西的壁画主要包括画在岩石上的岩画和画在建筑上的壁画，其中左江花山岩画是规模最大、数量最多、内涵最丰富的典型代表。左江花山岩画是战国至东汉时期的骆越先民用赭红色颜料所绘制。目前已发现 89 个岩画地点，其中沿江两岸的岩画点有 79 个。岩画选址讲究，大多绘制于江河拐弯处和面向来水的灰黄色悬崖峭壁上，岩画与其依存的山体、河流、台地共同构成左江花山岩画文化景观。岩画内容相当丰富，其图像总数为 5258 个，包括人物图像、器物图像、动物图像和铜鼓图像等四大类。骆越先民以作画的方式记录原始宗教祭祀仪式，岩画大多是众多侧身人物簇拥在形象高大的正身人物周围，反映了当时骆越人丰富的精神世界和原始宗教信仰。1988 年，宁明花山岩画被国务院公布为全国重点文物保护单位。2016 年 7 月，左江花山岩画文化景观被列入世界文化遗产名录，从此改变了中国此前无岩画类世界文化遗产的状况，也成为广西首个世界文化遗产。本次研究主要选取沉香角、朝船头山、棉江三处岩画为研究对象，并在宁明花山岩画进行了部分实验。

（一）沉香角岩画

沉香角岩画位于崇左市龙州县上金乡进明村荷村屯东 600 m 左江东岸（图 1–4–18）。岩画处在西面的崖壁上，距江面 20 ～ 40 m，宽约 150 m，画像自左至右共有 16 组，尚能辨认的图像有 175 个。

其中正身人像 74 个，侧身人像 79 个，仰身人像 1 个，俯身人像 1 个，动物图像 3 个，铜鼓图像 16 个（图 1-4-19）。其中第 5 组一俯一仰的两个人像似为男女交媾图。人像最矮的 0.4 m，最高的 17 m。沉香角岩画于 2012 年 5 月 4 日被龙州县人民政府公布为龙州县文物保护单位，2014 年 4 月 30 日被广西壮族自治区人民政府公布为自治区文物保护单位，2019 年被国务院公布为全国重点文物保护单位。

图 1-4-18　沉香角岩画

图 1-4-19　沉香角岩画（局部）

（二）朝船头山岩画

朝船头山岩画位于崇左市龙州县上金乡卷逢村卷逢屯西南 800 m 左江东岸（图 1-4-20）。岩画处在一块面积约 120 m^2 的灰黄色石壁上，画面向西，宽约 2 m，高约 3 m。有 7 个画像，分上下两排，上排为 5 个侧身人像，下排有 2 个图像，右侧为一个正身人像，其左身旁有个铜鼓图像，直径约 45 cm，内似有芒（图 1-4-21）。该处岩画于 2012 年被龙州县人民政府公布为龙州县文物保护单位，2014 年被广西壮族自治区人民政府公布为自治区文物保护单位，2019 年被国务院公布为全国重点文物保护单位。

图 1-4-20　朝船头山岩画

图 1-4-21　朝船头山岩画（局部）

（三）棉江花山岩画

棉江花山岩画位于崇左市龙州县响水镇棉江村伏荷屯。岩画处在山的临江一面长约 120 m、高约

30 m 的灰黄色崖壁上，画面皆向东，距离水面 25 ～ 80 m（图 1–4–22）。棉江花山岩画画面巨大，是规模仅次于宁明花山的第二大岩画，可分 5 处 10 组。现存图像主要分布在南、北两个岩洞的顶上和旁边，除剥落不清者外，共有图像 280 多个，包括人、铜鼓、刀等（图 1–4–23）。该处岩画于 1963 年被广西壮族自治区人民政府公布为自治区文物保护单位，2019 年被国务院公布为全国重点文物保护单位。

图 1–4–22　棉江花山岩画

图 1–4–23　棉江花山岩画（局部）

五、古石刻（含摩崖造像）典型代表

广西古代石刻类型众多，包括摩崖石刻、摩崖造像、碑刻、墓志及其他杂刻等类型，其中桂林石刻最负盛名。桂林历代石刻以摩崖石刻、摩崖造像和碑刻为主。在全国重点文物保护单位中，“桂林石刻”占据了石刻类的 34 处，有 2000 余件石刻和造像等，其中唐代石刻 28 件、摩崖造像 152 龛 489 尊，五代石刻 2 件、摩崖造像 3 龛 12 尊，宋代石刻 469 件、摩崖造像 26 龛 101 尊，元代石刻 30 件，明代石刻 327 件、摩崖造像 1 龛 5 尊，清代石刻 441 件、摩崖造像 2 龛 2 尊，年代无考的石刻 127 件、摩崖造像 3 龛 3 尊。我们进行数据采集实验时，在充分考虑了地理环境对实验的影响、室内外环境对技术的不同要求、不同类型石刻的代表性等问题后，选择了桂林石刻中的清秀山石刻和骝马山摩崖造像、柳州的柳侯祠碑刻作为研究对象。

（一）桂林石刻之清秀山石刻

清秀山位于桂林市叠彩区清秀路南端，石刻分布于清秀岩，形制为摩崖（图 1–4–24、图 1–4–25）。现存石刻 18 件，其中宋代 17 件，明代 1 件，最早的为宋元符三年（1100 年）杜唐臣、张通夫等 7 人题名石刻。多数为纪游性题名、题诗、题榜，如宋徽宗年间李彦弼题“欲骑日月超然之韵”，宋大观元年（1107 年）广西转运副使张庄随经略安抚使王祖道过清秀山观稼题诗，宋靖康元年（1126 年）临桂县令唐铎题“新修清秀山岩记”，南宋建炎年间李邦彦题《清秀岩》榜书。此外，还有吕愿忠、张孝祥、方信孺、张自明等的诗文、题名。2001 年，清秀山石刻作为桂林石刻的组成部分，被国务院公布为全国重点文物保护单位。

图 1–4–24　清秀山石刻洞口

图 1–4–25　清秀山石刻（局部）

（二）桂林石刻之骝马山摩崖造像

骝马山摩崖造像位于桂林市秀峰区螺蛳山路中段骝马山北麓（图 1–4–26），包括唐代摩崖造像 6 龛 23 尊，瘗龛 2 处及圆首无字碑 1 件。所有 6 龛佛像高 40 ～ 150 cm 不等，立像身材皆较修长，佛衣较为宽松、轻薄（图 1–4–27）。其中，第 3 龛最为完整，龛内浮雕一佛、二弟子、二菩萨、二力士、三供养人共造像十尊。主尊释迦牟尼佛居中，善跏趺坐于束腰金刚座上；高肉髻，螺发，颐颊饱满，双耳垂肩；内着袒右僧祇支，胸前系带打结，外披露胸通肩上衣；左手抚膝，指尖朝下，右手施无畏印；台座两侧置护法狮，已残损。迦叶和阿难两弟子分列佛左右，立于四方台座上；着通肩袈裟，衣长及脚面，侧向主尊。胁侍菩萨分列左右弟子外侧，跣足立于圆形台座上；均身躯纤柔，头戴宝冠，颈戴项圈；上着短袖天衣，下着裙，帛带于双臂间下垂呈 U 形一道。菩萨外侧分别为两金刚力士，头盔脚靴。龛内最外侧三供养人似三口之家，均着俗服，双手合十，赤足而立。此类一佛、二弟子、二菩萨、二力士、三供养人的题材组合仅见于桂林摩崖造像点，左侧力士典型的波斯人形象也未见于桂林其他各处造像点。龛外右侧有瘗龛 2 处，均为内藏式尖拱方形龛。2001 年，骝马山造像作为桂林石刻的组成部分，被国务院公布为全国重点文物保护单位。

图 1–4–26　骝马山摩崖造像外观

图 1–4–27　骝马山摩崖造像（局部）

（三）柳侯祠碑刻

柳侯祠碑刻位于柳州市城中区柳侯公园柳侯祠内，是柳侯祠内最珍贵的历史藏品（图 1-4-28）。柳侯祠内外现存留有自宋代至今有关柳宗元事迹及柳侯祠沿革的碑刻 50 方，这些石刻具有很高的科学研究价值。碑刻中的书法具有很高的历史、艺术价值，特别是宋嘉定十年（1217 年）刻的《荔子碑》集“韩愈的文章、柳宗元的事迹、苏东坡的手书”于一体，又被誉为“三绝碑”，属国家一级文物（图 1-4-29）。元代的两方柳宗元石刻像是现存最早的柳宗元石刻像。此外，元刻《柳州路重建灵文庙记》、清刻《重修柳刘二公合祠碑记》和《重修罗池庙记》等都是史料价值和艺术价值很高的碑刻精品。碑刻内容之丰富、数量之多，在国内柳学研究中是罕见的。2006 年，柳侯祠碑刻被国务院公布为全国重点文物保护单位。

图 1-4-28　柳侯祠碑廊

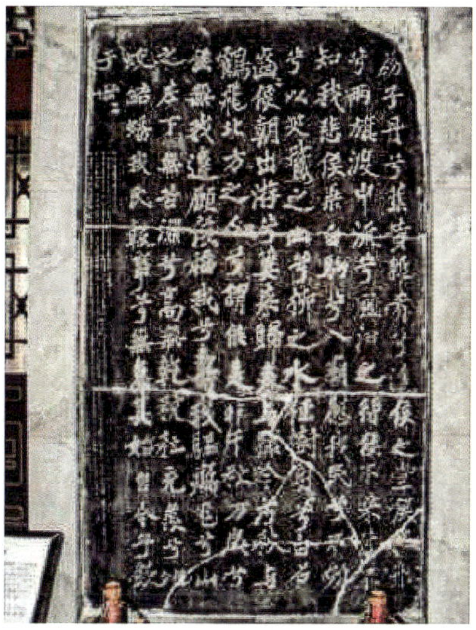

图 1-4-29　《荔子碑》（宋）

第五节　研究方法与技术

项目组采取对比分析方法，选择目前国内外比较成熟且最有可能适合广西不可移动文物数据采集的高光谱成像技术、偏振光成像技术、三维激光扫描技术、倾斜摄影技术、全景摄影技术和贴近摄影测量技术等进行研究。

一、高光谱成像技术

高光谱成像是一种典型的非接触性无损检测技术。长期以来，广西野外环境下的石刻、壁画等不可移动文物受风化、酸雨等自然侵害及盗拓等人为破坏，文物表面遭受一定损害。高光谱成像技术依据高光谱遥感原理，针对不可移动文物的具体情况实现对目标的光谱信息和空间信息同时获取，形成“数据立方”，并依据不同材料文物的“光谱指纹”构建相应的光谱数据库，进而判断文物本体的受损情况和文物所含成分特征，识别壁画、岩画颜料成分，恢复难以辨认的文字图像，去除氧化污迹、涂写字迹，提高图像对比度等。[①] 对于风化及腐蚀较为严重的不可移动文物，利用高光谱成像技术，采用非接触式检测，可避免对文物表面造成人为伤害。通过对高光谱成像技术检测所获取的各项数据进行分析，能大幅度提高文物管理效率，辅助管理人员可以更准确地评估文物状态，提出不可移动文物保护的相关建议，为不可移动文物保护工作提供数据支撑。[②]

二、偏振光成像技术

目前广西很多金石文物由于风化、摩擦和人为破坏等原因已经受到了不同程度的损坏，并随着时间的推移呈现出不可逆转的恶化趋势。偏振光成像技术可同时获取目标的偏振信息和强度信息，通过对目标边界轮廓的提取和特征识别，再现文物的造型、肌理、质地等信息，具有较高的应用价值，有利于金石文物的研究和保护。偏振成像技术探测能够提供目标光强图像无法显示的表面粗糙度、纹理走向、表面取向、表面电导率、材料理化性质、含水量等特征，对物体轮廓、粗糙度和表面取向识别具有明显的优越性。[③] 例如，目标碑文、壁画、雕刻等内容和背景之间存在纹理、轮廓、材质等方面的差异，造成反射光中偏振信息差异，而利用偏振光成像技术和专用金石文物偏振自动识别软件，可以有效提高模糊金石文物的辨识能力。

三、三维激光扫描技术

广西的许多不可移动文物如建筑、石刻、墓葬、土遗址等，多暴露于室外露天的环境中，长期遭受自然和人为因素的破坏，对其保护成为本项目研究的重点和难点。运用三维激光扫描技术采集数据是文物保护中一项重要的基础性工作，它对于资料留存、数字展示、现状评估、保护设计、虚拟修复、监测、规划等有着不可替代的作用。[④] 运用三维激光扫描仪对文物进行数据采集、三维建模是文物数字化的一种高科技手段，这不仅能真实记录文物的形态、颜色、纹理信息，而且能根据三维模型还原出文物的原貌。这样，即使珍贵的文物将来遭受到不可抗因素的毁坏，依然可以通过三维数据复原。例如，利用先进的全站仪测量高精度的控制导线，通过三维激光扫描仪对古建筑物进行扫描，获取古建筑物表面的高清晰三维激光点云影像数据，将数据拼接在一起，便形成了古建筑物的三维立体点云图。[⑤] 将点云数据导入 CAD 中进行绘图和建模，人们可以直接运用系统对古建筑物进行深入的科学研究。随着科技的不断发展以及国家对文物保护力度的加大，文物的数字化是文物保护的必然趋势，而三维激光扫描技术将是文物数字化的重要手段。特别是机载激光三维雷达系统（LiDAR）是一种集

① 彭颖，杨清平．广西文物建筑基础数据采集数字化技术研究策略［J］．企业科技与发展，2021（1）：46-48.
② 同①。
③ 同①。
④ 同①。
⑤ 吕一兵．倾斜摄影技术应用前景探析［J］．工程技术研究，2017（8）：103.

激光扫描仪（Laser Scanner）、全球定位系统（GPS）和惯性导航系统（INS）以及高分辨率数码相机等于一身的光机电一体化集成系统，用于获得激光点云数据并生成精确的数字高程模型（DEM）、数字表面模型（DSM），同时获取物体数字正射影像（DOM）信息，通过对激光点云数据的处理，可得到真实的三维场景图。

四、倾斜摄影技术

倾斜摄影技术是一项新兴的测绘技术，是采用多台传感器共用同一个飞行器的方式，从一个垂直、四个倾斜等五个不同的角度采集影像，呈现出的画面既真实又直观，符合人眼视觉习惯。倾斜摄影技术比正射影像技术更具优势，它可以让用户从不同的角度更全面地对地物进行观察，从而掌握地物的真实情况和周边信息。倾斜摄影影像不仅可以基于成果影像进行高度、长度、面积、角度、坡度等测量，而且可以采集建筑物侧面纹理，将其与大规模航拍图相结合，可大大降低三维建模成本。此外，应用倾斜摄影技术获取的影像数据量远远小于三维 GIS 技术应用，且数据格式易于发布，能更好地实现共享应用。

传统三维建模通常使用 3Ds Max、AutoCAD 等建模软件，基于影像数据、CAD 平面图或者拍摄图片估算建筑物轮廓与高度等信息进行人工建模。[①] 这些建模方式均需要耗费大量人工成本，且制作周期长、精确度低、时效性低，无法满足客户的需求。相比之下，倾斜摄影技术以大范围、高精度、高清晰的方式全面感知复杂场景，数据采集和处理更加高效、精确、直观，能准确反映地物的外观、位置、高度等属性，极大地节省了建模的经济和时间成本。

五、全景摄影技术

全景摄影是在水平面上或竖直面上均匀转动摄影机进行的摄影，其所达到的效果很像观看被拍对象的人的眼睛在移动或头在转动。全景照片是指符合人眼正常视角（大约水平 90°、垂直 70°）或包括人眼余光视角（大约水平 180°、垂直 90°）以上，乃至 360° 完整场景范围拍摄的照片。[②] 以往的全景照片是把包括头顶和脚底的全范围场景呈现在二维平面上，而随着数字影像技术和互联网技术的进步，用户可以使用专门的软件，通过操作鼠标和键盘控制视角以进行全方位浏览，仿佛身临其境。

近年来全景摄影技术得到了很大的发展，其间新型相机起到了很大的作用，并带来了一大批热衷于全景摄影的摄影师。数码技术也提供了一种更为直接地获取全景照片的方式，即拍摄一系列影像，然后拼接产生一张任何方向上的全景照片。从视觉角度来说，当人们置身于一处景观时，往往能从三维空间的完整场景里感知美景，产生愉悦、轻松的心理感受。但就影像质量而言，利用广角镜头拍摄的整幅照片文件量较小，不利于进一步放大制作，这会在一定程度上限制图片的使用范围。

① 吕一兵．倾斜摄影技术应用前景探析［J］．工程技术研究，2017（8）：103.
② 朱恺文．数字化全景浏览在管理信息系统中的设计与实现［J］．现代计算机，2013（21）：60-64.

六、贴近摄影测量技术

贴近摄影测量技术的优点在于它兼有非接触性测量手段，通过合理地选择摄影仪器、摄影方式与布设控制，能在瞬间摄影很多个点却不伤及被测物体，以获取目标物上点群的三维空间坐标。其信息容量高且易存储，精度高，速度快，信息可重复使用。经数字化仪器测定的最终三维坐标数据可与图像一起构建三维立体景观。贴近摄影测量技术的优点使其特别适用于测量包含有大量测量点位的目标物，可减少为了躲避危险环境而远离摄影对象等情况。[①] 将其与倾斜摄影测量技术结合，获得的数据信息内容丰富、准确度高、成本低廉，成为文物保护工作与地质勘探获取地形资料的重要手段。

第六节　数据采集流程

本项目对广西区域典型的不可移动文物进行数字化采集研究，在数据采集过程中一般按照测区控制点布设、航空数据采集、地面数据采集、数据处理与生产和管理系统开发等工作流程进行工作。

一、测区控制点布设

对测区范围进行分析，根据目标区域范围的形状，结合航线布设方案进行控制点的布设。[②] 辖区内所布设的控制点均匀地覆盖整个辖区，以保证整个测区范围内都能够被控制，保障后期测量成果绝对坐标的准确性。测量控制点时，将严格控制 GPS 采集过程中的误差，提高数据成果的精度。

二、航空数据采集

根据实地情况设计方案，采用低空飞行器，分别搭载摄影测量云台、LiDAR、高光谱和可见光仪器进行低空航空摄影测量，对测量区域开展飞行作业，确保航飞作业能够采集到清晰的、符合精度要求的原始影像数据，为后期数据生产提供精准且清晰可用的原始影像数据。

三、地面数据采集

根据实地情况设计地面采集方案，如架设常规基站、移动式基站、塔式基站等，确保采集到清晰的、符合精度要求的原始数据，从而为后期数据生产提供精准、美观且清晰可用的原始数据。

---

① 梁菲．近景摄影测量在桥梁变形监测中的应用［D］．重庆：重庆交通大学，2010.

② 谭燕萍．低空无人机倾斜摄影测量系统在美丽小镇建设中的应用［J］．测绘与空间地理信息，2018，41（3）：72-74.

四、数据处理与生产

对于采集的数据，利用现有的商用软件进行平差，生产较高精度的 DEM、DOM、全景数据和三维模型，严格按照国家测量技术规范及产品标准进行质量控制。

五、管理系统开发

根据已有的数据开发数据管理系统，展示采集的各种成果，实现空间查询分析、全景展示和视频播放等功能。

第七节　建立管理系统

为了更好地向公众展示数据采集成果，项目组开发了一个展示平台，即“广西不可移动文物综合管理平台”。该平台以不可移动文物为核心，将已采集的不可移动文物数据高精度点、云数据及三维模型等三维数字化成果资料录入数据库，采用 GIS 技术将广西不可移动文物地理位置、保护区范围、属性信息、周边的环境等已有文物数据进行有效集成，以实现全区不可移动文物的信息化管理。它不仅可以提高文物保护管理的水平和效率，为文物决策机关和管理部门提供科学依据和新的思维模式，还可以为广西文物部门对不可移动文物的管理、服务和研究提供有力的技术保障。

第八节　标准制定方法

制定一套适合广西地区运用的不可移动文物数据采集技术指导标准是本项目主要的目标之一。项目组在进行多批次、不同类别的实验基础上，选择几项最适合广西不可移动文物数据采集的技术，按照前期准备（包括标准项目建议的提出、前期研究和论证等）、标准立项、标准起草（包括起草标准草案、内审、汇总处理内审会意见、形成文件等）、征求意见、审查与发布等流程完成标准制定。

第二章

项目研究背景、建设必要性和可行性

第一节　项目研究背景

一、宏观背景

不可移动文物是我国文化遗产的重要组成部分，是我国劳动人民在不同历史时期创造的物质和精神财富，也是承载、展示我国不同历史阶段政治、经济与社会各个方面发展情况的见证。它们是我国创新发展的宝贵资源，是讲好中国故事、传播中国声音的宝贵素材，是现代科学研究的重要对象，对于增强人们的文化自觉和文化自信具有重要意义。

（一）加强包括不可移动文物在内的文化遗产的保护已上升到国家战略层面

党的十八大以来，以习近平同志为核心的党中央高度重视传承弘扬中华优秀传统文化，全国文化文物事业繁荣发展，取得了突出成就。关于文物保护利用和文化遗产保护传承工作，习近平总书记多次作出重要指示。

2016 年 3 月 23 日，习近平总书记对文物工作作出重要指示并强调："各级党委和政府要增强对历史文物的敬畏之心，树立保护文物也是政绩的科学理念，统筹好文物保护与经济社会发展，全面贯彻'保护为主、抢救第一、合理利用、加强管理'的工作方针，切实加大文物保护力度，推进文物合理适度利用，使文物保护成果更多惠及人民群众。"

2020 年 9 月 28 日，习近平总书记主持中央政治局第二十三次集体学习时指出："考古遗迹和历史文物是历史的见证，必须保护好、利用好。要建立健全历史文化遗产资源资产管理制度，建设国家文物资源大数据库，加强相关领域文物资源普查、名录公布的统筹指导，强化技术支撑，引导社会参与。"

2022 年 5 月 27 日，习近平总书记在主持中央政治局第三十九次集体学习时强调："文物和文化遗产承载着中华民族的基因和血脉，是不可再生、不可替代的中华优秀文明资源。要让更多文物和文化遗产活起来，营造传承中华文明的浓厚社会氛围。"

习近平总书记提出的"坚持保护第一""让文物活起来""保护文物也是政绩""文物保护靠科技""走出一条符合国情的文物保护利用之路"等重要论述，为新时代文物工作提供了根本遵循。

党的十九大报告也明确提出："深入挖掘中华优秀传统文化蕴含的思想观念、人文精神、道德规范。""五位一体"总体布局战略目标的确定，为文化遗产保护与研究提出了新的任务，也提供了新的机会。完成新时期新的文物保护与研究的任务，抓住新机遇创新性地开展文物保护与研究的课题，是广大文物工作者的历史责任。

全国文物系统坚决贯彻落实习近平总书记重要指示批示，认真学习党的十八大、十九大、二十大报告精神，全面贯彻落实党中央决策部署。各有关部门大力支持，地方各级党委政府也高度重视，纷纷制定相关政策，加强文物保护研究利用，加强文物保护科技创新，促进技术的专业化、集成化、标准化，支持文物创新成果的转化和数字化应用，全面深化对中华文明的认知，全面提升中华文化影响力，全面推进文物治理体系和治理能力现代化，推动实现从文物资源大国向文物保护利用强国的历史性跨越。

（二）文物科技保护的技术日益成熟，文物保护与现代科技不断融合创新

20 世纪中叶以来，世界开始了新一轮的技术革命，即进入了以计算机技术为核心的信息技术革命。在这一轮技术革命中，各种科学技术飞速发展，互联网技术得到普遍运用。人类获取和生产知识的速度得到极大提高，传统技术与新技术不断融合，使得人类生产、生活方式发生了巨大变化，数字化和信息化成为当今社会的重要特征。

伴随着国家社会全面的进步与新技术革命的不断推进，文物保护与研究也进入了一个全新的阶段，各种新方法、新技术不断被运用到文物保护工作中来。从 20 世纪 90 年代开始，数字技术被广泛应用于考古、文物维修、文物展示等各项工作中。1992 年，联合国教科文组织对每天发生的文化遗产消失事件做出了回应，并推动了第一个全球文献遗产数字保护项目——世界记忆。这一举措极大地促进世界文化遗产的数字化建设。2016 年，中共中央办公厅、国务院办公厅发布的《关于进一步加强文物工作的指导意见》明确提出，“文物保护的科技含量和装备水平进一步提高”，“加强科技支撑。发挥科技创新的引领作用，充分运用云计算、大数据、‘互联网 +’等现代信息技术，推动文物保护与现代科技融合创新。通过国家科技计划（专项、基金等），重点支持文物价值认知、保护修复和传统工艺科学化、考古综合技术、大遗址展示利用、文物预防性保护、智慧博物馆等方面的科技攻关，突破一批共性、关键、核心技术；针对土遗址、彩塑壁画、石质文物、纸质文物、纺织品的保护，实施一批重点科技示范工程，形成系统解决方案；建立跨部门跨地区的协同创新工作机制，在重点方向成立工程技术研究中心和技术创新战略联盟，全面提升集成创新、区域创新能力。提高文物保护装备制造能力。加快重要和急需标准制修订，支持有关企业、行业标准的制订，完善文物保护准则，进一步推广应用文物保护技术标准和行业规范，提升文物工作标准化、科学化水平”。

2019 年，广西壮族自治区文化和旅游厅在其编制的《关于加强文物保护利用改革的若干措施》中专门就“强化科技支撑”的有关内容提出了具体的任务要求。数字化保护成为广西加强文物保护、研究与利用的重要手段，也是文物工作者适应“数字变革”、积极参与优秀文化传承的重要落脚点之一。

二、微观背景

广西不可移动文物众多，据不完全统计，广西发现的各类不可移动文物超过 10000 处，其中全国重点文物保护单位 81 处（截至 2022 年 5 月），广西壮族自治区文物保护单位 568 处（截至 2020 年 7

月）[①]。这些不可移动文物数量众多，类型丰富，基本涵盖了所有文物类型。它们大部分分布在野外，在保护方面面临一系列的难题。近年来，广西文物部门除采取传统的保护手段之外，还积极利用新技术和新方法来加强文物保护工作。其中，数字化技术得到较多的运用，也取得了不少的成果，尤其是在左江花山岩画文化景观申报世界文化遗产、考古发掘等方面，数字化技术起到了积极的作用。

所谓文物数字化保护，就是利用数字技术对文物本体及其周边环境进行全方位信息记录、保存和转化利用的工作。它的主要作用表现在以下几点：一是全方位记录和保存文物信息，实现文物的数字化信息保护。通过对数字信息的提取与处理，可达到更好地整理、收集、记录、保存文化遗产信息的目的，极大地加强了文物的安全，为更安全和更长久地保存文化遗产服务。二是突破传统技术的多种限制，可以全方位、多维度地获取文物信息，为高水平的文物研究、保护与利用奠定基础。三是可以让文物资源由物质资源转化为数字资源，使这些珍贵的文物资源成为数字时代不断增值、可永续利用的宝贵财富。四是扩大文物的影响力。文物数字化可以使文物信息向深度推广，并在最短的时间里传遍世界，让大众在足不出户的情况下目睹文物本体，接近和理解文物，同时激发和培养大众参与文化遗产保护的自觉意识和行动。

广西文物部门和项目组都希望通过整合与优化现有的技术和设备，找到一套适合广西独特地理环境下不同类别的不可移动文物数据采集技术和方法。本项目旨在通过对比实验，对广西不可移动文物基础数据采集技术及其标准进行研究，涉及设备选择、作业环境、操作人员、操作流程、检验与测试、数据入库和系统开发、标准制定等方面。

第二节　项目建设必要性

文物古迹的数字化保存已经在国内外得到了一定程度的应用。在中国已有经验和成果的基础上，在广西开展和推广不可移动文物基础数据采集及其技术研究是十分必要的。

一、广西不可移动文物保护的现状，使得开展数字化保护及其技术研究迫在眉睫

广西不可移动文物数量众多，类型多样，且绝大多数分布在荒郊野岭，伴随着自然和人为因素的影响，许多不可移动文物面临着破坏、损毁等多方面的风险。尽快利用数字技术全方位抢救性地收集野外文物的信息是保护这些文物的重要手段之一。随着不可移动文物保护的数字化需求日益凸显，结合地理信息系统、无人机航测和激光雷达等高新技术开展相关应用研究的优势逐渐凸显，成为数字化保护中一个重要的研究方向。

① 数据来自广西壮族自治区文化和旅游厅官网。

二、传统技术手段已无法满足广西不可移动文物保护的需要

在对野外文物进行监测与修复的过程中，广西目前所采用的多是传统手段，这些手段面临着效率低、信息遗漏等方面的问题，尽快用数字化手段对这些文物古迹的信息进行全方位的提取和完整保存，有利于在维修的过程中最大限度地保持原来的真实面貌。通过影像数据采集手段将文物实体及周边环境建模后，可以建立起不可移动文物数字化数据库，保存文物原有的真实样貌和空间关系等重要资源，实现不可移动文物资源的科学、高精度和永久保存。

三、已有的数字化保护存在一些不足

广西虽然也对部分不可移动文物进行了一些数字化保护的尝试，但是还处于相对落后的阶段，主要表现为数字化运用的项目不多、运用的水平有限、项目运用没有统一的标准、后端运用得多而前期基础性数据采集少、运用成本偏高等。同时，广西地理环境特殊，气候湿热，野外文物的保存环境相对特殊，其数字化保护不能够完全套用其他地方的技术标准。

综上所述，在广西开展不可移动文物基础数据采集及其技术研究具有十分重要的现实意义。

第三节　项目建设可行性

一、政策可行性

2018年，中共中央办公厅、国务院办公厅联合下发了《关于加强文物保护利用改革的若干意见》（中办发〔2018〕54号），明确提出了“充分运用互联网、大数据、云计算、人工智能等信息技术、推动文物展示利用方式融合创新”等要求。继第四届世界互联网大会上“互联网+中华文明”成果展走红之后，在2018年4月下旬举办的首届数字中国建设峰会上，时任国家文物局局长刘玉珠强调了数字化在文物领域的重要性，认为文物领域应实施数字中国战略，顺应时代的潮流。广西壮族自治区文化和旅游厅也在“十三五”时期制定了在文物保护与利用方面加强科技力量的相关政策。广西壮族自治区科学技术厅也在相关科技攻关项目中把文物保护技术研发列入其中。这些都为本项目的开展提供了很好的政策支持。

二、技术可行性

从技术水平上看，实施条件已相当成熟，具备可行性。近年来，固定翼、多旋翼等无人机技术广泛运用于考古调查、发掘、保护工作。一般固定翼遥控飞机具有飞行高度高、速度快的特点，适用于拍摄大型遗址。多旋翼遥控飞机具有垂直起降、操作简单、精度高的优点，多用于拍摄中、小型的

遗址。四轴、六轴的遥控旋翼飞机可以携带微单相机，八轴遥控旋翼飞机可以携带单反相机进行超低空拍摄。[①]

同时，在"十四五"基础测绘规划编制工作中，将实景三维中国建设作为大项目、大工程的重点关注方向，今后社会各行各业的发展规划均以实景三维作为基础数据。这说明该技术已相当成熟，可普及使用。

三、经济可行性

本项目得到广西壮族自治区科学技术厅的经费支持。广西壮族自治区文化和旅游厅、广西文物保护与考古研究所、砺剑防务技术集团有限公司、广东财经大学、广西文物保护研究设计中心也在财力、物力、人力等方面提供支持。项目成立了项目实施小组，保证项目组织管理和技术管理层次结构合理和运行畅通高效，项目资金严格执行专项资金管理办法，专款专用，以确保各项建设指标的完成。因此，本项目在经济方面具备可行性。

四、管理可行性

本项目管理的主要内容包括对规划、技术、安全、运行维护、质量、资金、成本、人员、信息等方面的管理，并涉及协调各类事项和风险控制等。项目管理均制定了专门的措施，并细化到每个环节和每位人员。根据项目的特点，重点强化作业计划、作业方案的制定。由于外业数据采集需要晴天或阴天作业，遇到雷雨大风天气时会导致项目工期不确定，存在一定的项目周期风险和不确定性，需要提前规划好外业计划，且同步进行内业处理，规避天气变化带来的实施风险。同时，明确项目有关人员的职责，建立良好的项目沟通和协调机制，秉持"保质保量、生产一批、提交一批"的原则，及时上交数据成果，工作人员根据负责人随时反馈数据成果存在的问题，及时完善数据生产。

第四节　项目技术成果应用前景

本项目运用新技术对广西地区五种不同类别的不可移动文物（古墓葬、古遗址、古建筑、古壁画、古石刻）进行数据采集，并制定相关的采集技术标准以高保真还原本体特征、所处自然和人文环境等多方面的信息，其应用前景十分广阔。

（1）本项目为文物收集基础信息。这些基础信息是全面的、多角度的，是围绕文物进行保护、研究与利用的基础性资料，建立的数据库为将来文物的管理、利用以及决策部门的决策提供数据支撑，也能为广西甚至中国文物影响力的扩大提供很好的素材。

① 刘建国．考古遗址的超低空拍摄与数据处理［J］．考古，2015（11）：98-104.

（2）该项目通过实验、比对、分析，为广西找到一套最合理、最优化的文物数据采集技术，为后期所有的不可移动文物数据采集和管理提供借鉴。

（3）本项目根据研究的结果，为广西五种不同类别的不可移动文物（古墓葬、古遗址、古建筑、古壁画、古石刻）数据采集制定相应的标准（或指导规范），这些规范将成为广西开展同类工作的技术参考。

（4）本项目的成果将运用于广西不可移动文物的研究、保护、展示等方面，在加强广西文物安全、文物信息存储与管理、文旅融合等方面具有广阔的应用空间。

第三章

项目研究总体技术路线设计

第一节　项目工作内容及实验目的

本项目将广西五大类型中 15 处全国重点文物保护单位作为研究对象，每种类型至少挑选一处文物点作为重点对比、实验、分析的对象。选取多种技术进行实验，每一种技术设置不同参数进行三次及以上的数据采集实验，以便选择该类不可移动文物的最优实验环境及参数。在确定最优方法后，按照相应的技术手段对 15 处不可移动文物进行数据采集。依据实验结果，制定出一套适合广西的不可移动文物数据采集技术标准，并将数据导入新建立的管理系统。

第二节　项目总体设计路线图

项目总体设计架构如图 3-2-1 所示。

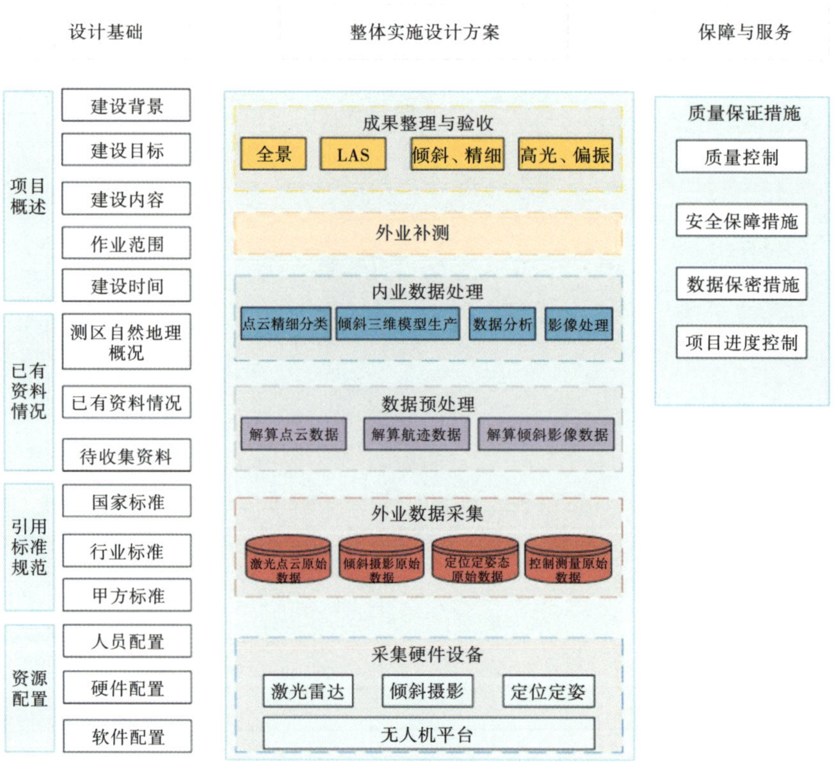

图 3-2-1　项目总体设计架构

第三节　项目技术设计依据

不可移动文物大多具有悠久的历史。近年来，由于人类对自然环境的破坏程度加剧，文物古迹受到严重破坏。因此，获取文物精确的地形地貌和本体信息对于文物管理和保护工作有重要意义。

不论是传统考古，还是现代文物保护研究，获取文物周围环境信息并留存档案记录等，影像信息必不可少。传统的广角相机拍摄的整幅照片其文件量较小，不利于进一步放大浏览，限制了其使用范围。近年来，随着新型相机的发展，全景拍摄可以把一个场景的前后左右一览无余地推到观者的眼前，更有所谓“完整”全景（球形全景）将头顶和脚底都“入画”，将环境更好地记录在影像中，最终实现现场环境全记录。

考古不仅要考虑周边环境，还要对文物本体进行精准坐标信息和内部信息的记录，因此需要进行距离和面积测量以及内部结构的观察。而早期纸质平面图的绘制与解析方法，难以快速并且有效地实现这些功能。因此，一些学者研究如何解决这一问题，并实现了从宏观到微观、从纸质到数字的转化。近年来，由于测量、地理信息系统、计算机技术等行业的飞速发展，自动构建模型技术已能够较为快速地实现影像采集，而且还能增加实景纹理，高保真地还原本体信息，并带有真实地理信息坐标，最终实现完成实景三维建模。

倾斜摄影技术通过在飞行平台上搭载可调整角度的相机或者多角度相机，从垂直、四方位倾斜（一般 45° 或者 60° ）共五个角度分别采集影像以构建三维模型，反映真实立体世界。该技术是目前测绘领域新近流行的一项技术，它能够有效地克服仅从垂直角度获取地面信息的局限。倾斜摄影能够获取文物的顶部和各个侧面影像信息，可以做到全方位、无死角。这种快速自动化实景建模技术已成为遥感和测绘领域获取数据源的一种新方法，灵活性较高、建模成本较低。

早期的贴近摄影测量技术主要用于测量体积相对较小的文物,对于大型文物测量主要起辅助作用。目前，贴近摄影测量能够建立大型的三维模型，结合倾斜摄影技术，更便于获取大型不可移动文物的信息。这种采用非接触式的扫描与成像方式，可以更好地完成不可移动文物的高保真三维重建。

运用三维激光扫描仪对文物进行数据采集和三维建模也是文物数字化的一种高科技手段，它不仅能够真实记录文物的形态、颜色、纹理信息，而且能根据三维模型还原出文物的原貌。这样，即使珍贵的文物将来遭受到不可抗因素的毁坏，依然可以通过三维数据复原。扫描的数据成果通过多次处理，可绘制出各种古建筑图，方便工作人员进行研究。随着科技的不断发展以及国家对文物保护力度的加大，文物的数字化是文物保护的必然趋势，而三维激光扫描技术将是文物数字化的重要手段。

目前广西还存在大量石刻和壁画等特殊不可移动文物。这些不可移动文物易受风化、酸雨等自然侵害及盗拓等人为因素的影响，其表面往往遭受一定损害。为进一步判断文物本体的受损情况和文物所含成分特征，识别壁画颜料成分，恢复难以辨认的文字图像，去除氧化污迹和涂写字迹，提高图像对比度等，在数据采集过程中除运用前述技术外，还需要采用其他非接触式检测和分析技术[①]。我们

① 彭颖，杨清平．广西文物建筑基础数据采集数字化技术研究策略［J］．企业科技与发展，2021（1）：46-48.

在实验中运用偏振光成像技术采集古石刻信息，运用高光谱成像技术采集古壁画信息。

根据遗址数据采集的不同需求，在综合分析了目前国内外文物数据提取技术的特点及其运用情况后，项目组根据广西不可移动文物中古墓葬、古遗址、古壁画、古石刻、古建筑的不同特点，选用全景摄影技术、倾斜摄影测量技术、贴近摄影测量技术、三维激光扫描技术、偏振光成像技术、高光谱成像技术、精细建模技术七种技术手段进行实验，根据每一类不可移动文物的特征，选择适宜技术进行数据采集。

第四节　技术原理、技术特点及技术路线

本项目对国内外目前最常用、最成熟的数据采集技术进行研究，通过比对和分析，选择最有可能运用于广西不可移动文物数据采集的倾斜摄影测量技术、贴近摄影测量技术、三维激光扫描技术、全景摄影技术、偏振光成像技术、高光谱成像技术等技术手段来进行实验研究。

一、倾斜摄影测量技术

（一）技术原理

倾斜摄影测量是在同一飞行器上搭载多台传感器，从垂直、倾斜等多个角度进行拍摄，以获取更准确的地物信息。从垂直角度采集的一组影像为正片，从倾斜角度采集的四组影像为斜片。多角度采集信息，配合控制点或影像 POS 信息，影像上每个点都会有三维坐标，基于影像数据可对任意点线面进行量测，获取厘米级的测量精度并自动生成三维地理信息模型，以快速获取地理信息，对建筑物等地物高度直接量算。同时，影像中包含丰富的真实环境信息，可对影像信息的数据进行深度挖掘。该技术具有高效率、低成本、数据精确、操作灵活、侧面信息可用等优点，可极大调节测绘内、外业的协同工作，可解决天气变化等外因造成的传统人工作业延误。

（二）技术特点

（1）能反映地物周边的真实情况。倾斜影像能让用户从不同角度观察地物，更真实地反映被测物体周围的实际情况，补充正射影像的不足。

（2）可实现单张影像量测。配合其他软件使用，可基于成果影像进行量测，扩大了该技术的应用范围。

（3）可采集建筑物侧面纹理。充分利用航拍的特点，发挥倾斜摄影测量技术的优势，可以大大降低三维数字城市建模成本。

（4）数据量小，易于网络发布。应用倾斜摄影测量技术采集的影像数据量远远小于三维 GIS 技术的数据，更有利于网络发布，实现共享应用。

（三）技术流程

主要包括外业数据采集和内业数据处理两个方面，如图 3–4–1 所示。

（1）外业数据采集，包括测区勘察、布设像控点、设备调试和规划航向等。

（2）内业数据处理，包括数据处理、三维建模、成果质检。

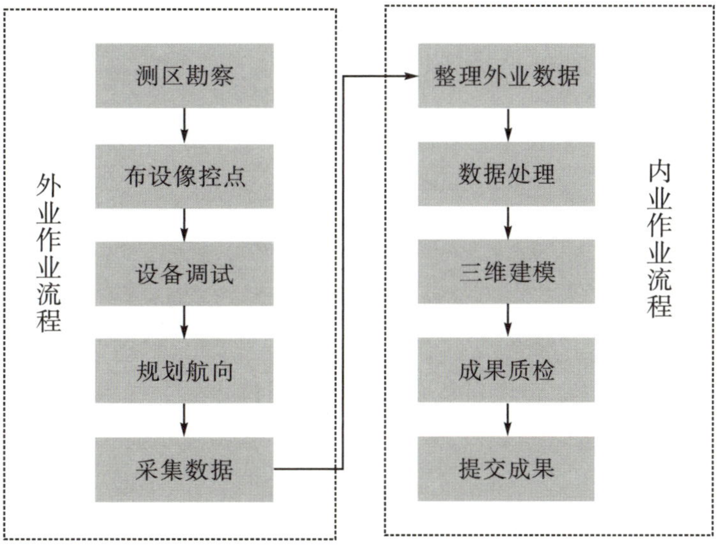

图 3–4–1 技术路线图

二、贴近摄影测量技术

（一）技术原理

如图 3–4–2 所示，贴近摄影测量是以物体的“面”为摄影对象，通过贴近摄影获取超高分辨率影像，进行精细化地理信息提取。[①] 该技术是针对精细化测量需求提出的全新摄影测量技术，它是精细化对地观测需求与旋翼无人机发展结合的必然产物。贴近摄影测量利用物体的坐标和形状结构进行精细化建模，为高精度的摄影量测提供有效的补充手段。

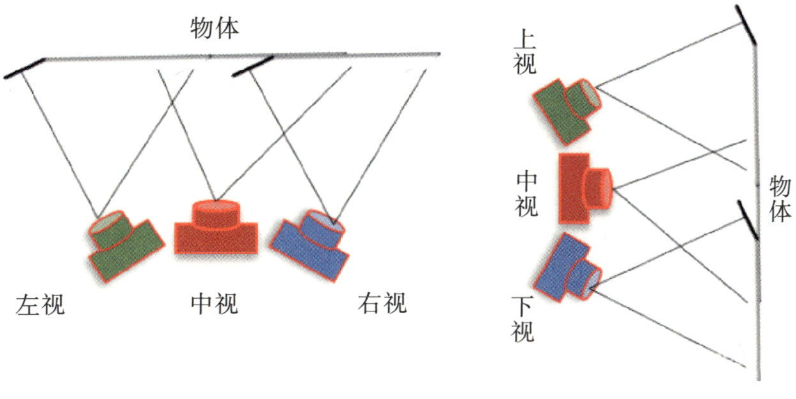

图 3–4–2 倾斜相机数据采集视角

① 王小刚，赵薛强，王建成．贴近摄影测量在水利工程监测中的应用［J］．人民长江，2021，52（S1）：130–133.

（二）技术支撑

运用贴近摄影测量技术进行物体拍摄测量，需要如下技术作为支撑。

1. 无人机高精度定位技术

贴近摄影测量不同于传统的摄影测量，其被测目标往往不规则，无法布设像控点。而贴近摄影测量的模型成果如果要用于线划图生产、地质变形监测等领域，需要保证不同时期生产的模型绝对精度一致。无人机高精度定位技术的出现，使得免像控条件下测绘成果的绝对精度也能达到厘米级，为贴近摄影测量的成果应用提供精度保障。

2. 无人机云台姿态控制技术

贴近摄影测量拍摄角度不固定，需要根据目标结构的变化调整拍摄角度。带三轴增稳云台的无人机相机，可通过云台控制相机的俯仰角和旋偏角，并能通过云台控制，实现“交向”摄影，加大摄影时的交会角，提升摄影深度方向的绝对精度。

3. 计算机视觉技术

贴近摄影测量的拍摄方式不再遵循传统摄影测量航带的概念，计算机视觉技术的出现突破了传统摄影测量的严格要求，使得通过任意航线拍摄的影像都能进行高精度的三维重建。

4. 相机成像技术

摄影测量的成果分辨率往往较高，甚至可达毫米级，对相机成像质量要求非常高。相机成像技术的发展使得即使拍摄毫米级的照片依然能保证高锐度、不虚焦。

（三）技术流程

依据实际需求生成粗模、细模及数字线划图，如图 3–4–3 所示。

（1）粗模：通过拍摄的低分辨率影像生成的粗略三维模型。

（2）细模：通过粗模获取的初始地理信息、规划贴近飞行航线，智能贴近拍摄和局部区域“手

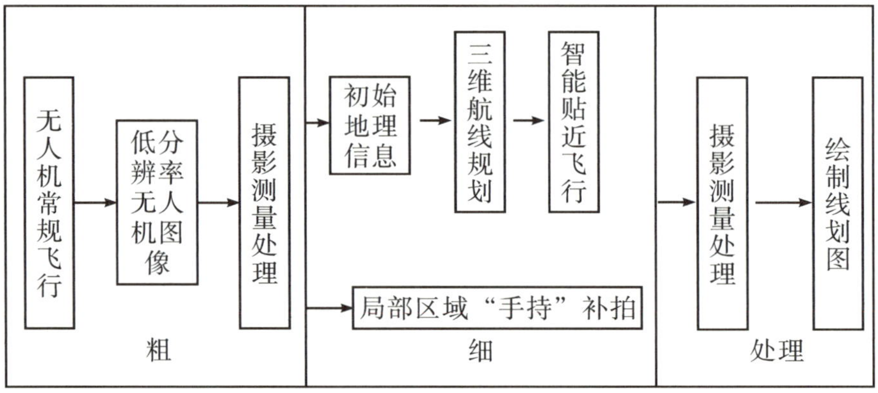

图 3–4–3　贴近摄影的技术流程

持”近距离补拍的超高分辨率影像，生成的精细化三维模型。

（3）数字线划图：依据需求在已生成模型上进行绘制。

三、三维激光扫描技术

（一）技术原理

三维激光扫描技术包括地面三维激光扫描技术和机载三维激光扫描技术，它们的技术原理不同。

地面三维激光扫描技术是基于激光测距原理，记录被拍摄物体的点云坐标、纹理和反射率等信息，使用后处理软件对采集的点云数据和影像数据进行处理分析，快速复建出被测目标的三维模型及线、面、体等各种图件数据。如图 3–4–4、图 3–4–5 所示。

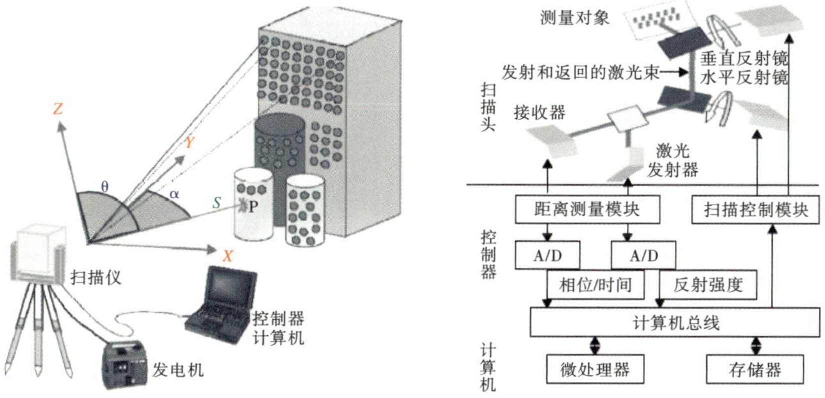

图 3–4–4　地面三维激光扫描原理图

图 3–4–5　地面激光扫描仪“天宝 X7”

机载三维激光扫描技术的激光雷达系统由激光器和接收系统组成，它集激光扫描与定位定姿系统于一身，可以精确地定位激光束打在物体上的光斑。激光器发射一束光脉冲，打在物体上并反射回来，由接收器接收后准确地测量光脉冲的传播时间。鉴于光速是已知的，传播时间即可被转换为对距离的测量[①]。结合激光器的高度和激光扫描的角度，就可以准确地计算出每一个地面光斑的三维坐标（X、Y、Z）。

（二）技术特点

三维激光扫描技术具有精度高、速度快、分辨率高、非接触式、兼容性好等优势，是测绘领域的重大技术变革。与传统测绘技术相比，该技术主要有以下特点。

（1）非接触式。三维激光扫描技术采用非接触式高速激光对目标体进行扫描，准确获取三维坐标信息，为目标危险、环境恶劣、人员难以到达的情况提供更安全高效的测量方式。

（2）数字化程度高、扩展性强。三维激光扫描系统采集被测目标的空间数据并进行数字化处理，方便实现数据交换及共享，也可以与数码相机及 GPS 搭配使用，扩展其应用范围。

① 陈永枫．基于机载 LiDAR 点云数据的建筑物重建技术研究［D］．郑州：解放军信息工程大学，2013.

（3）高分辨率。三维激光扫描技术可以进行快捷、高质量、高密度的三维数据采集，从而达到高分辨率的目的。①

（4）应用广泛、适应性强。由于其良好的技术特点，环境适应能力强，适合野外作业，故广泛应用于工程建设各领域。

（三）技术流程

通过地面激光扫描仪或机载激光扫描仪，同时获取点云数据和影像纹理数据，对点云和影像数据分别处理，最终生成真彩色三维激光点云数据，如图 3-4-6 所示。

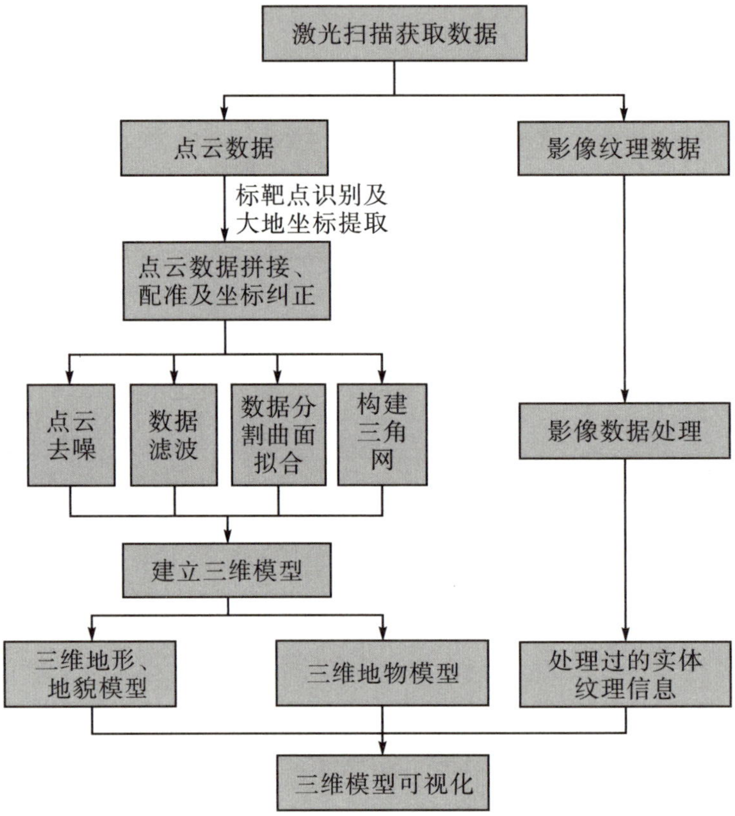

图 3-4-6　真彩色三维激光点云数据获取流程

四、全景摄影技术

（一）技术原理

全景摄影原理是用相机设备围绕一个中心点来对点位周围各个角度进行拍摄，而后将拍摄完成的照片在电脑上进行拼接处理，处理完成之后播放插件（通常使用 Java 或 Quicktime、ActiveX、Flash）或在 720 云、UPVR 等全景平台中进行播放浏览。

① 李巧莲．三维激光扫描测绘技术［C］．中国采选技术十年回顾与展望，2012：584-586.

（二）技术特点

（1）真实感强。通过实景采集获得的是完全真实的场景。全景图片不是利用计算机生成的模拟图像，而是通过对物体进行实地拍摄，展现真实完整的场景，更好地满足对场景真实度要求较高的应用（如数字城市展示、工程验收、犯罪现场信息采集等）。

（2）快捷高效的制作流程。全景摄影具有周期短、成本低等优点，主要通过对真实场景的采集、处理和渲染，迅速生成虚拟场景，有效避免了复杂的建模过程。

（3）有较好的交互性。利用鼠标或键盘控制视角，可以进行全范围的漫游式浏览。

（4）一般不用安装单独的插件。可以在支持 Flash 文件的浏览器中直接打开，或者下载一个小插件即可观看。

（三）技术流程

无人机拍摄的全景照片，使用 PTGui 软件合成某区域整张全景，用 Photoshop 对全景照片进行修整，将修整好的照片通过 720 云编辑成链接，方便浏览甚至达到漫游式浏览的目的，如图 3-4-7 所示。

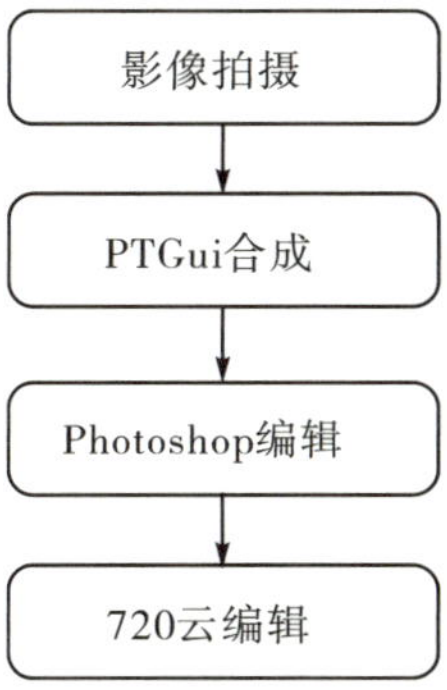

图 3-4-7　全景摄影技术流程图

五、偏振光成像技术

（一）技术原理

目前市场主流的偏振光成像设备均采用了 Sony 的 CMOS 偏振解决方案，即在感光传感器的光电二极管上方加入一层偏振片。四个不同角度的偏振片（90°、45°、135°、0°）分别放置于单个像元上，每四个像元一组作为一个计算单元。[①] 这一创新的 4 像元块设计中，通过不同方向偏振器之间的关联能够计算偏振的程度和方向。

（二）技术特点

人类视觉系统不能直接感觉光的偏振信息，更不能感觉光的偏振状态随波长的变化规律。在自然环境中，振动四散的自然光源容易造成某些物体表面产生眩光，如玻璃、水、塑料等，因此无法清楚看见被观测物体。利用偏振滤镜，可以有效发挥光的偏振特性，过滤四散的光源，让光维持在同一方向振动；能减少不必要的眩光，增加对比度，更加清楚地辨识所拍摄的物体，并呈现其真实原貌。

不仅如此，通过提取及分析偏振度影像数据，还能轻易识别出物体表面粗糙度、表面取向、表面电导率、材料理化特性。

（三）技术流程

主要包括影像采集和影像处理两个方面，如图 3-4-8 所示。

（1）影像采集，包括相机安装、光源布设、设备调试等。

① 张强．分焦平面偏振成像及其在雾天车牌识别的应用研究［D］．合肥：合肥工业大学，2019.

（2）影像处理，包括使用影像分析软件处理偏振影像等。

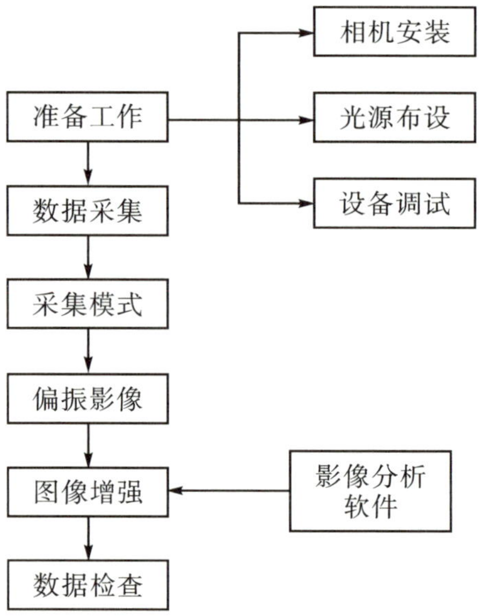

图 3-4-8　偏振影像数据采集作业流程图

六、高光谱成像技术

（一）技术原理

高光谱成像技术是基于众多窄波段的影像数据技术，它将成像技术与光谱技术相结合，探测目标的二维几何空间及一维光谱信息，获取高光谱分辨率的连续、窄波段的图像数据。

（二）技术特征

高光谱成像的探测能力随光谱分辨率的提高而不断增强。与全色和多光谱成像相比，高光谱成像具有以下特点：

（1）有着近似连续的物质光谱信息。相对于影像，高光谱成像技术能让用户从空间三维和光谱信息多个角度发现物质信息，弥补基于影像应用的不足。

（2）对表面覆盖的探测识别能力较强。高光谱成像具有多通道采集优势，能够采集目标在不同谱段连续光谱成像信息。由于在不同的谱段上反射率表现不同，通过对高光谱影像的处理，可实现弱信息的融合增强，提高物体表面辨识度和细节信息增强。

（3）具有多种多样的分类识别要素的方法。采用不同参数及方式对高光谱数据进行处理，如：MNF 最小噪声分离变换、MNF 正变换处理、MNF 逆变换处理等，得到多种类的标准反射率高光谱成像数据。

（三）技术流程

主要包括外业数据采集和内业数据处理两个方面，如图 3-4-9 所示。

（1）外业数据采集，包括设备安装、参数设置、现场踏勘等。

（2）内业数据处理，包括参数文件配置、数据分幅、高光谱数据还原、标准板光谱曲线提取，以及高光谱反射率数据计算。

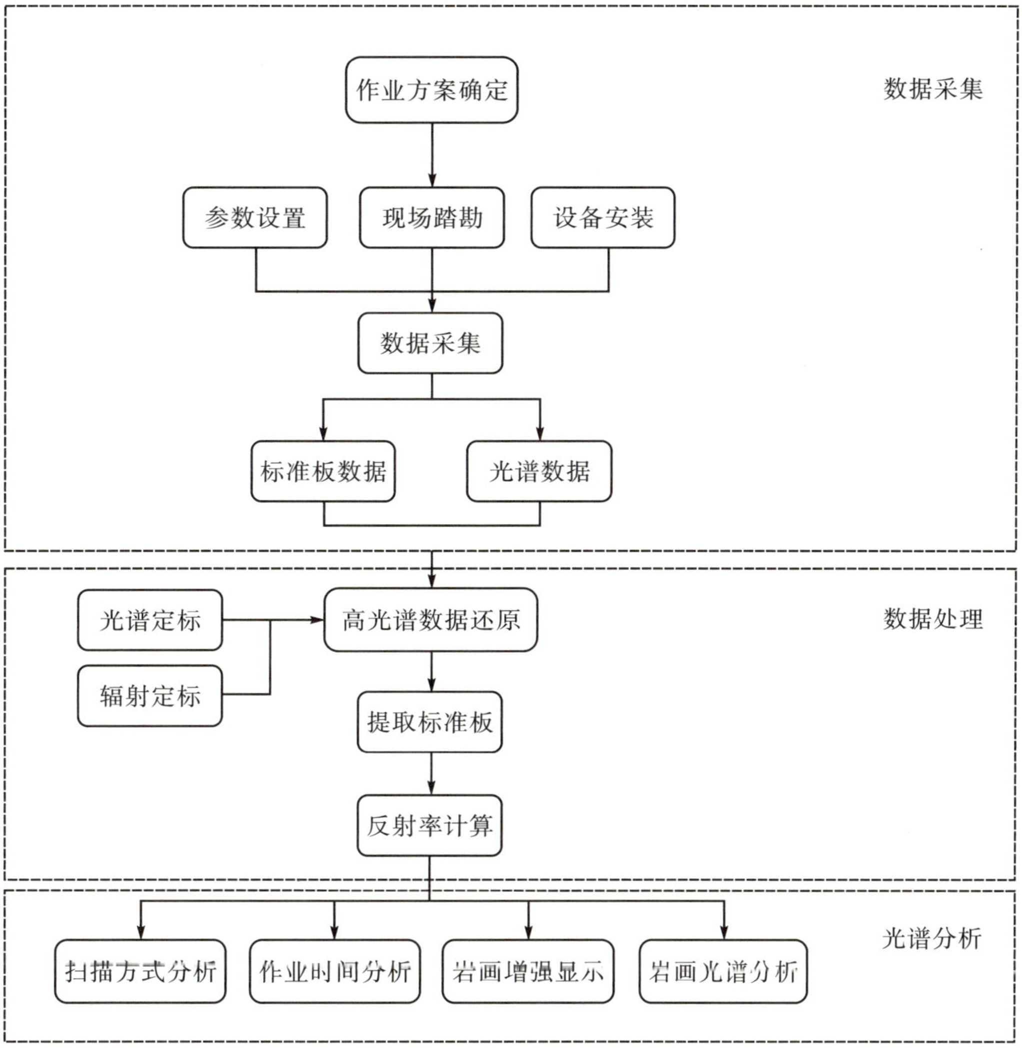

图 3-4-9　高光谱实验技术流程图

七、人员配置

项目组根据实际情况，在现场采集时一般为四人一组，一人记录参数，两人进行数据采集，一人负责现场维护及设备保障。但在一些情况比较复杂的环境时，也有增加到至四五人一组的，主要用于屏蔽外界干扰因素，确保数据采集正常进行。

八、仪器配置

不同的采集技术，其需要配置的仪器也有所区别。

（一）倾斜摄影测量技术仪器配置

硬件：高性能电脑 3 台（处理器 E7 2678 v324 核 48 线程、6 G 显存、运行内存 128 G）、无人机（大疆精灵 4RTK）一架、华测移动 RTK 一套。

软件：大疆智图、ContextCapture Center、Photoscan、南方 Cass。

（二）贴近摄影测量技术仪器配置

硬件：高性能电脑 3 台（处理器 E7 2678 v324 核 48 线程、6 G 显存、运行内存 128 G）、无人机（大疆精灵 4RTK 一架、M300RTK+P1 一套）、华测移动 RTK 一套。

软件：WPM 航迹大师、大疆智图、ContextCapture Center、模方。

（三）三维激光扫描技术仪器配置

硬件：高性能电脑 3 台（处理器 E7 2678 v324 核 48 线程、6 G 显存、运行内存 128 G）、无人机（大疆 M300RTK+L1 一套）、三维激光扫描仪（天宝 X7）一台、华测移动 RTK 一套。

软件：大疆智图、天宝 TBC/TRW、LiDAR360、Global Mapper、ContextCapture Center、3Ds Max 等。

（四）全景摄影技术仪器配置

硬件：高性能电脑 3 台（处理器 E7 2678 v324 核 48 线程、6 G 显存、运行内存 128 G）、无人机（大疆精灵 4RTK）一架、Insta360 ONE R 全景相机 1 台。

软件：PTGui、Photoshop 等。

（五）偏振光成像技术仪器配置

本次碑刻偏振影像采集所采用的设备为 Lucid TRI050S-PC 偏振成像设备机，该设备搭载了 Sony IMX250 mZR CMOS 偏振传感器，该传感器将四个不同角度的偏振片（90°、45°、135°、0°）分别放置于单个像元上，每四个像元一组作为一个计算单元。这一创新的 4 像元块设计中，通过不同方向偏振器之间的关联计算每个图像像素的强度和偏振角度。

该设备参数满足欧洲机器视觉协会图像传感器和相机性能标准 EMVA1288 R3.1，所得偏振影像数据为碑刻文物的数字化采集研究提供了有效的数据支撑。该设备参数如图 3-4-10、图 3-4-11 所示。

相机控制软件是基于 Lucid TRI050S-PC 相机原厂自带软件 Arena。该软件具有调节相机运行参数，控制相机完成触发、采集、传输等基本功能，能对获取的偏振角度、偏振度等信息进行色彩映射分析，以增强图像对比度，也能够更有效地处理相机上的偏振信息，提高目标物体特征信息识别和分析能力。

（六）高光谱成像技术仪器配置

为了确保岩画高光谱数据采集顺利进行，在进行数据采集实施前，首先根据本次作业特点及作业位置提前完成采集设备和交通工具准备。具体设备包括高光谱成像仪、转动台、三脚架、标准板、笔记本电脑等。

传感器特性	
名称	Sony IMX250MZR CMOS（mono） Sony IMX250MYR CMOS（color） 偏振-四个不同的定向偏振滤波器（0°、90°、45°和135°）
快门	Global
靶面尺寸	11.1 mm（Type 2/3＂）
分辨率	2448 × 2048 px，5.0 MP
像元尺寸	3.45 μm（H）× 3.45 μm（V）
帧率*	22 FPS（24 FPS）@ 5.0 MP

图 3-4-10　设备参数 1

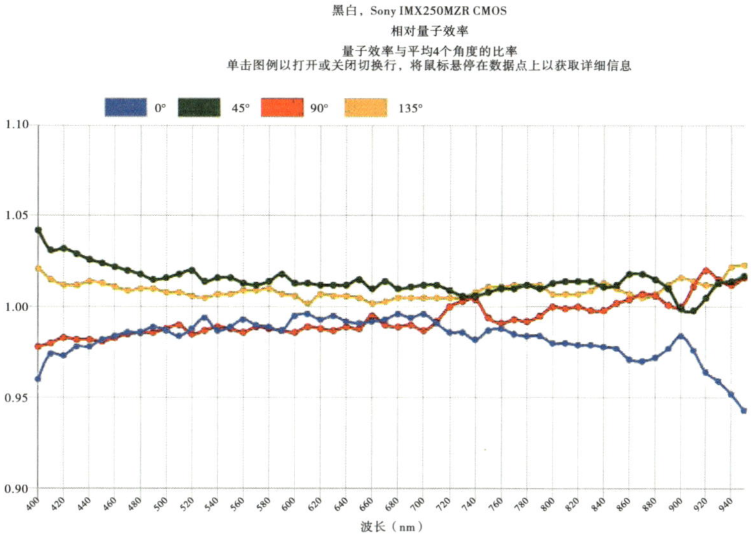

EVMA 1288结果	
动态范围	71.34 db
SNR（最大值）	40.14 db
饱和容量	10318 e-
绝对灵敏度阈值（测量在527.5 nm）	5.28 γ
颞暗噪声	2.16e-
增益	0.369 DN/e-
暗电流	3.51e-/s
暗信号非均匀性	0.71 e-
光响应非均匀性	1.66 %
线性误差（高/低）	0.22/-0.50 %

图 3-4-11　设备参数 2

本次花山岩画高光谱数据采集使用的是 ZK-VNIR-FPG480 型高光谱成像仪，可以在 400 ～ 1000 nm 光谱范围内连续采集 270 个波段光谱数据，光谱分辨率为 2.8 nm，具有光谱通道数多、光谱分辨率高和空间分辨率高的特点，所得高光谱成像数据可为花山岩画的研究提供有效数据支撑。

ZK-VNIR-FPG480 型高光谱成像仪主要技术指标见表 3-4-1。

表 3-4-1　高光谱成像仪主要技术指标

序号	参数	指标
1	谱段范围	400 ～ 1000 nm
2	光谱通道数	270
3	光谱分辨率	2.8 nm
4	空间通道数	480

续表

序号	参数	指标
5	空间分辨率	0.09 m@100 m（f=35 mm）
6	视场角	26°
7	数据接口	GigE

第五节　数据采集与成果质量控制

项目组根据研究的目标、方法、时间、队伍等实际情况，制定了数据采集与成果质量管理制度，包括制定质量控制方案、搭建质量控制组织架构、建立全过程的质量管理体系等。

一、质量控制方案

为确保本项目质量，项目组保证投入项目实施过程的人员、设备符合招标文件规定的规格、数量、等级及标准，采用项目合同规定的技术要求来进行数据获取和处理，执行预先制定的质量管理规定。

项目组严格项目实施质量管理，以“工程质量零事故”为管理目标。为此，我们一方面设置质量检查机构，配备专职质量检查人员，建立完善的质量三级检查制度；另一方面对项目实施过程中涉及的设备及其安装、数据获取和处理进行全程质检，做好质检记录，编写质量报表，定期审查。

二、质量控制组织架构

质量控制组织架构如图 3-5-1 所示。

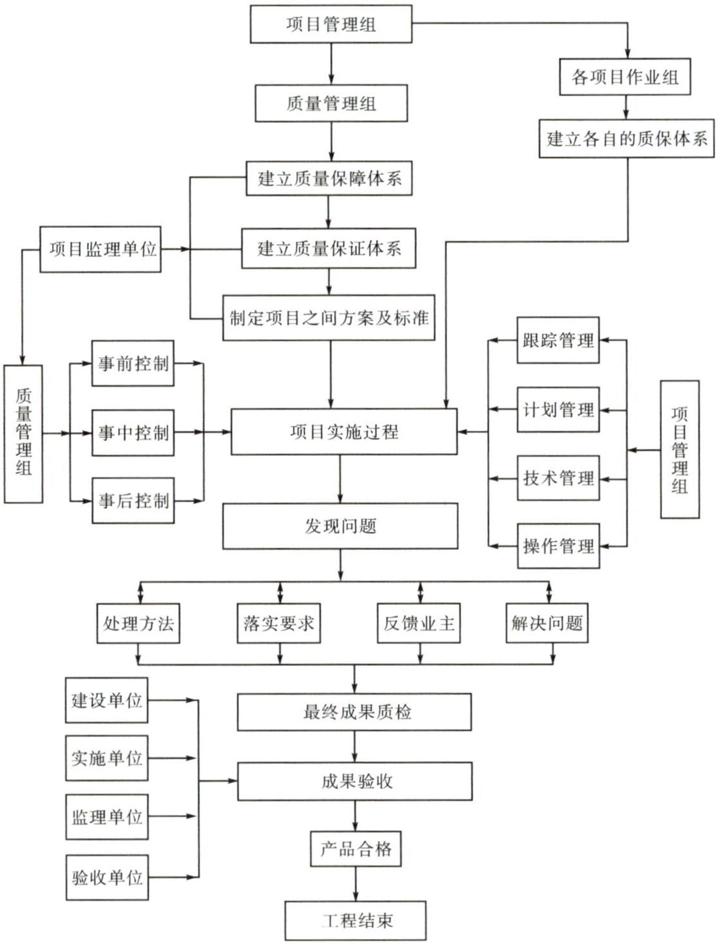

图 3-5-1　质量控制组织架构

三、质量管理体系

（一）组织体系

项目组根据本项目的特点，结合《质量管理体系　要求》GB/T 19001—2016，建立合理的质量管理组织机构，整个体系采用“项目负责人→总工程师→质量管理部→测绘设备部、测绘采集部、飞行部、数据处理部、数据库编辑部、外业调查部”的垂直领导架构（图 3–5–2）。

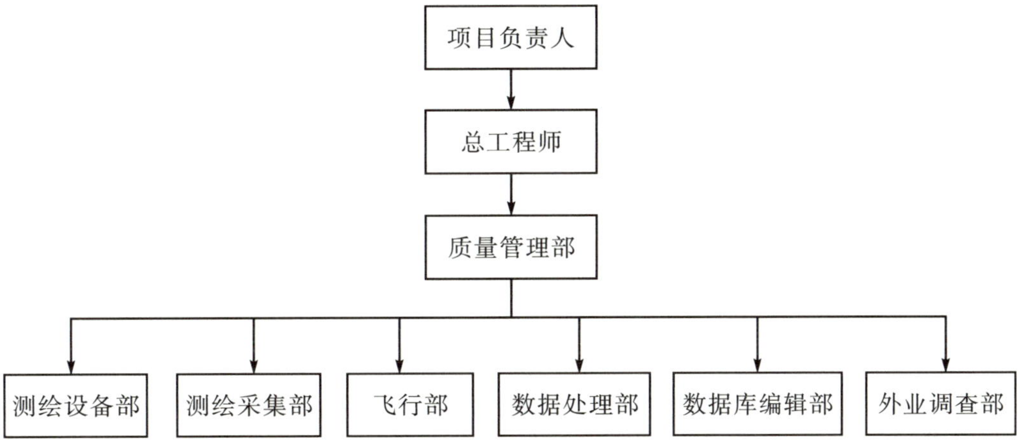

图 3–5–2　领导体系架构图

项目负责人为项目质量的第一责任人，负责工程项目质量方针、目标的批准以及相关质量管理措施的决策。总工程师、质量管理部按照项目负责人制定的制度，组织协调各自分管施工任务的质量检查；对各质量目标进行分析论证，分析影响质量的各种影响因素，并制订防范措施。测绘设备部、测绘采集部、飞行部、数据处理部、数据库编辑部、外业调查部按照总工程师和质量管理部门要求，严格做好项目过程检查，编写好相关记录文件，以便后期查阅。

（二）质量管理方案

本项目建立了项目负责人责任制，严格按照“三级检查、两级验收”制度严把质量关。项目各作业小组指定专职质检员，对外业航测设备进行 100% 的调查校对，对内业的三维模型精度进行跟踪检查。各工序设置一名项目负责人，负责本工序内各个过程的技术、人员与作业质量；设置一名专职质检组长，对本工序的各类成果资料质量负全责。内外业检查情况要求具体见表 3–5–1。

表 3–5–1　内外业检查情况要求

检查项目	外业			内业		
	飞行质量	影像质量	控制点精度	三维模型精度	正射影像图精度	数据精度
检查比例	≥ 60%	≥ 80%	≥ 20%	≥ 100%	≥ 80%	≥ 100%

项目单位设置了质控负责人，担负整个项目的内外业质量抽检、验收工作，抽检比例为内业 20%、外业 3% ～ 5%，并对整个项目的成果质量依照《测绘产品检查验收规定》检查，负责编制最终的成果质量内部验收报告。

（三）质量管理措施

第一，制定和完善质量管理制度和措施，包括技术设计管理制度，仪器设备的检定、检校措施，作业流程控制管理、成果验收管理等全流程管理措施。

第二，制定明确的质量控制措施，包括技术培训、检查验收、技术档案、文件管理等方面的控制措施。

第三，建立严格的质量责任制度，主要是建立健全施工质量保证体系。

第四，采取保证质量的技术措施，包括严格执行技术方案、技术设计书、技术补充。

第五，规定审核制度，采用动态质量管理办法进行质量控制、统一技术标准等。

第六，制定保证质量的检查制度。

项目组要求作业部门严格执行自检、互检和部门的一级检查。自检修改后应互检，互检合格修改后方可交部门进行一级检查。一级检查合格并将问题修改后交单位内部进行二级检查。各级检查人员应按技术设计书和有关技术规定对产品进行过程检查和最终检查，各级检查不能合并。加强首批产品的质量检查，发现问题及时分析解决，以确保整批交出产品的质量合格率达到100%。

第四章

基础数据采集可行性实验论证过程

本项目在对目前国内外各种测量技术进行充分了解和对比的基础上，选择几种最有可能适用于不可移动文物数据采集的技术进行研究，对古墓葬、古遗址、古建筑、古壁画、古石刻五种文物类别分别用多种技术进行实验。在每实验一种技术时，均设置不同的变量参数来获取最原始的影像数据，通过对比分析找到最适合广西不可移动文物数据采集的新技术，以高保真还原文物本体特征、所处自然和人文环境等多方面的地理信息。

第一节　古墓葬数据采集技术实验

项目组选取了桂林靖江王陵的康僖王陵、悼僖王陵以及合浦汉墓群的四方岭墓群作为研究对象。在研究实验的过程中，各个墓群需要采集的要素包括周边环境、地形地貌、文物本体的详细信息等。具体需要采集的数据包括：（1）康僖王陵周边环境、陵园地形地貌及地表遗存信息，地表遗存包括外门台基、左右碑亭台基、中门台基、右厢房遗址、享殿台基和圆丘形墓冢、神道石像生 11 对；（2）悼僖王陵周边环境、陵园地形地貌及地面遗存，地表遗存包括陵门基址、围墙一周、享堂基址、圆丘形墓冢、神道两侧石像生；（3）四方岭墓群周边环境、墓群地形地貌以及墓葬封土堆、其他设施等。

在这三处墓葬中，康僖王陵要素比较全面，既有陵园，又有众多地面设施，还有墓室，具有很强的典型性，因此项目组决定以康僖王陵作为重点研究对象来进行技术实验，其他两处作为一般研究对象。

一、倾斜摄影技术分析

（一）数据采集

1. 采集设备

本项目数据采集设备选择了大疆精灵 4RTK 无人机航拍测绘系统，这种设备系统特点如下。

（1）采用双备份 GNSS 系统，实时差分定位技术，GPS/ 北斗 /GLONASS3 系统 6 频点 RTK 为飞行器提供厘米级定位，支持 PPK 后处理。①

① 肖祖才，周宗国，梁均，等．基于 UWB 的 RTK 无人机精准定位技术分析［J］．科学技术创新，2019（8）：37-38.

（2）高精度成像，图像清晰；免像控点，精准建图。

（3）机身设计新颖、轻巧，体积小、飞行平稳、机动灵活、空中阻力小、目标特性小、飞行噪声低。

2. 布设像控点

本实验像控点（检查点）采用地面喷绘油漆或地面特征明显处作为测量标志，使用华测移动 RTK，将对中杆对准测量中心位置，待水平气泡居中后，进行控制点测量，保证控制点精度在 2 cm 以内，像控点采用 2000 国家坐标系，中央经度为 111°，高程系统为 1985 国家高程基准。

根据本测区实际情况，外业人员共布设 12 个像控点（选择中部的 2 个点作为检查点），分布如图 4–1–1 所示。

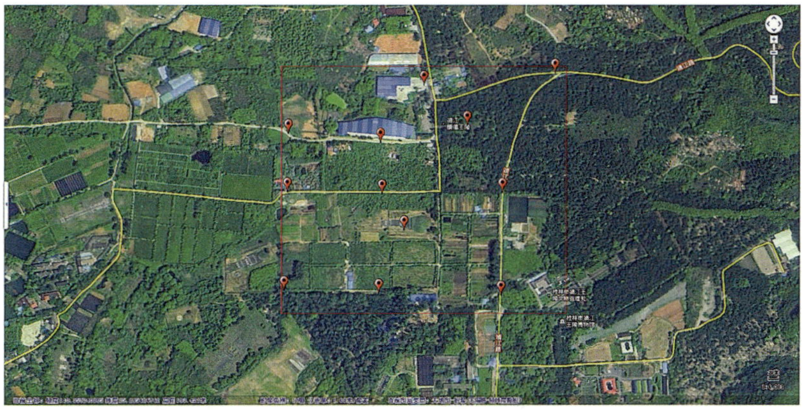

图 4–1–1　像控点分布图

3. 航线规划

针对康僖王陵测区，项目组按照不同的实验要求，设置航向重叠率和旁向重叠率、镜头倾斜角度、航线高度等变量参数来获取原始影像。

4. 采集数据

外业像控点布测完成后，开始进行外业数据采集。对无人机进行飞前检查并确定天气、周围环境符合飞行条件后，上传预先规划好的航线数据，无人机根据航线自动飞行完成任务，整个过程无需人员干预。飞行完成后，下载飞行数据、照片、机载 POS 和 GPS 数据，并在现场检查数据质量和完整性。采集记录见表 4–1–1。

表 4–1–1　康僖王陵倾斜摄影原始影像数据采集记录表

项目	条件	记录内容
采集概况	天气	晴天
	风速	微风 1 ～ 2 级
	能见度	较好，无雾霾
设备概况	无人机	大疆精灵 4RTK
	相机型号	FC6310R
	相机像素	有效像素 2000 万

续表

项目	条件	记录内容
采集参数	重叠率	航向 80%，旁向 80%
	相对航高	50 m
	倾斜角度	-45°
	相机参数	自动调整
	照片比例	3∶2
	分辨率	1.37 cm
	RTK 状态	信号良好

（二）数据处理

外业摄影作业完成后，需要及时将数据导出，转入大疆智图或 ContextCapture Center 等建模软件进行内业处理。

1. 数据检查

主要检查航摄作业的飞行质量以及所拍摄影像质量，如实际影像重叠率、像片倾角和旋角、航线弯曲度、摄取覆盖范围、影像的清晰度、像点位移等。若发现内容无法满足内业规范和作业任务要求，需根据实际情况重新拟定飞行计划对局部区域补飞或重飞。

2. 空三加密

采用光束法区域网联合平差的方法对无人机倾斜摄影测量内业数据进行处理。空三加密成果如图 4-1-2 所示。

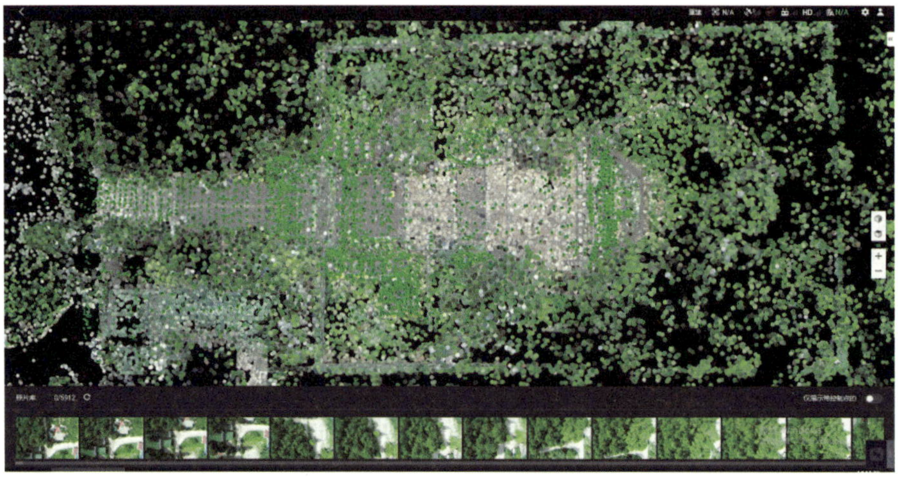

图 4-1-2　康僖王陵空三加密成果

3. 实景三维模型建立

基于原始影像及空三加密成果，即可使用大疆智图等内业处理软件生成三维模型数据。成果采用 2000 国家坐标系，中央经度为 111°，高程系统为 1985 国家高程基准，格式为 osgb、obj 等，派生数据 DOM、DSM（含 DEM）、数字点云等，如图 4-1-3 所示。

图 4–1–3　康僖王陵实景三维模型

4. 数字地形图采集（1 : 500）

实景三维模型生产完成后，我们使用像控点和检查点对模型精度进行检查。模型精度符合相关规范要求后，采用相关数据采集平台（南方 CASS、EPS 等）进行地形数据采集，如图 4–1–4 所示。

图 4–1–4　康僖王陵数字地形图（比例尺 1 : 500）

（三）数据成果

1. 实景三维模型成果

康僖王陵实景三维模型成果如图 4–1–5、图 4–1–6 所示。

图 4–1–5　康僖王陵整体

图 4–1–6　康僖王陵石像细节

2. 成果质检

康僖王陵实景三维模型成果质检结果见表 4–1–2。

表 4–1–2　成果质检

康僖王陵	质检内容
倾斜三维模型	1. 坐标系：平面基准采用 2000 国家坐标系，高程基准采用 1985 国家高程基准 2. 模型单位：模型比例为 1∶1，单位为米（m） 3. 模型格式：三维模型储存格式 osgb/obj 4. 有效覆盖区域：三维模型覆盖区域带有文物周边地理信息 5. 分辨率：模型纹理分辨率≤ 5 cm 6. 精度：模型空间点位相对精度≤ 5 cm 7. 纹理细节：倾斜摄影三维模型还原了康僖王陵文物本体现状，但是纹理细节模糊不清，地宫内部三维重建失败，无法看清

（四）分析比对

根据研究与实验发现，影响古墓葬倾斜三维摄影测量的主要因素，包括飞行高度、重叠率（航向、旁向）、倾斜角度（30°、45°、60°）等。

1. 飞行高度

（1）当航线高度 50 m，航向重叠率 80%，旁向重叠率 70%，云台倾斜角度 45° 时，模型分辨率为 1.37 cm，精度误差 1 ～ 5 cm，能够识别较细微的物体。如图 4–1–7 所示。

图 4-1-7 康僖王陵室外雕像三维实景图（H=50 m）

（2）当航线高度 70 m，航向重叠率 80%，旁向重叠率 70%，云台倾斜角度 45° 时，模型分辨率为 1.92 cm，精度误差 2 ～ 5 cm，精度相对较差。如图 4-1-8 所示。

图 4-1-8 康僖王陵室外雕像三维实景图（H=70 m）

（3）当航线高度 90 m，航向重叠率 80%，旁向重叠率 70%，云台倾斜角度 45° 时，模型分辨率为 2.47 cm，精度误差 2 ～ 5 cm，易出现拉花情况。如图 4-1-9 所示。

图 4-1-9 康僖王陵室外雕像三维实景图（H=90 m）

2. 重叠率

（1）当航线高度 50 m，航向重叠率 40%，旁向重叠率 30%，云台倾斜角度 45° 时，飞行时间 40 分钟，模型分辨率为 1.37 cm，精度误差 1 ～ 5 cm，部分地方建模不完整，出现空洞。如图 4–1–10 所示。

图 4–1–10　康僖王陵室外三维实景图（航向重叠率 40%，旁向重叠率 30%）

（2）当航线高度 50 m，航向重叠率 60%，旁向重叠率 50%，云台倾斜角度 45° 时，飞行时间 60 分钟，模型分辨率为 1.37 cm，精度误差 1 ～ 5 cm，空洞减少，但有细小的空洞。如图 4–1–11 所示。

图 4–1–11　康僖王陵室外雕像三维实景图（航向重叠率 60%，旁向重叠率 50%）

（3）当航线高度 50 m，航向重叠率 80%，旁向重叠率 80%，云台倾斜角度 45° 时，飞行时间 90 分钟，模型分辨率为 1.37 cm，精度误差 1 ～ 5 cm，图像相对完整，但清晰度不够。如图 4–1–12 所示。

图 4–1–12　康僖王陵地宫入口三维实景图（航向重叠率 80%，旁向重叠率 80%）

3. 倾斜角度

（1）当航线高度 50 m，航向重叠率 80%，旁向重叠率 80%，云台倾斜角度 30° 时，飞行时间 95 分钟，模型分辨率为 1.37 cm，精度误差 1 ～ 5 cm，屋檐下可见物体较多。如图 4-1-13 所示。

图 4-1-13 康僖王陵陵门三维实景图（云台倾斜角度 30° ）

（2）当航线高度 50 m，航向重叠率 80%，旁向重叠率 80%，云台倾斜角度 45° 时，飞行时间 90 分钟，模型分辨率为 1.37 cm，精度误差 1 ～ 5 cm，屋檐下可见角度偏小。如图 4-1-14 所示。

图 4-1-14 康僖王陵陵门三维实景图（云台倾斜角度 45° ）

（3）当航线高度 50 m，航向重叠率 80%，旁向重叠率 80%，云台倾斜角度 60° 时，飞行时间 85 分钟，模型分辨率为 1.37 cm，精度误差 1 ～ 5 cm，屋檐下易拉花。如图 4-1-15 所示。

图 4-1-15 康僖王陵陵门三维实景图（云台倾斜角度 60° ）

（五）小结

无人机倾斜摄影在不同飞行高度、不同重叠率、不同倾斜角度生成的实景三维模型，其周边地理信息都完整可见，精度误差都在 5 cm 以内，飞行高度越低时图像越清晰。航向重叠率低于 60%、旁向重叠率低于 50% 时，模型出现空洞。云台倾斜角度不同，模型差异不大，陵门、碑亭、中门、享殿、神道石、地宫等细节都模糊不清。因此，倾斜摄影实景三维建模只能满足对文物周边地理信息数据的采集，不能满足文物专家们对古墓葬文物进行数字化存档以及长期研究的要求。

二、贴近摄影测量技术分析

（一）数据采集

1. 采集设备

在运用贴近摄影测量技术进行实验分析时，同样选择了大疆精灵 4RTK 无人机航拍测绘系统作为数据采集设备，其特点如前文所述。

2. 作业难点

在采用贴近摄影测量技术对康僖王陵进行数据采集的过程中，项目组面临着很多实际困难。最主要的难点有以下两点：

（1）作业范围在密集的树木中，早中晚光线变化复杂，陵门口石像生及地宫内部无 GPS、RTK 信号。（图 4–1–16、图 4–1–17）

（2）作业对象面积大，结构细节丰富，不规则种类多，地宫内部光线差，空间狭窄。

图 4–1–16　康僖王陵卫星影像图

图 4–1–17　起飞点照片

3. 技术路线

依据实际需求生产粗模、细模及数字线划图，如图 4–1–18 所示。

（1）粗模：通过拍摄的低分辨率影像生成的粗略三维模型。

（2）细模：通过粗模获取的初始地理信息、规划贴近飞行航线，智能贴近拍摄和局部区域“手持”

近距离补拍的超高分辨率影像，生成的精细化三维模型。

（3）数字线划图：依据需求在已生产模型上进行绘制。

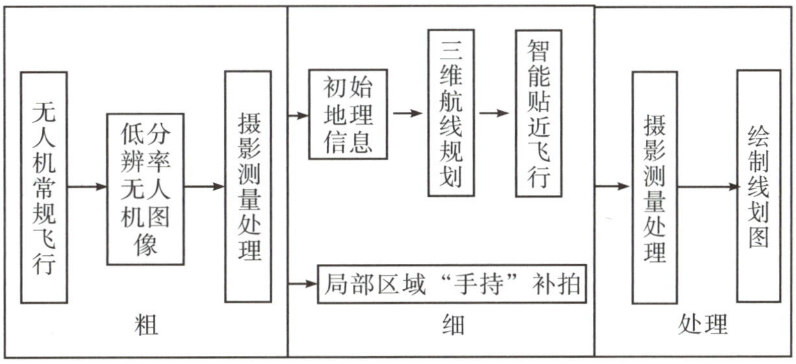

图 4-1-18　技术路线图

4. 布设像控点

本实验像控点采用地面喷绘油漆作为测量标志，使用华测移动 RTK，将对中杆对准测量中心位置，待水平气泡居中后，进行控制点测量，保证控制点精度在 2 cm 以内。

根据本次测区实际情况，外业人员共布设 3 个检查点。检查点分布如图 4-1-19 所示。

图 4-1-19　检查点分布图

5. 航线规划

针对康僖王陵测区，项目组根据不同的实验要求，设置航向重叠率和旁向重叠率、倾斜角度、航线高度获取原始影像。

6. 倾斜摄影

外业像控点布测完成后，开始进行外业数据采集。无人机飞前检查完成并确定天气、周围环境符合飞行条件件后，上传预先规划好的航线数据，无人机根据航线自动飞行完成任务，整个过程无需人员干预操作。飞行完成后，下载飞行数据、照片、机载 POS 和 GPS 数据，并在现场检查数据质量和完整性。

7. 贴近摄影

使用大疆精灵 4RTK 无人机贴近拍摄台阶、陵门、石像生、地宫等，飞行完成后，下载飞行数据、照片、机载 POS 和 GPS 数据，并在现场检查数据质量和完整性。具体拍摄如下。

台阶：手动飞行多角度拍摄，保持距离地面 3 m 左右的高度，使其分辨率保持一致。如图 4-1-20 所示。

图 4-1-20　康僖王陵台阶拍摄轨迹图

陵门：陵门属建筑类，坐东朝西，由于光线原因分为上午和下午拍摄，上午拍摄进门一侧，下午拍摄内门一侧，以避免拍摄时背光导致照片质量差。如图 4-1-21 所示。

图 4-1-21　康僖王陵陵门拍摄轨迹图

石像生：石像生拍摄时选择了阴天，以小于 1 m 的距离 360° 环绕贴近拍摄，针对石像生脚下光线差的地方可手持拍摄。如图 4-1-22 所示。

图 4-1-22 康信王陵石像生拍摄轨迹图

地宫：地宫内部黑暗无 GPS、RTK 信号，首先使用 P4R 手动沿着地宫入口处多航道多角度飞行拍摄，然后将 P4R 桨叶拆除，手持无人机从地宫入口处层层叠加由外向内延伸拍摄，光线较差处使用 LED 灯进行补光。如图 4-1-23 所示。

图 4-1-23 康信王陵地宫拍摄轨迹图

8. 数据采集记录

康信王陵贴近摄影原始影像数据采集记录结果见表 4-1-3。

表 4-1-3 康信王陵数据采集记录表

项目	条件	记录内容
采集概况	天气	阴天
	风速	微风 1 ～ 2 级
	能见度	较好，无雾霾
设备概况	无人机	大疆精灵 4RTK
	相机型号	FC6310R
	相机像素	有效像素 2000 万

续表

项目	条件	记录内容
采集参数	重叠率	航向 80%，旁向 80%
	立面距离	约 3 m
	倾斜角度	15° 至 -70° 之间
	相机参数	自动调整（局部手动调整）
	照片比例	3∶2
	分辨率	0.08 cm
	RTK 状态	王陵外部信号良好，地宫内无信号

（二）数据处理

外业摄影作业完成后，及时将数据导出，转入大疆智图及 ContextCapture Center 等建模软件进行内业处理。

1. 数据检查

主要检查航摄作业的飞行质量以及所拍摄影像质量，如实际影像重叠度、像片倾角和旋角、航线弯曲度、摄取覆盖范围、影像的清晰度、像点位移等。对于检查发现的不满足内业规范和作业任务要求的内容，根据实际情况重新拟定飞行计划对局部区域补飞或重飞。具体拍摄如图 4-1-24 所示。

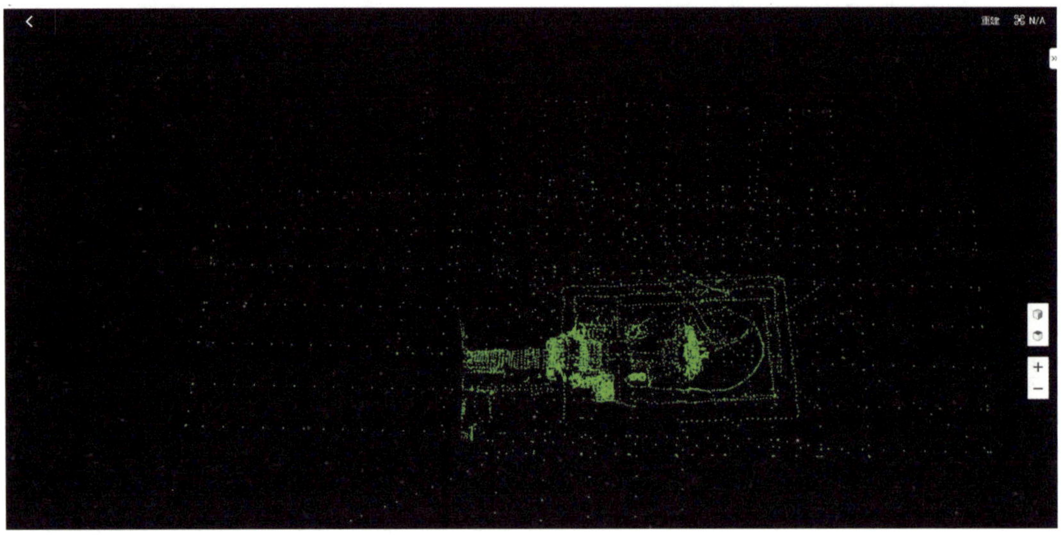

图 4-1-24　康僖王陵影像点位图

2. 空三加密

本项目实验采用光束法区域网联合平差的方法对无人机倾斜摄影测量内业数据进行处理。空三加密成果如图 4-1-25 所示。

图 4–1–25　康信王陵空三加密成果图

3. 精细化三维模型建立

基于原始影像及空三加密成果，使用大疆智图及 ContextCapture Center 等内业处理软件生成三维模型数据。成果采用 2000 国家坐标系，中央经度为 111°，高程系统为 1985 国家高程基准，格式为 osgb、obj 等，派生数据 DOM、DSM（含 DEM）、数字点云等。如图 4–1–26、图 4–1–27 所示。

图 4–1–26　康信王陵整体

图 4–1–27　康信工陵地宫

4. 数字地形图采集（1：500）

实景三维模型生产完成后，使用检查点对模型精度进行检查。模型精度符合相关规范要求后，采用相关数据采集平台（南方 CASS、EPS 等）进行地形数据采集。如图 4–1–28 所示。

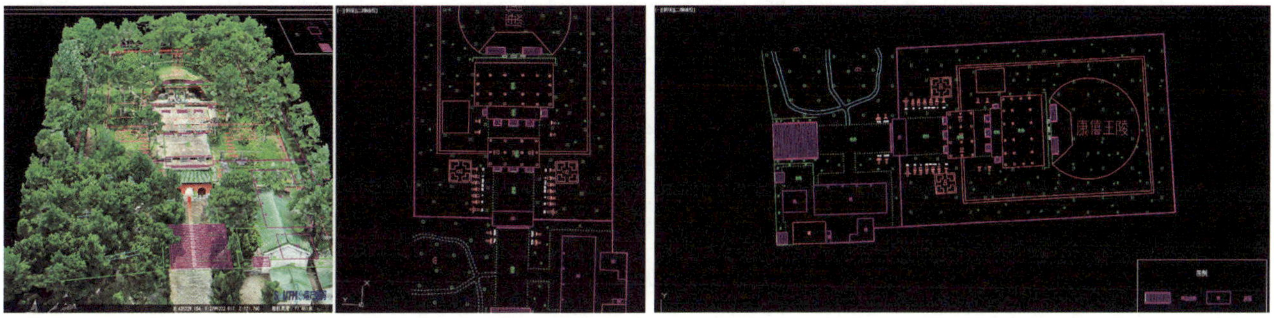

图 4–1–28　康信王陵地形图（格式：dwg）

（三）数据成果

1. 实景三维模型成果

（1）康僖王陵模型如图 4–1–29 至图 4–1–32 所示。

图 4–1–29　康僖王陵

图 4–1–30　康僖王陵细节尺寸

图 4–1–31　康僖王陵地宫

图 4–1–32　康僖王陵地宫细节尺寸

（2）悼僖王陵模型如图 4–1–33 至图 4–1–34 所示。

（3）合浦四方岭汉墓群模型如图 4–1–35 至图 4–1–36 所示。

图 4–1–33　悼僖王陵

图 4–1–34　悼僖王陵细节尺寸

图 4-1-35　合浦四方岭汉墓群

图 4-1-36　合浦四方岭汉墓细节尺寸

2. 成果质检

贴近摄影三维模型成果质检见表 4-1-4。

表 4-1-4　成果质检

贴近摄影模型	质检内容
1. 康僖王陵 2. 悼僖王陵 3. 四方岭汉墓群	1. 坐标系：平面基准采用 2000 国家坐标系，高程基准采用 1985 国家高程基准 2. 模型单位：模型比例为 1∶1，单位为米（m） 3. 模型格式：三维模型储存格式 osgb/obj 4. 有效覆盖区域：三维模型覆盖区域带有文物周边地理信息 5. 分辨率：模型纹理分辨率≤ 5 mm 6. 精度：模型空间点位相对精度≤ 10 mm 7. 纹理细节：贴近摄影三维模型纹理逼真、细节清晰，真实有效的还原了古墓葬文物本体现状

（四）分析比对

根据研究与实验发现，影响古墓葬贴近摄影三维建模结果的主要因素，包括天气（晴天、阴天）、距离、重叠率等。具体如下。

1. 天气

当贴近拍摄距离 5 m，航向重叠率 90%，旁向重叠率 90% 时，模型分辨率为 0.14 cm，精度误差 0.2 ～ 0.5 cm，在不同天气作业时对贴近摄影模型成果质量影响较大。如图 4-1-37 至图 4-1-40 所示。

图 4-1-37　康僖王陵（晴天）

图 4-1-38　康僖王陵（阴天）

图 4-1-39　康僖王陵（晴天）

图 4-1-40　康僖王陵（阴天）

2. 距离

（1）当拍摄天气晴天，横向重叠率 90%，纵向重叠率 90%，贴近拍摄距离 8 m 时，模型分辨率为 0.22 cm，精度误差 0.2 ～ 0.5 cm。如图 4-1-41 所示。

图 4-1-41　康僖王陵地宫（拍摄距离 8 m）

（2）当拍摄天气晴天，横向重叠率 90%，纵向重叠率 90%，贴近拍摄距离 5 m 时，模型分辨率为 0.14 cm，精度误差 0.2 ～ 0.5 cm。如图 4-1-42 所示。

图 4-1-42　康僖王陵地宫（拍摄距离 5 m）

（3）当拍摄天气晴天，横向重叠率 90%，纵向重叠率 90%，贴近拍摄距离 2 m 时，模型分辨率为 0.05 cm，精度误差 0.1 ～ 0.5 cm。如图 4–1–43 所示。

图 4–1–43　康僖王陵地宫（拍摄距离 2 m）

3. 重叠率

（1）当拍摄天气晴天，横向重叠率 40%，纵向重叠率 40%，贴近拍摄距离 2 m 时，贴近摄影照片未参与三维重建，模型分辨率差。如图 4–1–44 所示。

图 4–1–44　康僖王陵石像生（横向重叠率 40%，纵向重叠率 40%）

（2）当拍摄天气晴天，横向重叠率 70%，纵向重叠率 70%，贴近拍摄距离 2 m 时，模型分辨率为 0.05 cm，精度误差 0.1 ～ 0.5 cm。如图 4–1–45 所示。

图 4–1–45　康僖王陵石像生（横向重叠率 70%，纵向重叠率 70%）

（3）当拍摄天气晴天，横向重叠率 90%，纵向重叠率 90%，贴近拍摄距离 2 m 时，模型分辨率为 0.05 cm，精度误差 0.1 ～ 0.5 cm。如图 4–1–46 所示。

图 4–1–46　康僖王陵地宫（横向重叠率 90%，纵向重叠率 90%）

（五）小结

无人机贴近摄影生成的古墓葬实景三维模型，周边地理信息都完整可见，陵门、碑亭、中门、享殿、神道石、地宫等细节展示全面，模型精度误差均在 1 cm 以内，完全能够满足文物数字化要求。同时，我们也发现贴近摄影距离越近时模型分辨率越清晰，精度越高，效果越好。因此，用贴近摄影实景三维建模技术对古墓葬进行数据采集，既能满足对文物周边地理信息数据的采集，又能满足文物专家们对古墓葬文物数字化存档以及长期研究的要求。

三、三维激光扫描技术分析

（一）数据采集

地面搬站式三维激光扫描仪能获取到王陵立面点云，无法扫描王陵的顶部及周边地理信息，而无人机挂载的激光雷达获取到的点云密度及精度与三维激光扫描仪相比仍有较大的差距。因此，本项目融合地面及空中数据，在兼顾精度与效果的需求下，用真彩色点云构建并复刻王陵整体信息，包括地面端点云、机载雷达点云、融合后点云、纹理贴图等（图 4–1–47）。

图 4–1–47　康僖王陵卫星图

1. 整体作业方案

在空中端，项目组使用 M300 RTK 无人机挂载 L1 激光雷达获取测区原始数据，并导入大疆智图进行点云数据解算生成并导出真彩色点云。

在地面端，项目组使用天宝 X7 对王陵进行多站扫描，每站之间保持一定密度的重叠，在外业平板搭载的 Perspective 软件里自动拼接融合，再使用 TRW 软件对点云进行地理信息配准。

最后将空中端及地面端获取的点云共同导入 TBC 软件里进行融合并修饰，分割去噪后导出整体点云。

2. 采集流程

（1）地面端采集流程。

①布设检查点，制作地面固定标记并采集坐标数据。

②选择合适位置架设仪器（在王陵空旷位置）。

③使用外业平板 Perspective 软件连接扫描仪后新建工程，并使用 2 min 35 s 快速模式对建筑物进行立体扫描。

④每站扫描后进行自动拼接，检查拼接精度及效果。如图 4–1–48 所示。

⑤重复搬站直至完成所有扫描任务。

图 4–1–48　康僖王陵局部点云拼接图

（2）空中端采集流程。

①布设检查点，制作地面固定标记并采集坐标数据。

②组装无人机并进行必要的安全检查（如指南针校准、返航高度设置等）。

③依据实际情况设置合适的各项飞行扫描参数，见表 4–1–5。

表 4-1-5　康僖王陵机载扫描作业参数

扫描内容	参数	扫描内容	参数
飞行高度	80 m	回波模式	三回波
飞行速度	10 m/s	采样频率	240 kHz
激光旁向重叠度	55%	扫描方式	重复扫描
相机模式	AUTO	真彩上色	开

④重复作业，直至完成测区飞行任务。如图 4-1-49 所示。

图 4-1-49　康僖王陵点云效果图

（二）数据处理

（1）将 X7 扫描点云导入 TRW 软件，使用外业采集的控制点坐标对拼接后的整体点云进行地理配准，使之归属到同一坐标系（EPSG 4546），生成并导出融合 RGB 可见光的标准格式 LAS 数据。如图 4-1-50、图 4-1-51 所示。

图 4-1-50　康僖王陵陵门真彩点云图

图 4-1-51　康僖王陵地宫真彩点云图

（2）将 L1 原始数据导入大疆智图，选择目标坐标系 EPSG 4546（高斯克吕格投影 3 度带 111 度），打开“点云精度优化”，生成并导出融合 RGB 可见光的标准格式 LAS 数据。如图 4–1–52 所示。

图 4–1–52　康僖王陵机载扫描真彩点云图

（3）将空中及地面处理后的 LAS 数据导入 TBC 软件，删除不合理点云，修饰边幅后输出融合点云。如图 4–1–53、图 4–1–54 所示。

图 4–1–53　康僖王陵空地融合真彩点云图

图 4–1–54　康僖王陵空地融合高程点云图

（4）将空地融合后的点云导入 PCA 点云智慧软件处理，输出去滤波、植被的数字高程模型。如图 4–1–55 所示。

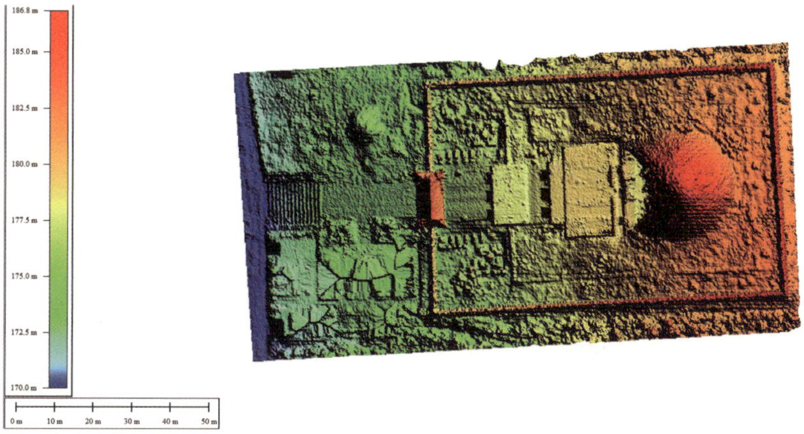

图 4–1–55　康僖王陵数字高程模型

（5）先使用 ContextCapture Center 三维建模软件对融合后点云进行处理，输出 obj 格式无纹理模型，再将模型导入 3Ds Max 等软件进行纹理贴图渲染。如图 4-1-56 所示。

图 4-1-56　康僖王陵无纹理模型图

（三）数据成果

1. 三维激光扫描成果

（1）点云模型成果如图 4-1-57、图 4-1-58 所示。

图 4-1-57　康僖王陵空地融合真彩点云图

图 4-1-58　康僖王陵空地融合高程点云图

（2）三维模型成果如图 4-1-59、图 4-1-60 所示。

图 4-1-59　康僖王陵整体

图 4-1-60　康僖王陵地宫细节

（3）数字高程模型成果如图 4-1-61、图 4-1-62 所示。

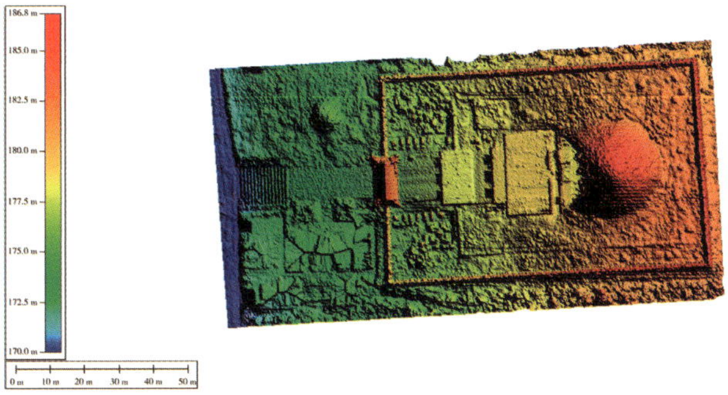

图 4-1-61　地图着色

图 4-1-62　HSV 着色

2. 成果质检

康僖王陵三维激光扫描成果质检见表 4-1-6。

表 4-1-6　成果质检

康僖王陵	质检内容
点云模型	1. 坐标系：平面基准采用 2000 国家坐标系，高程基准采用 1985 国家高程基准 2. 点云模型单位：点云模型比例为 1 : 1，单位为米（m） 3. 点云模型格式：点云模型储存格式 LAS 4. 有效覆盖区域：点云扫描覆盖率≥ 90% 5. 点间距：点云采样间距≤ 2 mm 6. 分组数据拼接重叠度：分组数据拼接重叠度≥ 30% 7. 点云着色：具有真实的 RGB 信息
三维模型	1. 坐标系：平面基准采用 2000 国家坐标系，高程基准采用 1985 国家高程基准 2. 模型单位：模型比例为 1 : 1，单位为米（m） 3. 模型格式：三维模型储存格式 osgb/obj 4. 有效覆盖区域：三维模型覆盖区域带有文物周边地理信息 5. 分辨率：模型纹理分辨率≤ 2 cm 6. 精度：模型空间点位相对精度≤ 5 cm 7. 模型纹理：三维模型无纹理，纹理需后期贴图渲染
数字高程模型	1. 坐标系：平面基准采用 2000 国家坐标系，高程基准采用 1985 国家高程基准 2. 有效覆盖区域：数字高程模型覆盖区域带有文物周边地理信息 3. 地面特征：地表起伏形态特征明显、清晰可见 4. 模型单位：模型比例为 1 : 1，单位为米（m） 5. 模型格式：数字高程模型储存格式 TIFF 6. 分辨率：模型分辨率≥ 75 dpi 7. 精度：模型空间点位相对精度≤ 5 cm

（四）分析比对

根据研究与实验发现，影响古墓葬地面三维激光扫描结果的主要因素，包括被测物体材质与颜色、架站数、扫描分辨率、扫描倾角、扫描距离、架站高度等，机载激光雷达扫描主要影响因素包括飞行高度、飞行速度、重叠率等。具体如下。

1. 地面三维激光扫描（天宝 X7）

（1）物体材质与颜色。

被测物体表面的颜色、材质会影响激光扫描线的成像，影响点云密度数量。研究表明，当材质的粗糙程度增大时，点云的反射率逐渐变小，点云数量逐渐增多。颜色浅的物体测量数据偏大，颜色深的物体测量数据会偏小，颜色越深对测量结果的影响越大[①]。

（2）架站数。

当被扫描位置、扫描距离、架站高度和扫描分辨率相同时，一站和不同角度多站扫描对获取的点云数据结果影响差异不同，点云与实测精度误差均在 0.2 ～ 0.5 cm。如图 4-1-63 至图 4-1-66 所示。

图 4-1-63　康僖王陵（一站）

图 4-1-64　康僖王陵（多站）

图 4-1-65　康僖王陵（一站）

图 4-1-66　康僖王陵（多站）

（3）扫描分辨率。

当扫描位置、架站数、架站高度相同时，扫描分辨率越高，点云密度越大，处理时间和成本较高。本次实验在满足项目需求的同时，将扫描分辨率设为 1/4 时效果最佳。

（4）扫描倾角。

线激光发生器发出的激光有一定发散角，倾斜角度不同，激光扫描线图像的带宽和明暗度也会发生变化。实验发现，在扫描相关参数不变的情况下，仅改变扫描倾角，当倾角为 90° 时，准真值与扫描值的差值最小，点云数量最多。如图 4-1-67、图 4-1-68 所示。

① 郑鹏，韩雨萌．大型复杂零件的三维扫描测量精度研究［J］．电大理工，2016（3）：15-17.

图 4-1-67　康僖王陵（倾角为 90°）

图 4-1-68　康僖王陵（倾角为 50°）

（5）扫描距离。

当被扫描位置（地宫石座）、架站密度、架站高度（0.8 m）和扫描分辨率（1/4）相同时，不同扫描距离扫描获取的点云数据结果影响差异不同，扫描距离越大，准真值与扫描值的差值越大，点云数量变少，点云与实测尺寸精度误差均在 0.2 ～ 0.5 cm。如图 4-1-69 至图 4-1-71 所示。

图 4-1-69　康僖王陵（距离石座 0.8 m）

图 4-1-70　康僖王陵（距离石座 1.6 m）

图 4-1-71　康僖王陵（距离石座 2.4 m）

（6）架站高度。

当被扫描位置、架站密度、扫描距离和扫描分辨率相同，架站高度不同时，扫描获取的点云数据结果影响差异不同，点云与实测尺寸精度误差均在 0.2 ～ 0.5 cm。如图 4-1-72 至图 4-1-75 所示。

图 4-1-72　地面架站高度 2 米的门楼结果

图 4-1-73　机载高度 10 米的门楼结果

图 4-1-74　地面架站高度 2 米的地宫结果

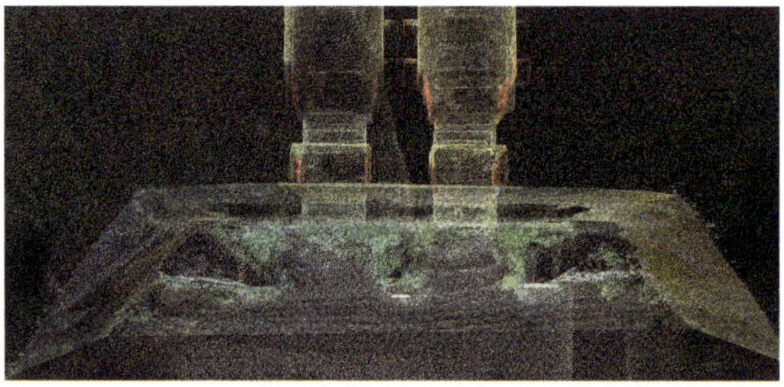

图 4-1-75　机载高度 10 米的地宫结果

2. 机载激光雷达扫描（M300+L1）

（1）飞行高度 / 仿地飞行高度。

飞行高度与精度近似线性关系，在地物反射率 10% 的情况下，L1 探测距离是 190 m。建议飞行高度不要超过 150 m，否则可能会导致数据丢失。为保证高程精度、尺寸精度误差均在 1 ～ 5 cm 以内，推荐飞行高度 50 ～ 100 m。

（2）飞行速度。

当无人机飞行高度（50 m）、激光旁向重叠率（60%）相同时，飞行速度越慢，扫描出点云密度越高，不同飞行速度点云密度，尺寸精度误差均在 1 ～ 5 cm。如图 4-1-76 至图 4-1-78 所示。

图 4-1-76　飞行速度 5 m/s

图 4-1-77　飞行速度 10 m/s

图 4-1-78　飞行速度 20 m/s

（3）重叠率。

当无人机飞行高度（50 m）、飞行速度（10 m/s）相同时，激光旁向重叠率越低，扫描出点云密度越低，不同重叠度飞行点云密度，尺寸精度误差均在 1 ～ 5 cm。如图 4-1-79 至图 4-1-81 所示。

图 4-1-79　旁向重叠率 30%

图 4-1-80　旁向重叠率 50%

图 4-1-81　旁向重叠率 70%

（五）小结

古墓葬现场环境复杂，采用三维激光扫描技术对文物数据采集工作效率高，节省人力、物力；因激光具有精度高和可穿透植被的特性，可以一次性测量获取高精度、大面积复杂物体的细节特征；点云成果具有绝对的地理信息参数且精度较高；采集为非接触式扫描，可以减少人为因素对文物的损坏，更好地保护文物。但现阶段三维扫描设备价格昂贵，数据处理软件专业性强处理难度高。结合数据采集研究内容及采集成本，我们认为对数据精度要求高且费用充足的条件下，可以推荐采用三维激光扫描方式对文物进行数据采集，以满足文物专家们对古墓葬高精度数字化内容存档及相关学者对文物研究学习的要求。

四、全景摄影技术分析

（一）数据采集

全景摄影技术数据采集包括地面全景和空中全景两个部分。

1. 地面全景数据采集

拍摄制作使用 Insta360 ONE R 双镜头全景相机，操作简单便捷，一键拍摄，自动拼接成像。如图 4-1-82 所示。

图 4-1-82　康僖王陵地宫内部全景图

2. 空中全景数据采集

拍摄制作分为以下四个步骤：第一，借助无人机进行全景照片的拍摄；第二，通过 PTGui 对照片进行合成，合成没有顶部天空的全景图片；第三，借助 Photoshop 将全景天空图片与 PTGui 合成的照片拼接形成最终的全景图片；第四，上传至 720 云全景平台，加入建筑物标识、场景切换指示标等。

无人机拍摄：空中全景拍摄采用大疆精灵 4RTK 无人机，搭载 4864×3648 分辨率的摄像机。在拍摄之前，先对拍摄的各个参数进行调整，根据实际拍摄效果确定和锁定最佳的拍摄参数，确保接下来所拍摄的照片效果相同。拍摄时需将无人机悬停在空中旋转拍摄四圈，最后将摄像头垂直 90° 拍摄两张俯瞰地面的照片，为保证后期的全景拼接能够顺利运行，应保证相邻照片间有 30% ～ 40% 的部分相互覆盖。由于无人机无法拍摄顶部天空的照片，需要在地面拍摄两张顶部天空的照片，或者使用已经制成的全景天空图片进行后期的拼接。

照片采集第一圈：将云台仰角调至 30° ，操控无人机按顺时针转动进行照片采集，每旋转 30° 采集一次照片，共采集 12 张照片。第二圈：将云台调至水平，按照第一圈的采集方法采集 12 张照片。第三圈：将云台的俯角调至 30° ，按顺时针转动采集照片，每旋转 45° 采集一次照片，共采集 8 张照片。第四圈：将云台俯角调至 60° ，按顺时针转动采集照片，每旋转 60° 采集一次照片，共采集 6 张照片。最后，将云台调至 90° ，摄像头垂直对地面采集两张照片。如图 4–1–83 所示。

图 4–1–83　康僖王陵空中全景照片

（二）数据处理

1. 全景拼接

全景照片的拼接采用操作较为便捷的 PTGui 软件，其操作界面如图 4–1–84 所示。首先，点击界面左侧“加载图像”，将一个拍摄地点所拍摄的 40 张照片导入软件；然后，点击对准图像，该软件会自动配置其镜头参数，拼接生成全景图片。

对拼接后的全景图片存在以下几个问题需逐步加以解决：第一，对于部分图像出现冗余，导致相互重叠、出现色差等问题，应将冗余部分的个别照片删除；第二，对于出现相邻的照片无法自动匹配拼接的情况，通过寻找相邻照片之间的共同部分，手动添加控制点，再次点击自动匹配以找到更多的控制点，使相邻照片得以顺利拼接；第三，对于全景图片中不满意的部分，点击“蒙版”，调用红色的擦除工具擦除掉不满意部分，删除以后还需要对其进行重新对准校正；第四，解决完上述问题，完善全景图片细节上的瑕疵后，点击创建全景图，以“*.jpg”的格式导出拼接好的全景图片。

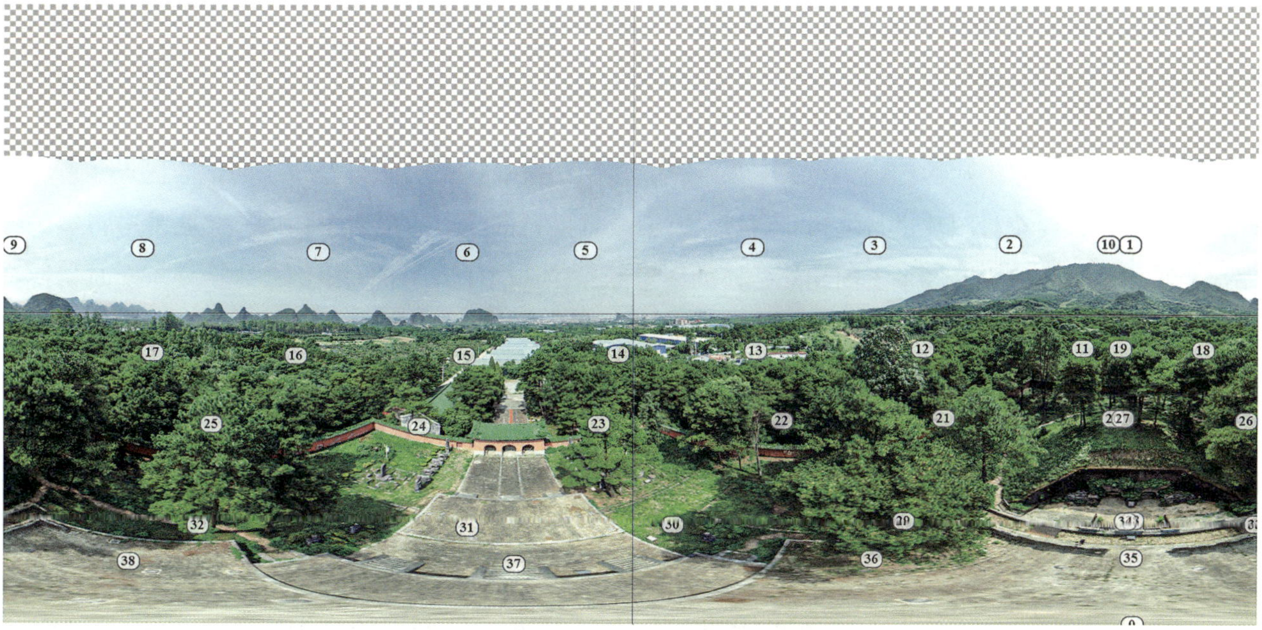

图 4–1–84　PTGui 全景拼接界面（康僖王陵）

2. 基于 Photoshop 的全景图片修补

从 PTGui 导出的全景图片缺失顶部天空部分，需通过 Photoshop 将全景天空图片与 PTGui 制作的全景图片相融合，生成最终的全景图片。首先，将全景图片和全景天空图片导入软件，将全景天空图片的宽度调整至与全景图片一致，并按照所示的放置顺序放置两张图片。接着，在全景天空图片的图层上添加白色“蒙版”，然后选中“蒙版”；在左边工具栏选择渐变工具，设置中灰密度的线性渐变，通过鼠标从下往上，由中间向两边逐渐拉伸两张图片的交界处，使两张图片逐渐合为一张图片；拉伸过程中切忌大幅度拉伸，只有多次小幅度拉伸才能融合出较为完美的全景图片。最后，调整图片的饱和度、色相、对比度，使得图片更加鲜艳、明亮，并导出最终的全景图片。如图 4–1–85 所示。

图 4-1-85　Photoshop 补天空后效果（康僖王陵）

3. 全景上传

将制作好的全景图片上传至 720 云全景网站，该网站可通过微信账号登录。网站的优点在于免费开放，并且可以对全景图片进行编辑。通过 720 云全景网站的编辑界面对上传的全景图片进行编辑，左端为编辑栏，可以设置场景之间相互转换的指示标，转换到任意一个全景图像中，便于随时切换观看不同地点的全景图像，也可以在浏览全景和进入全景的过程中加入音乐，增强全景的展示效果，还可以添加文字内容介绍等。如图 4-1-86 所示。

图 4-1-86　720 云全景网站编辑浏览界面（康僖王陵）

（三）数据成果

1. 全景影像成果

（1）康僖王陵全景如图 4–1–87、图 4–1–88 所示。

图 4–1–87　空中全景

图 4–1–88　墓室内部全景

（2）悼僖王陵全景如图 4–1–89、图 4–1–90 所示。

图 4–1–89　空中全景

图 4–1–90　地面全景

（3）合浦四方岭汉墓群全景如图 4–1–91、图 4–1–92 所示。

图 4–1–91　空中全景

图 4–1–92　地面全景

2. 成果质检

全景影像采集数据成果质检见表 4–1–7。

表 4-1-7　成果质检

全景	质检内容
1. 康僖王陵 2. 悼僖王陵 3. 四方岭汉墓群	1. 分辨率：影像清晰、无模糊，分辨率≥ 75 dpi 2. 影像色彩：影像色彩均匀、无明显色差 3. 影像格式：影像储存格式 jpg 4. 真实性：影像实景场景拍摄，真实逼真、无虚构 5. 交互性：拼接成果可与 Flash 技术衔接，使用鼠标或键盘可控制环视的方向，进行上下、左右、前后范围的漫游式浏览 6. 全景范围：全景范围涵盖文物本体周边地理环境及内部环境

（四）分析比对

根据研究与实验发现，对古墓葬而言，影响全景影像质量的主要因素包括天气、快门速度、ISO、飞行高度等。具体如图 4-1-93 至图 4-1-96 所示。

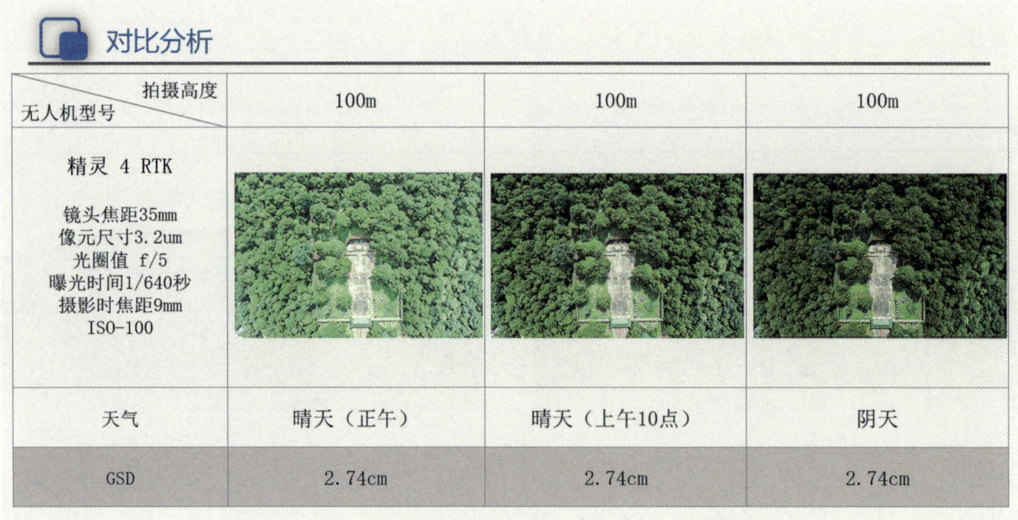

图 4-1-93　不同天气条件下效果图对比（康僖王陵）

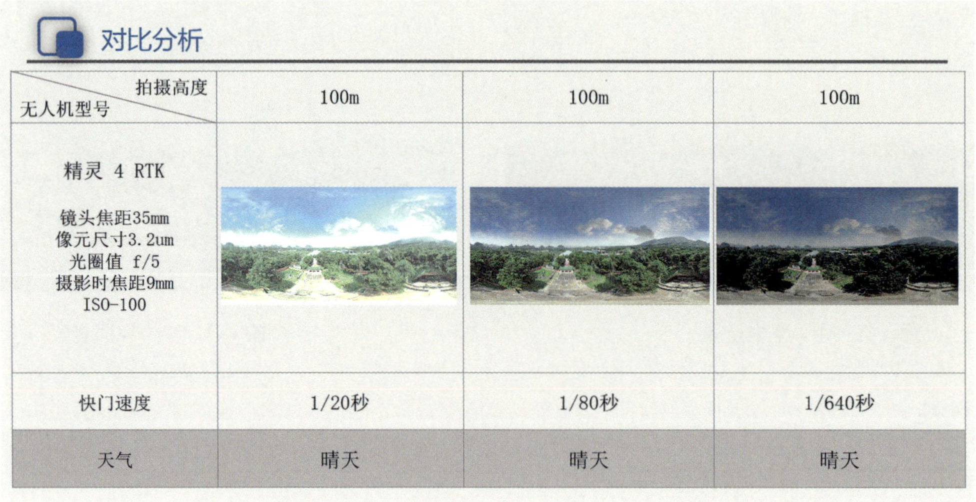

图 4-1-94　不同快门速度条件下效果图对比（康僖王陵）

对比分析

拍摄高度 / 全景相机型号	2m	2m	2m
Insta360 one r 镜头焦距35mm 像元尺寸3.2um 光圈值 f/3.2 曝光时间1/640秒			
ISO	100	320	640
天气	晴天	晴天	晴天

图 4-1-95　不同 ISO 条件下效果图对比（康僖王陵）

对比分析

拍摄高度 / 无人机型号	30m	50m	100m
精灵 4 RTK 镜头焦距35mm 像元尺寸3.2um 光圈值 f/3.2 曝光时间1/640秒 ISO-100			
GSD	0.82cm	1.37cm	2.74cm
天气	晴天	晴天	晴天

图 4-1-96　不同高度条件下效果图对比（康僖王陵）

（五）小结

全景摄影在不同天气、快门速度、ISO、高度时，全景成像质量有所不同。全景影像可以给人以三维立体感的实景 360° 全方位图像，周边地理信息都完整可见，最大限度地保留场景的真实性，使观者犹如身在其中，能够满足文物保护、推广、线上浏览的要求。但陵门、碑亭、中门、享殿、神道石、地宫等细节分辨率不够，仅能满足专家学者对古墓葬环境的大致了解，不便对古墓葬进行深入研究。

五、古墓葬采集技术讨论与分析

通过使用多种技术手段对古墓葬类不可移动文物进行数据采集的研究与实验，我们发现不同技术对古墓葬文物本体特征、所处环境、地理信息等多方面的基础数据数字化结果差异不同，优缺点明显。具体如下。

（1）用倾斜摄影测量技术对古墓葬进行数据采集，优点在于效率高、成本低、非接触式，可以反映文物周边真实情况、尺寸信息、顶部纹理，面积可控；缺点是无法实现文物内部建模，地物细节纹理模糊，局部结构扭曲且精度只能够达 5 cm 级别等等。

（2）用贴近摄影测量技术对古墓葬进行数据采集，优点是效率高、成本低、非接触式，可以反映文物周边及文物内部结构与纹理真实情况，精度可达亚厘米级，内部细节纹理清晰，采集数据量较小，可实现网络发布；缺点是对于移动物体或者特征点较少的地物体模型效果一般。

（3）用三维激光扫描技术对古墓葬进行数据采集，优点在于效率高、非接触式、数字化程度高、扩展性强，可以反映文物真实地理信息，精度可达毫米级，对于文物研究具有重要价值；缺点是内业处理专业性强，设备价格较为昂贵，后期处理相对复杂，特别是纹理贴图。

（4）用全景摄影技术对古墓葬进行数据采集，优点在于效率高、成本低、真实感强，有较好的交互性，不需要单独的插件，可以进行上下、左右、前后范围的漫游式浏览等；缺点是无法测量文物的尺寸信息，分辨率差，距离较远，容易产生视觉死角等。

综合上述分析比对，推荐使用贴近摄影测量技术对古墓葬进行数据采集。此技术具有效率高、成本低的特点，生成的数字三维模型分辨率高、精度高、纹理逼真，既可以满足古墓葬周边地理信息采集，又可以满足文物专家们对古墓葬数字化存档、长期研究的要求，且对比其他技术优势明显。

第二节　古遗址数据采集技术实验

项目组选取了桂林甑皮岩遗址、合浦大浪古城遗址、浦北越州故城遗址作为研究对象。由于桂林甑皮岩遗址是一处十分重要的洞穴遗址，而洞穴遗址又是广西古代遗址中比较有特色的一类遗存，对采集的技术要求较高，既要采集遗址外部的数据，又要采集洞穴内部的数据，很适合作为各种技术实验的对象。因此，项目组决定将甑皮岩遗址作为重点研究的对象，大浪古城遗址、越州故城遗址作为一般研究对象。

各遗址需要采集的要素包括周边环境、地形地貌、文物本体的详细信息等，具体需要采集的数据包括：（1）甑皮岩遗址的周边环境、地形地貌、遗址内部空间信息、已发掘探方的分布以及地层堆积等方面的详细信息；（2）大浪古城遗址的周边环境、地形地貌、城墙范围、城内布局、已发掘探方的分布以及地层堆积、遗迹等方面的详细信息；（3）越州故城遗址的周边环境、地形地貌、城墙范围、城内布局、已发掘探方的分布以及地层堆积等方面的详细信息。

一、倾斜摄影技术分析

（一）数据采集

1. 采集设备

本次数据采集设备选择了大疆精灵 4RTK 无人机航拍测绘系统。

2. 布设像控点

实验像控点采用地面喷绘油漆作为测量标志，使用华测移动 RTK，将对中杆对准测量中心位置，待水平气泡居中后，进行控制点测量，保证控制点精度在 2 cm 以内。

根据本次测区实际情况，外业人员共布设 10 个像控点（其中甑皮岩遗址内部布设 2 个检查点），像控点采用 2000 国家坐标系，中央经度为 111°，高程系统为 1985 国家高程基准。像控点分布如图 4-2-1 所示。

图 4-2-1 甑皮岩遗址像控点分布图

3. 航线规划

针对甑皮岩测区，项目组按照不同的实验要求，设置航向重叠率和旁向重叠率、镜头倾斜角度、航线高度等变量参数来获取原始影像。

4. 采集数据

外业像控点布测完成后，立即进行外业数据采集。无人机飞前检查完成并确定天气、周围环境符合飞行条件后，上传预先规划好的航线数据，无人机根据航线自动飞行完成任务，整个过程无需人员干预操作。飞行完成后，下载飞行数据、照片、机载 POS 和 GPS 数据，并在现场检查数据质量和完整性。甑皮岩倾斜摄影原始影像采集记录结果见表 4-2-1。

表 4-2-1　甑皮岩数据采集记录表

项目	条件	记录内容
采集概况	天气	晴天
	风速	微风 1 ～ 2 级
	能见度	较好，无雾霾
设备概况	无人机	大疆精灵 4RTK
	相机型号	FC6310R
	相机像素	有效像素 2000 万
采集参数	重叠率	航向 80%，旁向 80%
	相对航高	100 m
	倾斜角度	-45°
	相机参数	自动调整
	照片比例	3∶2
	分辨率	2.74 cm
	RTK 状态	信号良好

（二）数据处理

外业摄影作业完成后，及时将数据导出，转入大疆智图或 ContextCapture Center 等建模软件进行内业处理。

1. 数据检查

主要检查航摄作业的飞行质量和所拍摄的影像质量，如实际影像重叠率、像片倾斜角度和旋转角度、航线弯曲度、摄取覆盖范围、影像的清晰度、像点位移等。对检查发现的一些不满足内业规范和作业任务要求的影像内容，项目组根据实际情况重新拟定飞行计划对局部区域补飞或重飞。影像点位如图 4-2-2 所示。

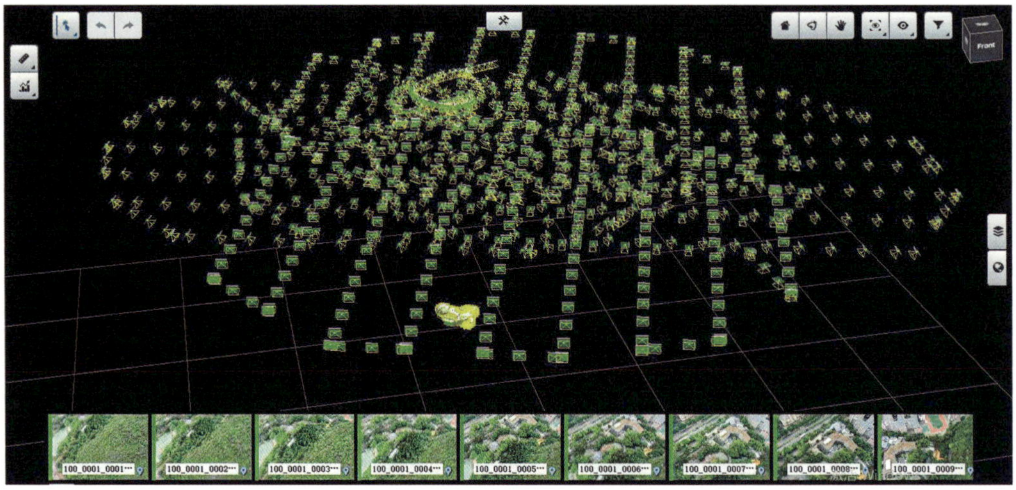

图 4-2-2　甑皮岩遗址影像点位图

2. 空三加密

本项目实验，采用光束法区域网联合平差的方法对无人机倾斜摄影测量内业数据进行处理。空三加密成果如图 4–2–3 所示。

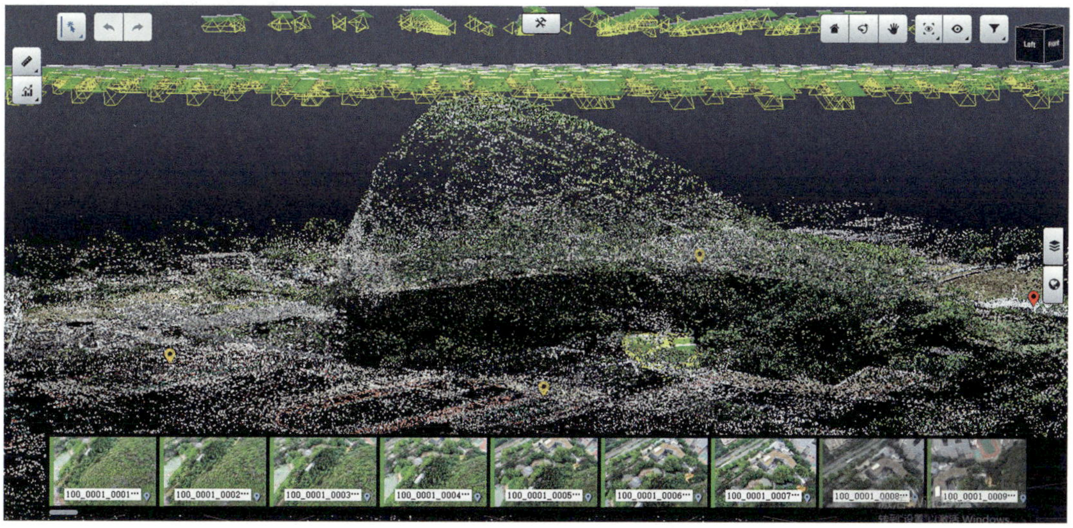

图 4–2–3　甑皮岩遗址空三加密成果图

3. 实景三维模型建立

基于原始影像及空三加密成果，使用大疆智图等内业处理软件生成三维模型数据，成果采用 2000 国家坐标系，中央经度为 111°，高程系统为 1985 国家高程基准，格式为 osgb、obj 等，派生数据为 DOM、DSM（含 DEM）、数字点云等。实景三维模型如图 4–2–4 所示。

图 4–2–4　甑皮岩遗址实景三维模型

（三）数据成果

1. 实景三维模型成果

甑皮岩遗址倾斜摄影实景三维模型成果如图 4–2–5、图 4–2–6 所示。

图 4-2-5　甑皮岩遗址整体

图 4-2-6　甑皮岩遗址外景

2. 成果质检

甑皮岩遗址倾斜三维模型数据采集成果质检见表 4-2-2。

表 4-2-2　成果质检

甑皮岩遗址	质检内容
倾斜三维模型	1. 坐标系：平面基准采用 2000 国家坐标系，高程基准采用 1985 国家高程基准 2. 模型单位：模型比例为 1∶1，单位为米（m） 3. 模型格式：三维模型储存格式 osgb/obj 4. 有效覆盖区域：三维模型覆盖区域带有文物周边地理信息 5. 分辨率：模型纹理分辨率≤ 5 cm 6. 精度：模型空间点位相对精度≤ 5 cm 7. 纹理细节：倾斜摄影三维模型还原了甑皮岩遗址洞穴外现状，但是洞穴内遗址纹理细节三维重建失败，无法看清

（四）分析比对

根据研究与实验发现，对古遗址而言，影响倾斜三维模型摄影测量的主要因素包括飞行高度、重叠率（航向、旁向）、倾斜角度（30°、45°、60°）等。

1. 飞行高度

（1）当航线高度 80 m，航向重叠率 80%，旁向重叠率 70%，云台倾斜角度 45° 时，模型分辨率为 2.19 cm，精度误差 1 ～ 5 cm。如图 4-2-7 所示。

图 4-2-7　甑皮岩遗址三维实景图（H=80 m）

（2）当航线高度 100 m，航向重叠率 80%，旁向重叠率 70%，云台倾斜角度 45° 时，模型分辨率为 2.74 cm，精度误差 2 ～ 5 cm。如图 4–2–8 所示。

图 4–2–8　甑皮岩遗址三维实景图（H=100 m）

（3）当航线高度 120 m，航向重叠率 80%，旁向重叠率 70%，云台倾斜角度 45° 时，模型分辨率为 3.29 cm，精度误差 2 ～ 5 cm。如图 4–2–9 所示。

图 4–2–9　甑皮岩遗址三维实景图（H=120 m）

2. 重叠率

（1）当航线高度 100 m，航向重叠率 40%，旁向重叠率 30%，云台倾斜角度 45° 时，飞行时间 40 分钟，模型分辨率为 2.74 cm，精度误差 1 ～ 5 cm，部分地方建模不完整，出现空洞。如图 4–2–10 所示。

图 4–2–10　甑皮岩遗址洞穴入口三维实景图（航向重叠率 40%，旁向重叠率 30%）

（2）当航线高度 100 m，航向重叠率 60%，旁向重叠率 50%，云台倾斜角度 45° 时，飞行时间 60 分钟，模型分辨率为 2.74 cm，精度误差 1 ～ 5 cm。如图 4-2-11 所示。

图 4-2-11　甑皮岩遗址三维实景图（航向重叠率 60%，旁向重叠率 50%）

（3）当航线高度 100 m，航向重叠率 80%，旁向重叠率 80%，云台倾斜角度 45° 时，飞行时间 90 分钟，模型分辨率为 2.74 cm，精度误差 1 ～ 5 cm。如图 4-2-12 所示。

图 4-2-12　甑皮岩遗址三维实景图（航向重叠率 80%，旁向重叠率 80%）

3. 倾斜角度

（1）当航线高度 100 m，航向重叠率 80%，旁向重叠率 80%，云台倾斜角度 30° 时，飞行时间 95 分钟，模型分辨率为 2.74 cm，精度误差 1 ～ 5 cm。如图 4-2-13 所示。

图 4-2-13　甑皮岩遗址三维实景图（云台倾斜角度 30°）

（2）当航线高度 100 m，航向重叠率 80%，旁向重叠率 80%，云台倾斜角度 45° 时，飞行时间 90 分钟，模型分辨率为 2.74 cm，精度误差 1 ～ 5 cm。如图 4–2–14 所示。

图 4–2–14　甑皮岩遗址三维实景图（云台倾斜角度 45°）

（3）当航线高度 100 m，航向重叠率 80%，旁向重叠率 80%，云台倾斜角度 60° 时，飞行时间 85 分钟，模型分辨率为 2.74 cm，精度误差 1 ～ 5 cm。如图 4–2–15 所示。

图 4–2–15　甑皮岩遗址三维实景图（云台倾斜角度 60°）

（五）小结

用无人机倾斜摄影技术对古遗址进行数据采集时，不同飞行高度、重叠率、云台倾斜角度生成的实景三维模型，周边地理信息都完整可见，精度误差都在 10 cm 以下；飞行高度越低时影像分辨率越高；航向重叠率低于 60%，旁向重叠率低于 50% 时，模型出现空洞。云台倾斜角度不同模型差异不大，遗址内部等细节纹理模糊结构扭曲。因此，倾斜摄影实景三维建模只能满足对文物及周边环境总体范围数据的采集，不能满足文物专家对文物局部细节的研究。

二、贴近摄影测量技术分析

（一）数据采集

1. 采集设备

本次数据采集设备选择了大疆精灵 4RTK 无人机航拍测绘系统，其特点如前文所述。

2. 作业难点

（1）作业范围在洞穴内，光线较差，周边有密集的树木，内部拍摄无 GPS、RTK 信号。如图

4-2-16 所示。

（2）作业对象结构细节丰富，考古挖掘探方不规则种类多，飞行空间狭窄。如图 4-2-17 所示。

图 4-2-16　甑皮岩遗址卫星影像图

图 4-2-17　作业难点

3. 技术路线

依据实际需求生产粗模、细模及数字线划图，如图 4-2-18 所示。

（1）粗模：通过拍摄的低分辨率影像生成的粗略三维模型。

（2）细模：通过粗模获取的初始地理信息、规划贴近飞行航线，智能贴近拍摄和局部区域“手持”近距离补拍的超高分辨率影像，生成的精细化三维模型。

（3）数字线划图：依据需求在已生产模型上进行绘制。

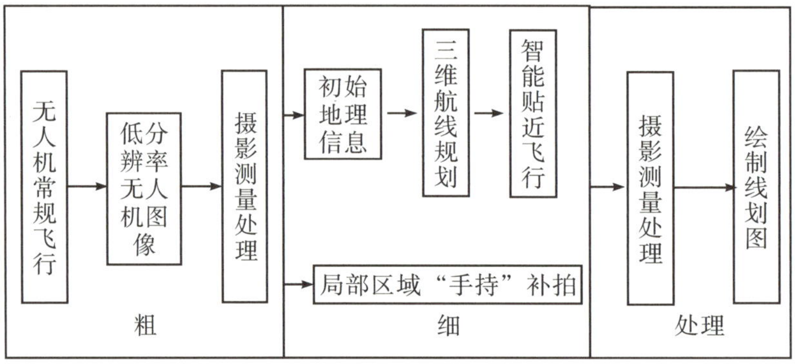

图 4-2-18　技术路线图

4. 布设像控点

像控点（检查点）采用地面喷绘油漆或地面特征明显处作为测量标志，使用华测 RTK，将对中杆对准测量中心位置，待水平气泡居中后，进行控制点测量，保证控制点精度在 2 cm 以内，像控点采用 2000 国家坐标系，中央经度为 111°，高程系统为 1985 国家高程基准。作业图如图 4-2-19 所示。

图 4-2-19　像控点分布图

5. 航线规划

针对甑皮岩测区的实际情况，项目组根据实验需要，设置航向重叠率和旁向重叠率、镜头倾斜角度、航线高度等变量参数来获取原始影像。

6. 倾斜摄影

外业像控点布测完成后，立即进行外业数据采集。无人机飞前检查完成并确定天气、周围环境符合飞行条件后，上传预先规划好的航线数据，无人机根据航线自动飞行完成任务，整个过程无需人员干预操作。飞行完成后，下载飞行数据、照片、机载 POS 和 GPS 数据，并在现场检查数据质量和完整性。

7. 贴近摄影

使用精灵 4RTK 无人机贴近拍摄遗址内空间结构、考古挖掘探方、地层堆积等，飞行完成后，下载飞行数据、照片、机载 POS 和 GPS 数据，并在现场检查数据质量和完整性。

（1）洞穴外部：在 P4R 处于 RTK 状态并保障飞行安全的前提下，沿洞穴口外部飞行，定点向遗址内多角度拍摄，在内外衔接处拍摄时，选择光线较均匀时间段，通过层层叠加的拍摄方式，使拍摄的照片高度重叠向内延伸拍摄。如图 4-2-20 所示。

（2）洞穴内部：内部拍摄时 P4R 一直处于无法定位的状态，飞手要具备较高的手动操控能力。首先使用 P4R 沿着甑皮岩洞穴内五向拍摄，飞行保持在距离地面 3 m 左右的高度；然后针对甑皮岩考古挖掘探方、古人类生活区等进行多角度贴近摄影，光线较差、空间狭窄区域，将 P4R 桨叶拆除使用 LED 灯进行补光手持无人机拍摄，距离保持 1 m 左右。如图 4-2-21 所示。

图 4-2-20 甑皮岩遗址洞口拍摄轨迹图

图 4-2-21 甑皮岩遗址洞内拍摄轨迹图

（3）甑皮岩遗址贴近摄影原始影像数据采集记录结果见表 4-2-3。

表 4-2-3 甑皮岩数据采集记录表

项目	条件	记录内容
采集概况	天气	晴天
	风速	微风 1 ～ 2 级
	能见度	较好，无雾霾
设备概况	无人机	大疆精灵 4RTK
	相机型号	FC6310R
	相机像素	有效像素 2000 万
采集参数	重叠率	航向 80%，旁向 80%
	地层立面距离	约 3 m
	倾斜角度	0° 至 −30° 之间
	相机参数	自动调整（局部手动调整）
	照片比例	3 : 2
	分辨率	0.08 cm
	RTK 状态	洞穴外部信号良好，内部无信号

（二）数据处理

外业摄影作业完成后，及时将数据导出，转入 ContextCapture Center 等建模软件进行内业处理。

1. 数据检查

主要检查航摄作业的飞行质量和所拍摄的影像质量，如实际影像重叠度、像片倾角和旋角、航线弯曲度、摄取覆盖范围、影像的清晰度、像点位移等。对检查发现的一些不满足内业规范和作业任务要求的内容，项目组根据实际情况重新拟定飞行计划对局部区域补飞或重飞。影像点位如图 4-2-22 所示。

图 4-2-22　甑皮岩遗址影像点位图

2. 空三加密

本项目实验，采用光束法区域网联合平差的方法对无人机倾斜摄影测量内业数据进行处理。空三加密成果如图 4-2-23 所示。

图 4-2-23　甑皮岩遗址空三加密成果图

3. 精细化三维模型建立

基于原始影像及空三加密成果，使用 ContextCapture Center 等内业处理软件生成三维模型数据，成果采用 2000 国家坐标系，中央经度为 111°，高程系统为 1985 国家高程基准，格式为 osgb、obj 等，派生数据为 DOM、DSM（含 DEM）、数字点云等。如图 4-2-24、图 4-2-25 所示。

图 4-2-24　甑皮岩遗址整体

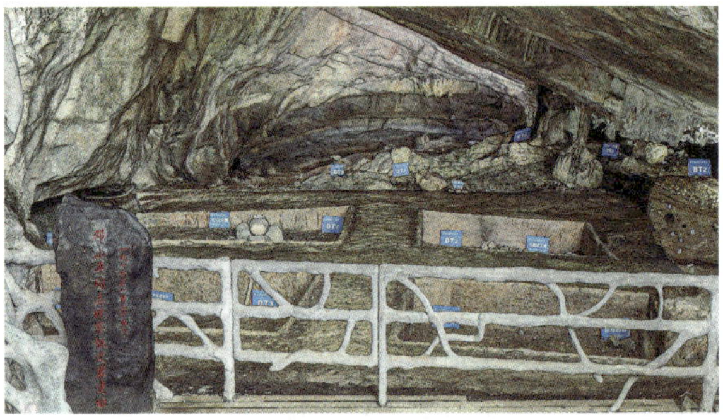

图 4-2-25　甑皮岩遗址内部

（三）数据成果

1. 实景三维模型成果

（1）甑皮岩遗址模型成果如图 4-2-26 至图 4-2-28 所示。

图 4-2-26　甑皮岩遗址外部

图 4-2-27　甑皮岩遗址内部

图 4-2-28　甑皮岩遗址探方细节尺寸

（2）大浪古城遗址模型成果如图 4-2-29 至图 4-2-32 所示。

图 4-2-29　古城考古探方分布

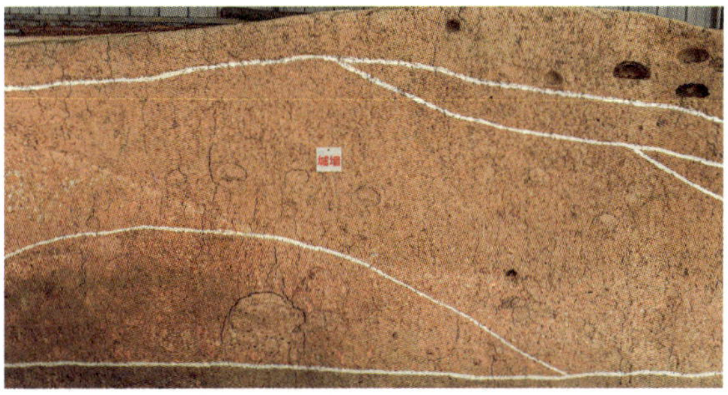

图 4-2-30　地层细节尺寸

图 4-2-31　古城遗迹

图 4-2-32　细节尺寸

（3）越州故城遗址模型成果如图 4-2-33、图 4-2-34 所示。

图 4-2-33　故城考古工地

图 4-2-34　细节尺寸

2. 成果质检

贴近摄影数据采集实景三维模型成果质检见表 4-2-4。

表 4-2-4　成果质检

贴近摄影模型	质检内容
1. 甑皮岩遗址 2. 大浪古城遗址 3. 越州故城遗址	1. 坐标系：平面基准采用 2000 国家坐标系，高程基准采用 1985 国家高程基准 2. 模型单位：模型比例为 1∶1，单位为米（m） 3. 模型格式：三维模型储存格式 osgb/obj 4. 有效覆盖区域：三维模型覆盖区域带有文物周边地理信息 5. 分辨率：模型纹理分辨率≤ 5 mm 6. 精度：模型空间点位相对精度≤ 10 mm 7. 纹理细节：贴近摄影三维模型纹理逼真、细节清晰，真实有效地还原了甑皮岩洞穴遗址、大浪古城遗址、越州故城遗址现状

（四）分析比对

根据研究与实验发现，对于古遗址而言，影响贴近摄影三维建模结果的主要因素包括天气（晴天、阴天）、距离、重叠率等。

1. 天气

甑皮岩遗址在洞穴内部晴天与阴天的影响不大，即使在天气晴朗的情况下，仍然需要进行补光进行数据处理，在阴雨天则更多地依赖于电灯补光。本项目着重研究自然条件对成像的影响，因此未进行室内天气类实验，但室外实验可参考康僖王陵的结果（它们均处于桂林城郊，周边均有较多树木，具有类似的地理环境），亦可参见全景部分的天气实验。

2. 距离

（1）当拍摄天气晴天，横向重叠率 90%，纵向重叠率 90%，贴近拍摄距离 8 m 时，模型分辨率为 0.22 cm，精度误差 0.2 ～ 0.5 cm。如图 4–2–35 所示。

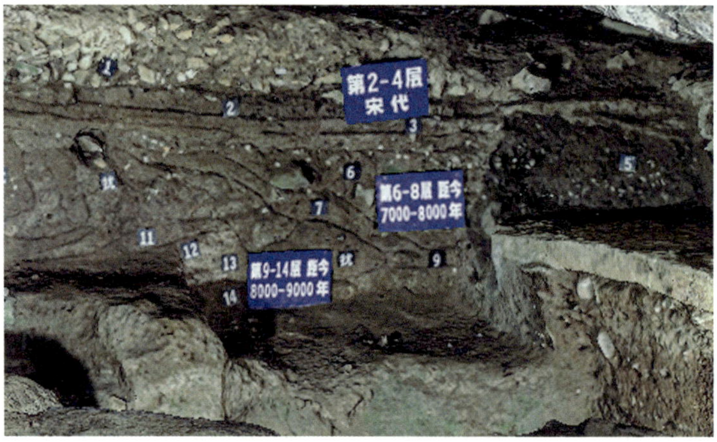

图 4–2–35　甑皮岩遗址地层（拍摄距离 8 m）

（2）当拍摄天气晴天，横向重叠率 90%，纵向重叠率 90%，贴近拍摄距离 5 m 时，模型分辨率为 0.14 cm，精度误差 0.2 ～ 0.5 cm。如图 4–2–36 所示。

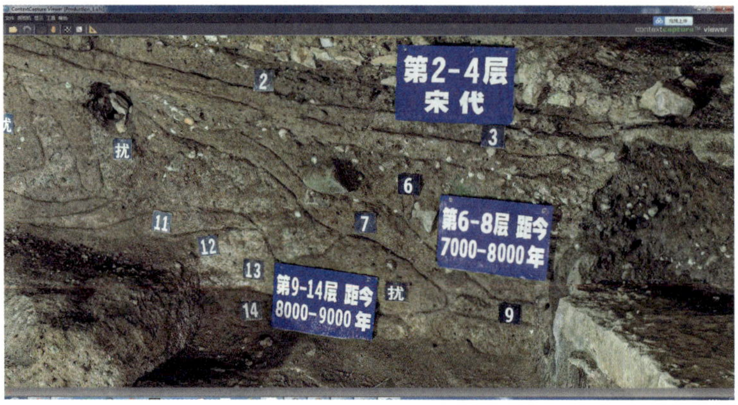

图 4–2–36　甑皮岩遗址地层（拍摄距离 5 m）

（3）当拍摄天气晴天，横向重叠率 90%，纵向重叠率 90%，贴近拍摄距离 2 m 时，模型分辨率为 0.05 cm，精度误差 0.1 ～ 0.5 cm。如图 4-2-37 所示。

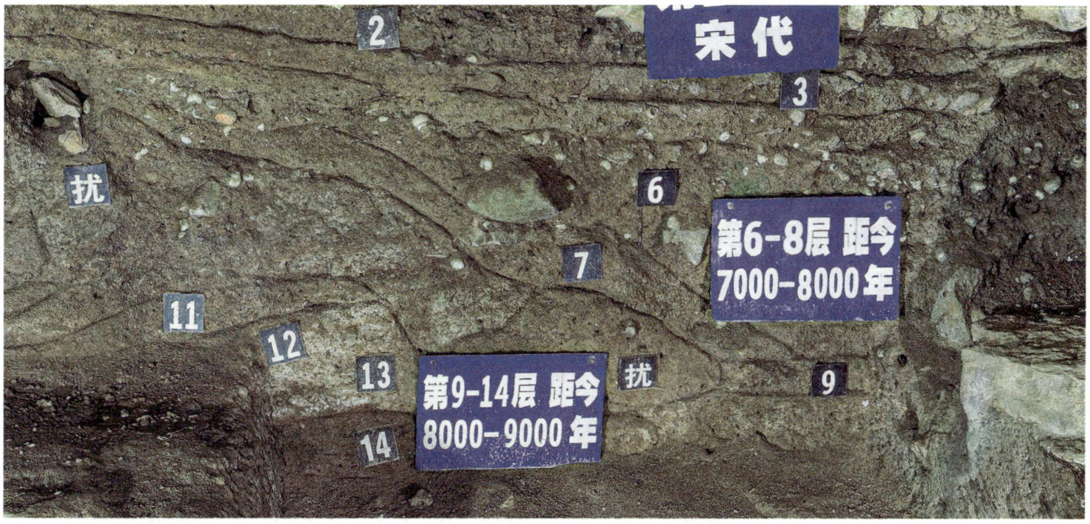

图 4-2-37　甑皮岩遗址地层（拍摄距离 2 m）

3. 重叠率

（1）当拍摄天气晴天，横向重叠率 40%，纵向重叠率 40%，贴近拍摄距离 2 m 时，模型分辨率差。如图 4-2-38 所示。

图 4-2-38　甑皮岩遗址洞穴口（横向重叠率 40%，纵向重叠率 40%）

（2）当拍摄天气晴天，横向重叠率 70%，纵向重叠率 70%，贴近拍摄距离 2 m 时，模型分辨率为 0.05 cm，精度误差 0.1 ～ 0.5 cm。如图 4-2-39 所示。

（3）当拍摄天气晴天，横向重叠率 90%，纵向重叠率 90%，贴近拍摄距离 2 m 时，模型分辨率为 0.05 cm，精度误差 0.1 ～ 0.5 cm。如图 4-2-40 所示。

图 4-2-39　甑皮岩遗址洞穴内（横向重叠率 70%，纵向重叠率 70%）

图 4-2-40　甑皮岩遗址地层（横向重叠率 90%，纵向重叠率 90%）

（五）小结

用无人机贴近摄影对古遗址进行数据采集生成的实景三维模型，遗址周边地理信息都完整可见，内部细节真实展示，模型精度在 5 cm 以内。经验证实，贴近摄影阴天作业时模型分辨率更清晰，精度更高，效果更好。该技术完全能够满足古遗址类文物数字化要求，既能满足对古遗址类文物周边地理信息数据的采集，又能满足文物专家对古遗址类文物数字化存档、长期研究的要求。

三、三维激光扫描技术分析

（一）数据采集

1. 任务需求

采用地面搬站式高精度三维激光扫描仪获取甑皮岩遗址点云数据及周边地理信息，在兼顾精度与效果的需求下，用真彩色点云构建并复刻甑皮岩遗址整体信息。如图 4-2-41 所示。

图 4-2-41 甑皮岩遗址卫星图

2. 整体作业方案

使用天宝 X5 对甑皮岩进行多站扫描，每站之间保持一定密度的重叠，在外业平板搭载的 Perspective 软件里自动拼接融合，再使用 TRW 软件对点云进行地理信息配准。

3. 采集流程

（1）布设检查点，制作地面固定标记并采集坐标数据。

（2）选择合适位置架设仪器（在甑皮岩遗址空旷位置）。

（3）使用外业平板 Perspective 软件连接扫描仪后新建工程并使用 2 min 35 s 快速模式对建筑物进行立体扫描。

（4）每站扫描后进行自动拼接，检查拼接精度及效果。如图 4-2-42 所示。

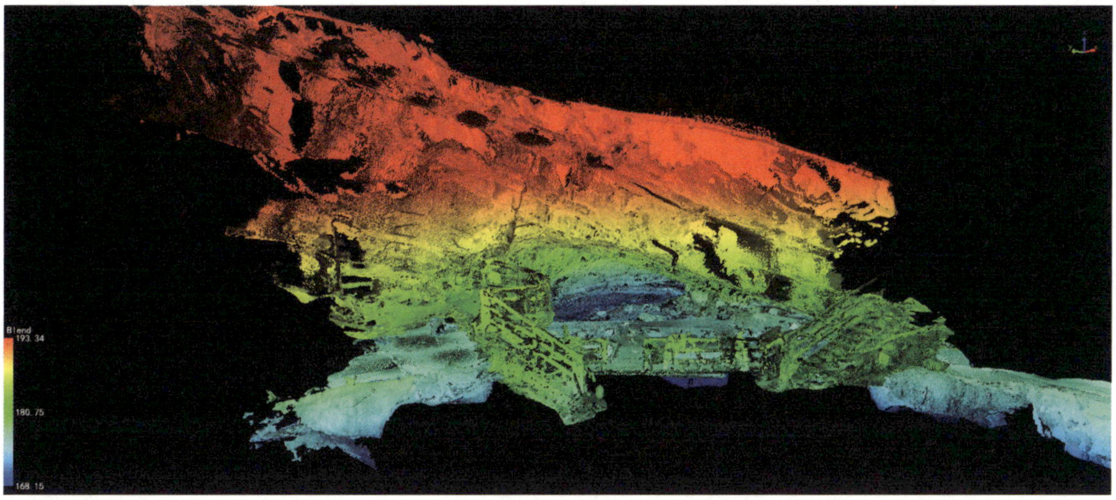

图 4-2-42 甑皮岩遗址点云拼接图

（5）重复搬站直至完成所有扫描任务。

（二）数据处理

（1）将 X5 扫描点云导入 TRW 软件，使用外业采集的控制点坐标对拼接后的整体点云进行地理配准，使之归属到同一坐标系，生成并导出融合 RGB 可见光的标准格式 LAS 数据。如图 4–2–43 所示。

图 4–2–43　甑皮岩遗址真彩点云图

（2）先使用 ContextCapture Center 三维建模软件对点云进行处理，输出 obj 格式无纹理模型，再将模型导入 3Ds Max 等软件进行纹理贴图渲染。

（三）数据成果

1. 三维激光扫描成果

（1）点云模型成果如图 4–2–44、图 4–2–45 所示。

图 4–2–44　甑皮岩遗址真彩色

图 4–2–45　甑皮岩遗址按高程着色

（2）三维模型成果如图 4–2–46、图 4–2–47 所示。

图 4–2–46　甑皮岩遗址无纹理模型

图 4–2–47　甑皮岩遗址纹理模型

（3）数字高程模型成果如图 4-2-48、图 4-2-49 所示。

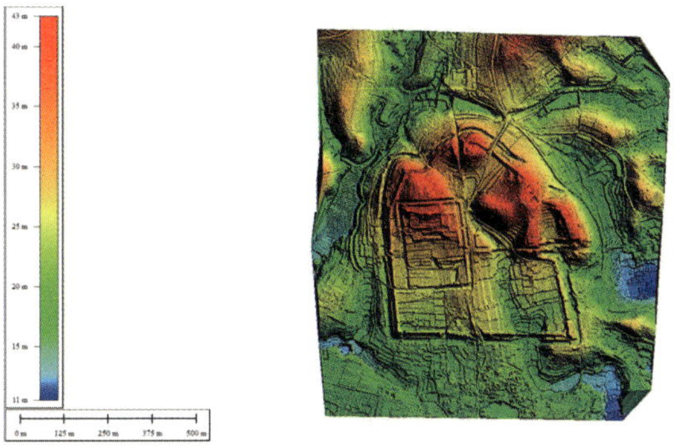

图 4-2-48　越州故城地图着色

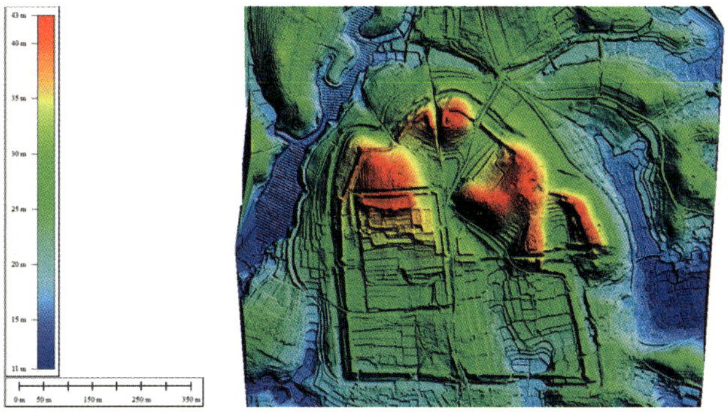

图 4-2-49　越州故城色环着色

2. 成果质检

三维激光扫描数据成果质检见表 4-2-5。

表 4-2-5　成果质检

数据成果	质检内容
点云模型（甑皮岩遗址）	1. 坐标系：平面基准采用 2000 国家坐标系，高程基准采用 1985 国家高程基准 2. 点云模型单位：点云模型比例为 1∶1，单位为米（m） 3. 点云模型格式：点云模型储存格式 LAS 4. 有效覆盖区域：点云扫描覆盖率≥ 90% 5. 点间距：点云采样间距≤ 2 mm 6. 分组数据拼接重叠率：分组数据拼接重叠率≥ 30% 7. 点云着色：具有真实的 RGB 信息
三维模型（甑皮岩遗址）	1. 坐标系：平面基准采用 2000 国家坐标系，高程基准采用 1985 国家高程基准 2. 模型单位：模型比例为 1∶1，单位为米（m） 3. 模型格式：三维模型储存格式 osgb/obj 4. 有效覆盖区域：三维模型覆盖区域带有文物周边地理信息 5. 分辨率：模型纹理分辨率≤ 2 cm 6. 精度：模型空间点位相对精度≤ 5 cm 7. 模型纹理：三维模型贴图渲染的纹理失真，遗址地层细节分辨率低
数字高程模型（越州故城）	1. 坐标系：平面基准采用 2000 国家坐标系，高程基准采用 1985 国家高程基准 2. 有效覆盖区域：数字高程模型覆盖区域带有文物周边地理信息 3. 地面特征：地表起伏形态特征明显、清晰可见 4. 模型单位：模型比例为 1∶1，单位为米（m） 5. 模型格式：数字高程模型储存格式 TIFF 6. 分辨率：模型分辨率≥ 75 dpi 7. 精度：模型空间点位相对精度≤ 5 cm

（四）分析比对

根据研究与实验发现，就古遗址而言，影响地面三维激光扫描结果的主要因素包括被测物体材质与颜色、架站数、扫描分辨率、扫描倾角、扫描距离、架站高度等。

1. 物体材质与颜色

被测物体表面的颜色、材质和倾斜角度会影响激光扫描线的成像，是影响测量精度的主要因素，颜色越深对测量结果的影响越大①。相关研究显示，浅色物体测量出来的结果偏大，深色物体测量出来的结果偏小。

2. 架站数

被扫描位置、扫描距离、架站高度和扫描分辨率相同时，一站和不同角度多站扫描对获取的点云数据结果影响差异不同，点云与实测精度误差均在 0.2 ～ 0.5 cm。如图 4–2–50 至图 4–2–53 所示。

图 4–2–50　甑皮岩遗址（一站）

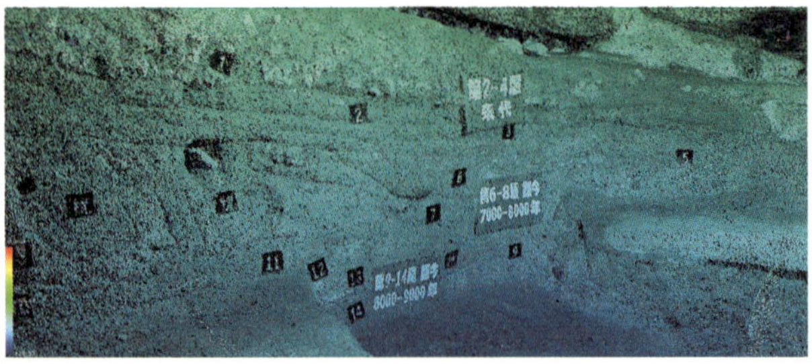

图 4–2–51　甑皮岩遗址（多站）

图 4–2–52　甑皮岩遗址（一站）

图 4–2–53　甑皮岩遗址（多站）

3. 扫描分辨率

当扫描位置、架站数、架站高度相同时，扫描分辨率越高，点云密度越大，处理时间和成本越高。本次实验在满足项目需求的同时，将扫描分辨率设为 1/4 时效果最佳。

4. 扫描倾角

线激光发生器发出的激光有一定的发散角，倾斜角度不同，激光扫描线图像的带宽和明暗度也会发生变化。实验发现，在扫描相关参数不变的情况下，仅改变扫描倾角，当倾斜角度为 90° 时，准真值与扫描值的差值最小，点云数量最多。如图 4–2–54、图 4–2–55 所示。

① 郑鹏，韩雨萌．大型复杂零件的三维扫描测量精度研究［J］．电大理工，2016（3）：15–17.

图 4-2-54　甑皮岩遗址（倾斜角度 90°）

图 4-2-55　甑皮岩遗址（倾斜角度 50°）

5. 扫描距离

当扫描位置、架站数、架站高度（0.8 m）和扫描分辨率（1/4）相同时，不同扫描距离扫描获取的点云数据结果影响差异不同。当扫描距离越来越大时，准真值与扫描值的差值变大，点云数量变少，点云与实测尺寸精度误差均在 0.2 ～ 0.5 cm。如图 4-2-56 至图 4-2-58 所示。

图 4-2-56　距离 BT2 探方 0.8 m

图 4-2-57　距离 BT2 探方 1.6 m

图 4-2-58　距离 BT2 探方 2.4 m

6. 架站高度

当扫描位置、架站数、扫描距离和扫描分辨率均相同，而架站高度不同时，其扫描获取的点云数据结果有差异，部分地区（如顶端）的点云密度有差异，但其与实测尺寸精度误差均在 0.2 ～ 0.5 cm。如图 4-2-59、图 4-2-60 所示。

图 4-2-59　架站高度 2 m

图 4-2-60　架站高度 5 m

（五）小结

古遗址环境复杂，采用三维激光扫描技术使文物数据采集工作效率高，节省人力、物力；因激光具有精度高可以穿透植被的特性，可以一次测量获取高精度大面积复杂物体的细节特征；点云成果具有绝对的地理信息参数且精度较高；采集通过非接触式扫描可以减少人为因素对文物的损坏，更好地保护文物。但现阶段三维扫描设备价格昂贵，数据处理软件专业性强处理难度高。结合数据采集研究内容及采集成本，在对数据精度要求高且费用充足的条件下，优先推荐采用三维激光扫描方式对文物进行数据采集，满足文物专家们对古遗址高精度数字化内容存档及相关学者对文物研究的要求。

四、全景影像技术分析

（一）数据采集

1. 地面全景数据采集

拍摄制作采用 Insta360 ONE R 双镜头全景相机，操作简单便捷，一键拍摄，自动拼接成像。如图 4-2-61 所示。

图 4-2-61 甑皮岩遗址内部全景图

2. 空中全景数据采集

拍摄制作分为以下四个步骤：第一步，借助无人机进行全景照片的拍摄；第二步，通过 PTGui 对照片进行合成，合成没有顶部天空的全景图片；第三步，借助 Photoshop 将全景天空图片与 PTGui 合成的照片拼接形成最终的全景图片；第四步，将全景图片上传至 720 云全景平台，加入建筑物标识、场景切换指示标等。

无人机拍摄：空中全景拍摄采用大疆精灵 4RTK 四旋翼无人机，搭载 4864 × 3648 分辨率的摄像机。在拍摄之前，先对拍摄的各个参数进行调整，根据实际拍摄效果确定和锁定最佳的拍摄参数，确保接下来所拍摄的照片效果相同。拍摄时需将无人机悬停在空中旋转拍摄四圈，最后将摄像头垂直 90° 拍摄两张俯瞰地面的照片，为保证后期的全景拼接能够顺利运行，应保证相邻照片间有 30% ～ 40% 的部分相互覆盖。由于无人机无法拍摄顶部天空的照片，需要在地面拍摄两张顶部天空的照片，或者使用已经制成的全景天空图片进行后期的拼接。

照片采集第一圈：将云台仰角调至 30° ，操控无人机按顺时针转动进行照片采集，每次旋转 30°

采集一次照片，共采集 12 张照片。第二圈：将云台调至水平，按照第一圈的采集方法采集 12 张照片。第三圈：将云台的俯角调至 30°，按顺时针转动采集照片，每旋转 45° 采集一次照片，共采集 8 张照片。第四圈：将云台俯角调至 60°，按顺时针转动采集照片，每旋转 60° 采集一次照片，共采集 6 张照片。第五圈，将云台调至 90°，摄像头垂直对地面采集 2 张照片。如图 4-2-62 所示。

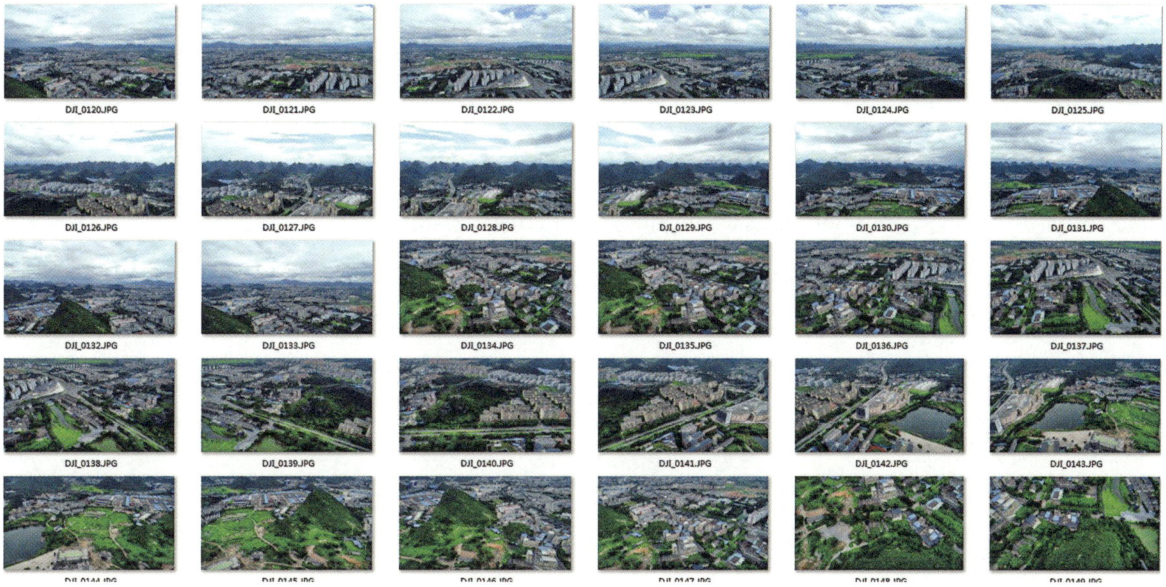

图 4-2-62　甑皮岩遗址空中全景照片（部分）

（二）数据处理

1. 全景拼接

此次全景照片的拼接采用操作较为简便，且能提高图片清晰度的 PTGui 进行拼接。其操作界面如图 4-2-63 所示。首先，点击界面左侧“加载图像”，将一个拍摄地点所拍摄的 40 张照片导入软件；然后，点击对准图像，该软件会自动配置其镜头参数，拼接生成出全景图片。

图 4-2-63　PTGui 全景拼接界面（甑皮岩遗址）

对拼接后全景图片还存在的以下几个问题需要逐一解决：第一，对于部分图像出现冗余，导致相互重叠、出现色差等问题，技术人员将冗余部分的个别照片删除；第二，对于出现相邻的照片无法自动匹配拼接的情况，技术人员寻找相邻照片之间的共同部分，手动添加控制点，再次点击自动匹配以找到更多的控制点使相邻照片得以顺利拼接；第三，对于全景图片中不满意的部分，技术人员点击“蒙版”，调用红色的擦除工具擦除掉不满意的部分，擦除以后再对其进行重新对准校正；第四，在解决完成上述问题，完善全景图片细节上的瑕疵后，点击创建全景图，以“*.jpg”的格式导出拼接好的全景图片。

2. 基于 Photoshop 的全景图片修补

从 PTGui 导出的全景图片缺失顶部天空部分，需通过 Photoshop 将全景天空图片与 PTGui 制作的全景图片相融合，生成最终的全景图片。首先，将全景图片和全景天空图片导入软件，将全景天空图片的宽度调整至与全景图片一致，并按照所示的放置顺序放置两张图片。接着，在全景天空图片的图层上添加白色“蒙版”，并选中“蒙版”。然后，在左边工具栏选择渐变工具，设置中灰密度的线性渐变，通过鼠标从下往上，由中间向两边逐渐拉伸两张图片的交界处，使两张图片逐渐合为一张图片（拉伸过程中切忌大幅度拉伸，采取多次小幅度拉伸才能融合出较为完美的全景图片）。最后，调整图片的饱和度、色相、对比度，使图片更加鲜艳、明亮并导出最终的全景图片。如图 4-2-64 所示。

图 4-2-64　Photoshop 处理后的全景（甑皮岩遗址）

3. 全景上传

将制作好的全景图片上传至 720 云全景网站，该网站可通过微信账号登录。通过 720 云全景网站的编辑界面对上传的全景图片进行编辑。左端为编辑栏，可以设置场景之间相互转换的指示标，转换到任意一个全景图像中，便于随时切换观看不同地点的全景图像，也可以在浏览全景和进入全景的过程中加入音乐，增强全景的展示效果，还可以添加文字内容介绍等。如图 4-2-65 所示。

图 4-2-65　720 云全景网站编辑浏览界面（甑皮岩遗址）

（三）数据成果

1. 全景影像成果

（1）甑皮岩遗址全景如图 4-2-66、图 4-2-67 所示。

图 4-2-66　空中全景

图 4-2-67　地面全景

（2）大浪古城遗址全景如图 4-2-68、图 4-2-69 所示。

图 4-2-68　空中全景

图 4-2-69　地面全景

2. 成果质检

全景影像数据采集成果质检见表 4-2-6。

表 4-2-6　成果质检

全景	质检内容
1. 甑皮岩遗址 2. 大浪古城遗址	1. 分辨率：影像清晰、无模糊，分辨率≥ 75 dpi 2. 影像色彩：影像色彩均匀、无明显色差 3. 影像格式：影像储存格式 jpg 4. 真实性：影像实景场景拍摄，真实逼真、无虚构 5. 交互性：拼接成果可与 Flash 技术衔接，使用鼠标或键盘可控制环视的方向，进行上下、左右、前后范围的漫游式浏览 6. 全景范围：全景范围涵盖古遗址文物本周边地理环境及内部环境

（四）分析比对

根据研究与实验发现，对于古遗址而言，影响全景质量的主要因素包括天气、快门速度、ISO、飞行高度等。具体如图 4-2-70 至图 4-2-73 所示。

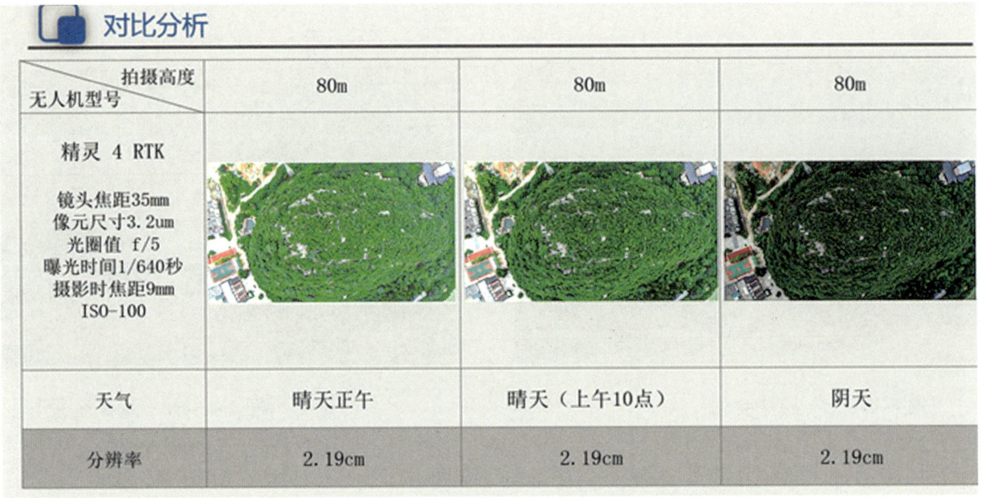

图 4-2-70　不同天气条件下效果图对比（甑皮岩遗址空中全景）

图 4-2-71　不同快门速度条件下效果图对比（甑皮岩遗址）

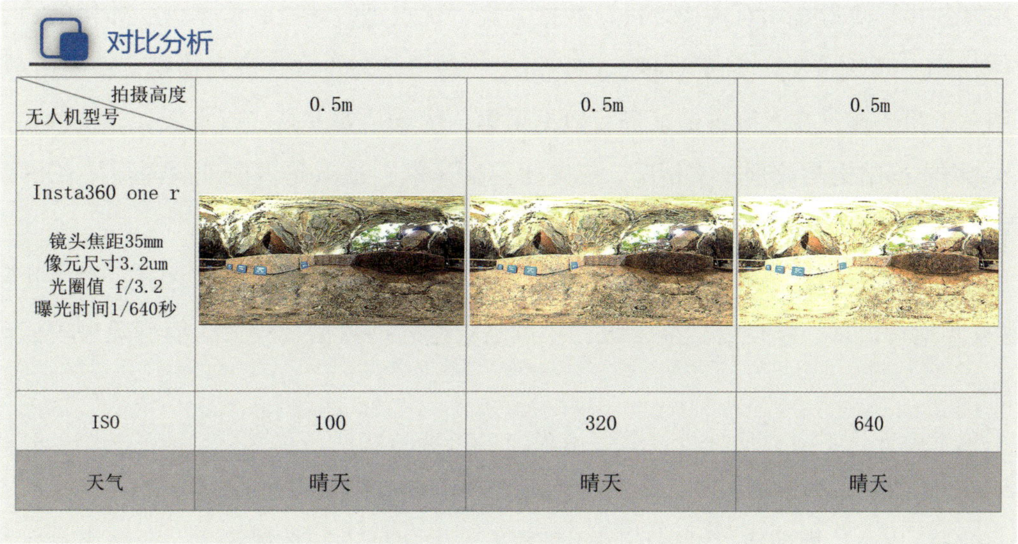

图 4-2-72　不同 ISO 条件下效果图对比（甑皮岩遗址）

图 4-2-73　不同飞行高度条件下效果图对比（甑皮岩遗址空中全景）

（五）小结

全景摄影在不同天气、快门速度、ISO、飞行高度时，对成像质量有一定影响，可以给人以三维立体感的实景 360° 全方位图像，周边地理信息都完整可见，最大限度地保留场景的真实性，使观者犹如身在其中，能够满足文物保护、推广、线上浏览的要求。但是遗址内部细节分辨率不够，仅可满足专家学者对古遗址环境的大致了解，不便于对古遗址进行深入研究。

五、古遗址采集技术讨论与分析

通过多种技术手段对古遗址类不可移动文物的研究与实验，我们发现不同技术对古遗址文物本体特征、所处环境、地理信息等多方面的基础数据数字化结果差异不同，优缺点明显。

（1）用倾斜摄影测量技术对古遗址进行数据采集，优点是效率高、成本低、非接触式，可以反映文物周边真实情况、尺寸信息、顶部纹理，面积可控；缺点是较难实现洞内建模，精度相对较低等。

（2）用贴近摄影测量技术对古遗址进行数据采集，优点是效率高、成本低、非接触式，可以反映文物周边及文物内部结构与纹理真实情况，精度可达厘米级；缺点是古遗址洞内往往 GPS 信号弱，容易定位失真。

（3）用三维激光扫描技术对古遗址进行数据采集，优点是效率高、非接触式、数字化程度高，可以反映文物真实地理信息，精度可达毫米级；缺点是数据处理数据量较大，模型效果较依赖于贴图人员的熟练程度。

（4）用全景影像技术对古遗址进行数据采集，可实现高效率、低成本、强真实感，有较好的交互性；缺点是无空间信息，分辨率较差，容易失真或者产生视角死角等。

综合上述分析比对，推荐使用贴近摄影测量技术对古遗址进行数据采集。此技术对比其他技术优势明显，具有效率高、成本低的特点，生成的古遗址数字三维模型分辨率高、精度高、纹理逼真，既可以满足文物周边地理信息采集，又可以满足文物专家们对古遗址文物数字化存档、长期研究的要求。

第三节　古建筑数据采集技术实验

本实验选取全州燕窝楼、合浦惠爱桥、兴安千家寺红军标语楼作为研究对象。这三处古建筑中，全州燕窝楼历史悠久，结构相对复杂，需要采集的要素比较全面，既有复杂的单体建筑，也有庭院布局，故以燕窝楼作为重点研究对象进行技术实验，其他两处作为一般研究对象。

在研究实验的过程中，各个建筑需要采集的要素包括周边环境、文物本体的详细信息等，具体包括：（1）燕窝楼周边环境、庭院布局、牌楼的细节信息等；（2）惠爱桥周边环境、桥体结构的细部信息等；（3）千家寺红军标语楼周边环境、房屋布局、房屋细部信息、标语信息等。

一、倾斜摄影测量技术分析

（一）数据采集

1. 采集设备

本次数据采集设备选择了大疆精灵 4RTK 无人机航拍测绘系统。

2. 布设像控点

像控点采用地面喷绘油漆作为测量标志，使用华测 RTK，将对中杆对准测量中心位置，待水平气泡居中后，进行控制点测量，保证控制点精度在 2 cm 以内。

根据本次测区的实际情况，外业人员共布设 6 个像控点（其中燕窝楼内部布设 2 个像控点），像控点采用2000国家坐标系，中央经度为111°，高程系统为1985国家高程基准。像控点分布如图4-3-1所示。

图 4-3-1　燕窝楼像控点分布图

3. 航线规划

针对燕窝楼测区的实际情况，根据实验要求，设置航向重叠率和旁向重叠率、镜头倾斜角度、航线高度不同的变量参数，以获取原始影像。

4. 采集数据

外业像控点布设完成后，进行外业数据采集。在无人机起飞前完成检查并确定天气、周围环境符合飞行条件后，上传预先规划好的航线数据，无人机根据航线自动完成飞行任务。飞行完成后，技术人员下载飞行数据、照片、机载POS和GPS数据，并在现场检查数据质量和完整性。燕窝楼倾斜摄影原始影像数据采集记录结果见表4-3-1。

表 4-3-1　燕窝楼数据采集记录表

项目	条件	记录内容
采集概况	天气	晴天
	风速	微风 2 级
	能见度	较好，无雾霾
设备概况	无人机	大疆精灵 4RTK
	相机型号	FC6310R
	相机像素	有效像素 2000 万
采集参数	重叠率	航向 80%，旁向 80%
	相对航高	50 m
	倾斜角度	-45°
	相机参数	自动调整
	照片比例	3：2
	分辨率	1.37 cm
	RTK 状态	信号良好

（二）数据处理

外业摄影作业完成后，及时将数据导出，转入大疆智图或 ContextCapture Center 等建模软件进行内业处理。

1. 数据检查

主要检查航摄作业的飞行质量及所拍摄的影像质量，如实际影像重叠率、像片倾斜角度和旋转角度、航线弯曲度、摄取覆盖范围、影像的清晰度、像点位移等。对于检查发现的一些不满足要求的数据，应根据实际情况重新拟定飞行计划对局部区域补飞或重飞。如图 4–3–2 所示。

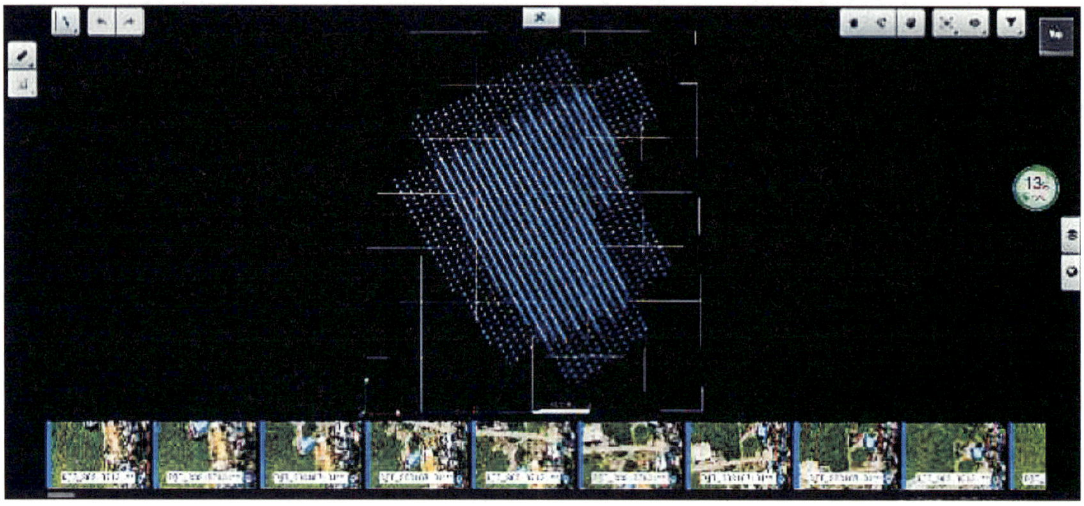

图 4–3–2　影像点位图（燕窝楼）

2. 空三加密

采用光束法区域网联合平差的方法对无人机倾斜摄影测量内业数据进行处理。空三加密成果如图 4–3–3 所示。

图 4–3–3　空三加密成果图（燕窝楼）

3. 实景三维模型建立

基于原始影像及空三加密成果，使用大疆智图等内业处理软件生成三维模型数据，成果采用 2000 国家坐标系，中央经度为 111°，高程系统为 1985 国家高程基准，格式为 osgb、obj 等，派生数据为 DOM、DSM（含 DEM）、数字点云等。如图 4-3-4、图 4-3-5 所示。

图 4-3-4　实景三维模型（燕窝楼）

图 4-3-5　DOM 正射影像（燕窝楼）

（三）数据成果

1. 实景三维模型成果

以燕窝楼为例，实景三维模型成果如图 4-3-6、图 4-3-7 所示。

图 4-3-6　燕窝楼整体

图 4-3-7　燕窝楼牌楼细节

2. 成果质检

燕窝楼倾斜三维模型数据采集成果质检见表 4-3-2。

表 4-3-2　成果质检

燕窝楼	质检内容
倾斜三维模型	1. 坐标系：平面基准采用 2000 国家坐标系，高程基准采用 1985 国家高程基准 2. 模型单位：模型比例为 1：1，单位为米（m） 3. 模型格式：三维模型储存格式 osgb/obj 4. 有效覆盖区域：三维模型覆盖区域带有文物周边地理信息 5. 分辨率：模型纹理分辨率≤ 5 cm 6. 精度：模型空间点位相对精度≤ 5 cm 7. 纹理细节：倾斜摄影三维模型还原了燕窝楼文物本体外部现状，但是纹理细节模糊不清，内部三维重建失败，无法看清

（四）分析比对

根据研究与实验发现，对于古建筑而言，影响倾斜三维模型摄影测量的主要因素包括飞行高度、重叠率、倾斜角度等。

1. 飞行高度

（1）航线高度 30 m，航向重叠率 80%，旁向重叠率 70%，云台倾斜角度 45° 时，模型分辨率为 1.37 cm，精度误差 1 ～ 5 cm。如图 4-3-8 所示。

图 4-3-8 燕窝楼三维实景图（H=30 m）

（2）航线高度 50 m，航向重叠率 80%，旁向重叠率 70%，云台倾斜角度 45° 时，模型分辨率为 1.92 cm，精度误差 2 ～ 5 cm。如图 4-3-9 所示。

图 4-3-9 燕窝楼三维实景图（H=50 m）

（3）航线高度 90 m，航向重叠率 80%，旁向重叠率 70%，云台倾斜角度 45° 时，模型分辨率为 2.47 cm，精度误差 2 ～ 5 cm。如图 4-3-10 所示。

图 4-3-10　燕窝楼三维实景图（H=90 m）

2. 重叠率

（1）航线高度 50 m，航向重叠率 40%，旁向重叠率 30%，云台倾斜角度 45° 时，飞行时间 40 分钟，模型分辨率为 1.37 cm，精度误差 1 ～ 5 cm，部分地方建模不完整，出现拉花与空洞。如图 4-3-11 所示。

图 4-3-11　燕窝楼三维实景图（航向重叠率 40%，旁向重叠率 30%）

（2）航线高度 50 m，航向重叠率 60%，旁向重叠率 50%，云台倾斜角度 45° 时，飞行时间 60 分钟，模型分辨率为 1.37 cm，精度误差 1 ～ 5 cm。如图 4-3-12 所示。

图 4-3-12　燕窝楼三维实景图（航向重叠率 60%，旁向重叠率 50%）

（3）航线高度 50 m，航向重叠率 80%，旁向重叠率 80%，云台倾斜角度 45° 时，飞行时间 90 分钟，模型分辨率为 1.37 cm，精度误差 1 ～ 5 cm。如图 4-3-13 所示。

图 4-3-13　燕窝楼三维实景图（航向重叠率 80%，旁向重叠率 80%）

3. 倾斜角度

（1）航线高度 50 m，航向重叠率 80%，旁向重叠率 80%，云台倾斜角度 30° 时，飞行时间 95 分钟，模型分辨率为 1.37 cm，精度误差 1 ～ 5 cm。如图 4-3-14 所示。

图 4-3-14　燕窝楼三维实景图（云台倾斜角度 30°）

（2）航线高度 50 m，航向重叠率 80%，旁向重叠率 80%，云台倾斜角度 45° 时，飞行时间 90 分钟，模型分辨率为 1.37 cm，精度误差 1 ～ 5 cm。如图 4-3-15 所示。

图 4-3-15　燕窝楼三维实景图（云台倾斜角度 45°）

（3）航线高度 50 m，航向重叠率 80%，旁向重叠率 80%，云台倾斜角度 60° 时，飞行时间 85 分钟，模型分辨率为 1.37 cm，精度误差 1 ～ 5 cm。如图 4-3-16 所示。

图 4-3-16　燕窝楼三维实景图（云台倾斜角度 60°）

（五）小结

无人机倾斜摄影不同飞行高度、重叠率、倾斜角度生成的古建筑实景三维模型，周边地理信息都完整可见，精度误差都在 10 cm 以内。无人机飞行高度越低，影像分辨率越高。航向重叠率低于 60%、旁向重叠率低于 50% 时，模型出现空洞。不同云台倾斜角度其模型差异不大，牌楼上的梁枋、雕刻、彩绘以及门楼和祠堂上的细节都模糊不清。因此，倾斜摄影实景三维建模只能满足对文物及周边环境总体范围数据的采集，不能满足文物专家对文物局部细节研究的要求。

二、贴近摄影测量技术分析

（一）数据采集

1. 采集设备

本次数据采集设备选择了大疆精灵 4RTK 无人机航拍测绘系统。

2. 作业难点

（1）作业范围左边有高密度建筑，右边有密集的电线，建筑外部光线变化复杂，内部拍摄无 GPS、RTK 信号。如图 4–3–17 所示。

（2）作业对象结构细节丰富，飞檐单翘单卯榫构筑，共 324 个纪弓字斗拱卯榫，无一钉梢，环环相扣，衔接而成，牌楼顶部的雕刻不规则，飞行空间狭窄。

图 4–3–17 燕窝楼卫星影像图

3. 技术路线

依据实际需求生产粗模、细模及数字线划图，如图 4–3–18 所示。

（1）粗模：通过拍摄的低分辨率影像生成的粗略三维模型。

（2）细模：通过粗模获取的初始地理信息、规划贴近飞行航线，智能贴近拍摄和局部区域“手持”近距离补拍的超高分辨率影像，生成的精细化三维模型。

（3）数字线划图：依据需求在已生产模型上进行绘制。

4. 外业采集

（1）布设像控点。

像控点（检查点）采用地面喷绘油漆或地面特征明显处作为测量标志，使用华测 RTK，以中杆对

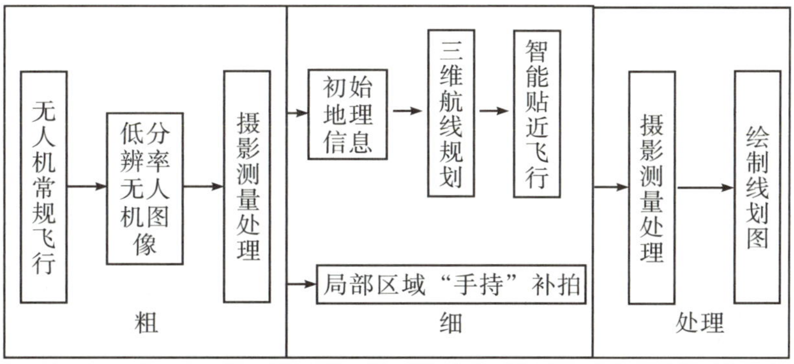

图 4-3-18　技术路线图

准测量中心位置，待水平气泡居中后，进行控制点测量，保证控制点精度在 2 cm 以内，像控点采用 2000 国家坐标系，中央经度为 111°，高程系统为 1985 国家高程基准。

根据本次测区的实际情况，外业人员共布设 2 个检查点。检查点分布如图 4-3-19 所示。

图 4-3-19　检查点分布图（燕窝楼）

（2）航线规划。

针对燕窝楼测区的实际情况，技术人员根据实验要求，设置航向重叠率和旁向重叠率、镜头倾斜角度、航线高度等不同的变量参数来获取原始影像。

（3）倾斜摄影。

外业像控点布设完成后，进行外业数据采集。无人机起飞前完成检查并确定天气、周围环境符合飞行条件后，上传预先规划好的航线数据，无人机根据航线自动飞行完成任务，整个过程无需人员干预操作。飞行任务完成后，下载飞行数据、照片、机载 POS 和 GPS 数据，并在现场检查数据质量和完整性。

（4）贴近摄影。

使用精灵 4TRK 无人机贴近从燕窝楼外部向内部延伸拍摄。飞行任务完成后，下载飞行数据、照片、机载 POS 和 GPS 数据，并在现场检查数据质量和完整性。

①燕窝楼外部：外部牌楼上的梁枋、雕刻、彩绘较多，文化艺术价值很高，在拍摄时始终保持无人机与牌楼的距离小于 2 m。在保障飞行安全的前提下，针对梁枋彩绘手动五向拍摄，对牌楼顶部飞檐翘角、雕刻 360° 无死角环绕拍摄。而在只有 1 m 多的夹缝里拍摄左侧外部墙体，风险极大，需要多次飞进飞出搜索 RTK 信号，对飞手的操作技能要求极高。结果如图 4-3-20 所示。

图 4-3-20　燕窝楼外部影像轨迹图

②燕窝楼内部：首先将 P4R 手动飞行到建筑外部搜索 RTK 信号，然后开启 RTK 状态保持功能，使无人机处于 RTK 状态下，迅速飞到指定要拍摄的地方，手动定点环绕拍摄。由于 P4R“RTK 状态保持功能”并不能维持很久，因此需要多次来回穿梭拍摄，飞手要具备较熟练的手动操控能力，否则拍摄出来的照片很多无法参与重建。模型内部有瑕疵，需要反复建模；观察模型有空洞，需再次进行补拍重建。整个过程较为反复，经过多次补拍重建，最终达到最佳的效果。结果如图 4-3-21 所示。

图 4-3-21　燕窝楼内部效果图

（5）数据采集记录。

燕窝楼贴近摄影原始影像数据采集记录见表 4-3-3。

表 4-3-3 数据采集记录表

项目	条件	记录内容
采集概况	天气	阴天
	风速	微风 1 ～ 2 级
	能见度	较好，无雾霾
设备概况	无人机	大疆精灵 4RTK
	相机型号	FC6310R
	相机像素	有效像素 2 000 万
采集参数	重叠率	航向 80%，旁向 80%
	立面距离	约 3 m
	倾斜角度	0° 至 -70° 之间
	相机参数	自动调整（局部手动调整）
	照片比例	3 : 2
	分辨率	0.08 cm
	RTK 状态	燕窝楼外部信号良好，内部时有时无

（二）数据处理

外业摄影作业完成后，及时将数据导出，转入大疆智图或 ContextCapture Center 等建模软件进行内业处理。

1. 数据检查

主要检查航摄作业的飞行质量及所拍摄的影像质量，如实际影像重叠率、像片倾斜角度和旋转角度、航线弯曲度、摄取覆盖范围、影像的清晰度、像点位移等。对于检查发现的一些不满足内业规范和作业任务要求的内容，应根据实际情况重新拟定飞行计划对局部区域补飞或重飞。具体拍摄如图 4-3-22 所示。

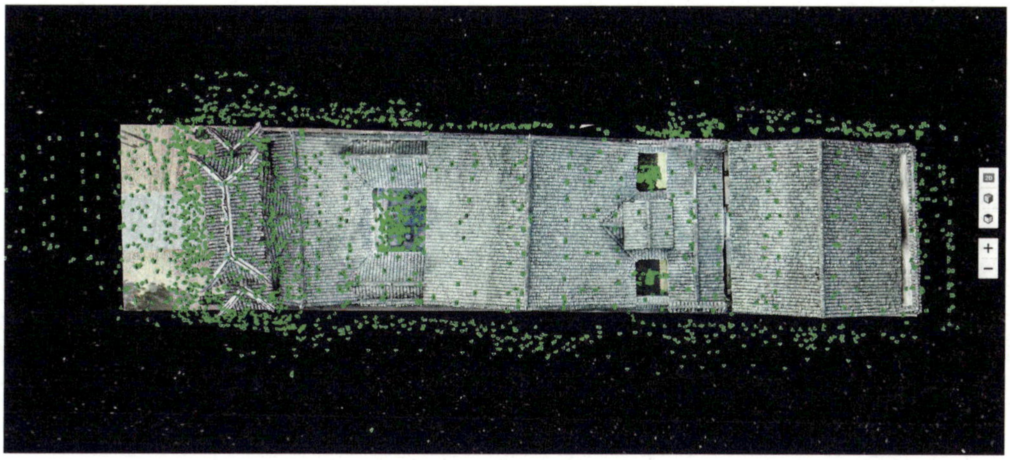

图 4-3-22 燕窝楼影像点位图

2. 空三加密

采用光束法区域网联合平差的方法对无人机倾斜摄影测量内业数据进行处理。空三加密成果如图 4-3-23 所示。

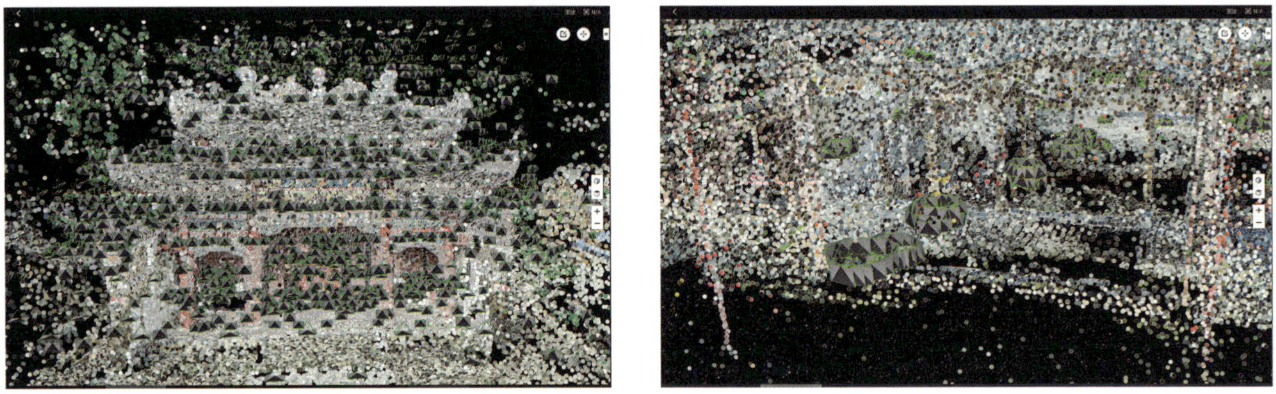

图 4-3-23　燕窝楼空三加密成果图

3. 精细化三维模型建立

基于原始影像及空三成果，使用大疆智图及 ContextCapture Center 等内业处理软件生成三维模型数据，成果采用 2000 国家坐标系，中央经度为 111°，高程系统为 1985 国家高程基准，格式为 osgb、obj 等，派生数据 DOM、DSM（含 DEM）、数字点云等。如图 4-3-24、图 4-3-25 所示。

图 4-3-24　燕窝楼外部三维模型

图 4-3-25　燕窝楼内部三维模型

（三）数据成果

1. 实景三维模型成果

（1）燕窝楼模型如图 4-3-26 至图 4-3-29 所示。

图 4-3-26　燕窝楼外部

图 4-3-27　燕窝楼外部细节尺寸

图 4-3-28　燕窝楼内部

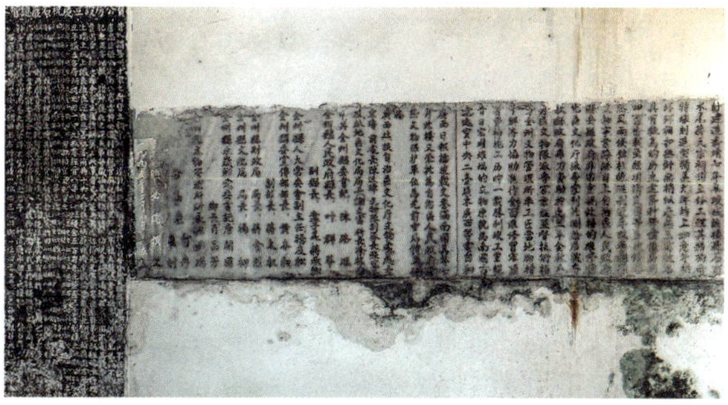

图 4-3-29　燕窝楼内部细节尺寸

（2）千家寺红军标语楼模型如图 4-3-30、图 4-3-31 所示。

图 4-3-30　千家寺红军标语楼外部

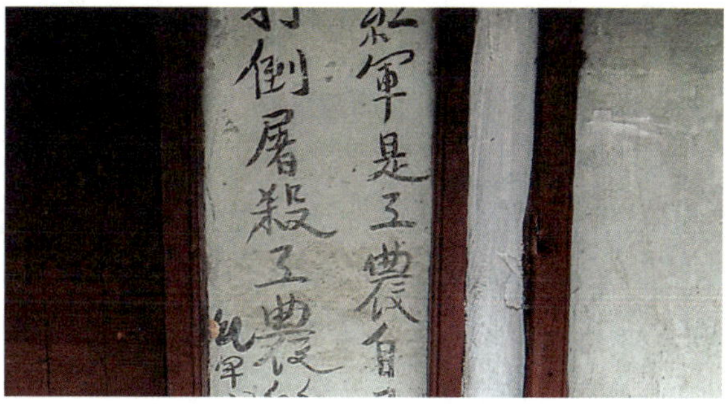

图 4-3-31　千家寺红军标语楼细节尺寸

（3）惠爱桥模型如图 4-3-32、图 4-3-33 所示。

图 4-3-32　惠爱桥整体

图 4-3-33　惠爱桥细节尺寸

2. 成果质检

贴近摄影数据采集成果质检见表 4-3-4。

表 4-3-4　成果质检

贴近摄影模型	质检内容
	1. 坐标系：平面基准采用 2000 国家坐标系，高程基准采用 1985 国家高程基准
1. 燕窝楼	2. 模型单位：模型比例为 1∶1，单位为米（m）
	3. 模型格式：三维模型储存格式 osgb/obj
2. 红军标语楼	4. 有效覆盖区域：三维模型覆盖区域带有文物周边地理信息
	5. 分辨率：模型纹理分辨率 ≤ 5 mm
3. 惠爱桥	6. 精度：模型空间点位相对精度 ≤ 10 mm
	7. 纹理细节：贴近摄影三维模型真实有效地还原了古建筑文物本体现状，纹理逼真、细节清晰

（四）分析比对

根据研究与实验发现，影响古建筑贴近摄影三维建模结果的主要因素包括天气（晴天、阴天）、距离、重叠率等。

1. 天气

当贴近拍摄距离 5 m，航向重叠率 90%，旁向重叠率 90% 时，模型分辨率为 0.14 cm，精度误差 0.2 ~ 0.5 cm，无人机在不同天气作业时对贴近摄影模型成果质量影响较大，如图 4–3–34、图 4–3–35 所示。

图 4–3–34　燕窝楼内部（晴天）

图 4–3–35　燕窝楼内部（阴天）

2. 距离

（1）当拍摄天气晴天，横向重叠率 90%，纵向重叠率 90%，贴近拍摄距离 8 m 时，模型分辨率为 0.22 cm，精度误差 0.2 ~ 0.5 cm。如图 4–3–36 所示。

（2）当拍摄天气晴天，横向重叠率 90%，纵向重叠率 90%，贴近拍摄距离 5 m 时，模型分辨率为 0.14 cm，精度误差 0.2 ~ 0.5 cm。如图 4–3–37 所示。

图 4–3–36　燕窝楼牌楼（拍摄距离 8 m）

图 4–3–37　燕窝楼牌楼（拍摄距离 5 m）

（3）当拍摄天气晴天，横向重叠率 90%，纵向重叠率 90%，贴近拍摄距离 2 m 时，模型分辨率为 0.05 cm，精度误差 0.1 ～ 0.5 cm。如图 4–3–38 所示。

图 4–3–38　燕窝楼牌楼（拍摄距离 2 m）

3. 重叠率

（1）当拍摄天气晴天，横向重叠率 40%，纵向重叠率 40%，贴近拍摄距离 2 m 时，模型分辨率差。如图 4–3–39 所示。

图 4–3–39　燕窝楼内部三维模型（横向重叠率 40%，纵向重叠率 40%）

（2）当拍摄天气晴天，横向重叠率 70%，纵向重叠率 70%，贴近拍摄距离 2 m 时，模型分辨率为 0.05 cm，精度误差 0.1 ～ 0.5 cm。如图 4–3–40 所示。

图 4–3–40　燕窝楼内部三维模型（横向重叠率 70%，纵向重叠率 70%）

（3）当拍摄天气晴天，横向重叠率 90%，纵向重叠率 90%，贴近拍摄距离 2 m 时，模型分辨率为 0.05 cm，精度误差 0.1 ～ 0.5 cm。如图 4–3–41 所示。

图 4–3–41　燕窝楼整体模型三维模型（横向重叠率 90%，纵向重叠率 90%）

（五）小结

无人机贴近摄影生成的实景三维模型，古建筑周边地理信息都完整可见，牌楼上的梁枋、雕刻、彩绘以及门楼、祠堂等细节真实展示，模型精度在 0.5 cm 以内。经验证，贴近摄影阴天作业时模型分辨率更清晰，精度更高，效果更好。因此，采用该技术对古建筑进行数据采集，既能满足对古建筑周边地理信息数据的采集，又能满足文物专家们对古建筑文物数字化存档、长期研究的要求。

三、三维激光扫描技术分析

（一）数据采集

1. 任务需求

采用地面搬站式高精度三维激光扫描仪获取燕窝楼点云数据及周边地理信息，在兼顾精度与效果的需求下，用真彩色点云构建并复刻燕窝楼整体信息。燕窝楼卫星图如图 4–3–42 所示。

图 4-3-42　燕窝楼卫星图

2. 整体作业方案

使用天宝 X5 对燕窝楼进行多站扫描，每站之间保持一定密度的重叠，在外业平板搭载的 Perspective 软件里自动拼接融合，再使用 TRW 软件对点云进行地理信息配准。

3. 采集流程

（1）布设检查点，制作地面固定标记并采集坐标数据。

（2）选择合适位置架设仪器（在燕窝楼空旷位置）。

（3）使用外业平板 Perspective 软件连接扫描仪后新建工程并使用 2 min 35 s 快速模式对建筑物进行立体扫描。

（4）每站扫描后进行自动拼接，检查拼接精度及效果。如图 4-3-43 所示。

（5）重复搬站直至完成所有扫描任务。

图 4-3-43　燕窝楼局部点云拼接图

（二）数据处理

（1）将 X5 扫描点云导入 TRW 软件，使用外业采集的控制点坐标对拼接后的整体点云进行地理配准，使之归属到同一坐标系，生成并导出融合 RGB 可见光的标准格式 LAS 数据。如图 4-3-44 所示。

图 4-3-44　燕窝楼牌楼真彩点云图（格式：LAS）

（2）根据地面激光点云数据，使用 CAD 等绘图软件绘制燕窝楼的平面图、立面图、剖面图（比例尺 1∶200）。如图 4-3-45 至图 4-3-48 所示。

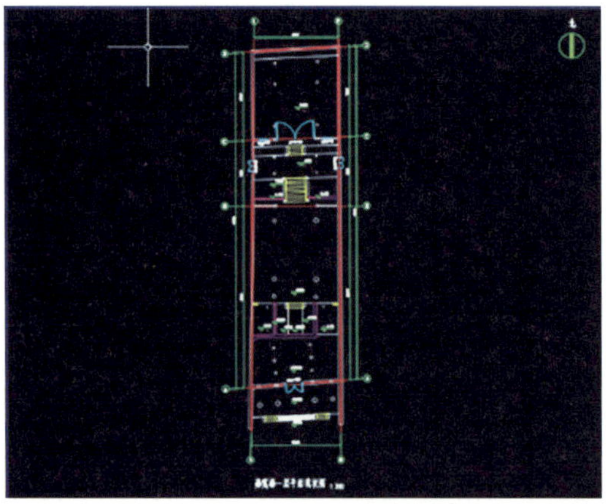

图 4-3-45　燕窝楼平面图

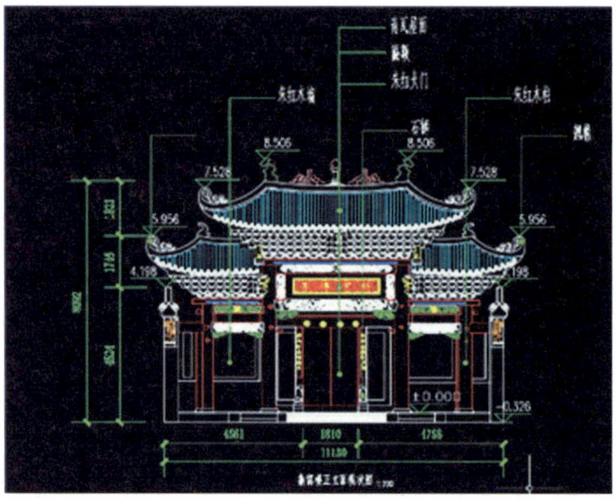

图 4-3-46　燕窝楼正立面图

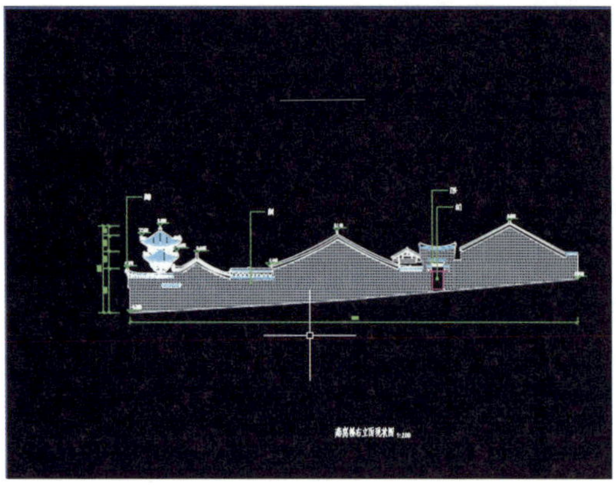

图 4-3-47　燕窝楼右立面图

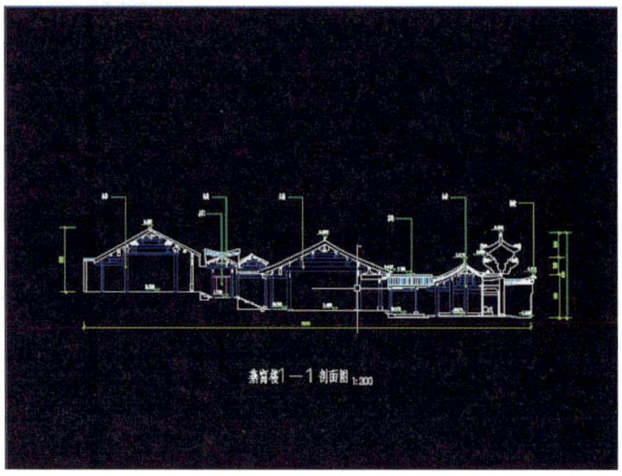

图 4-3-48　燕窝楼剖面图

（3）先使用 ContextCapture Center 三维建模软件对融合后点云进行处理，输出 obj 格式无纹理模型，再将模型导入 3Ds Max 等软件进行纹理贴图渲染。如图 4-3-49、图 4-3-50 所示。

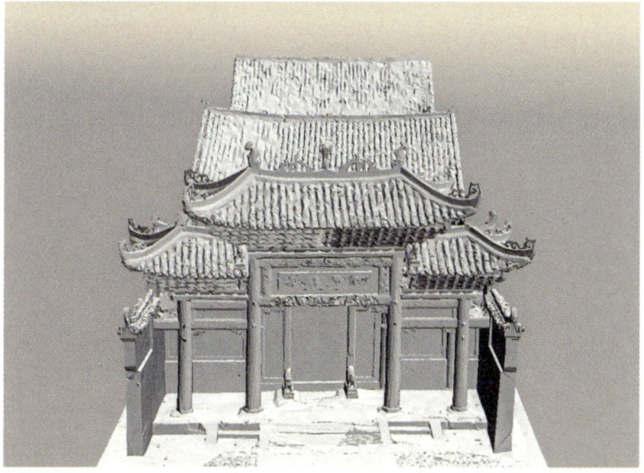

图 4-3-49　燕窝楼无纹理模型

图 4-3-50　燕窝楼纹理贴图渲染

（三）数据成果

1. 三维激光扫描数据成果

（1）点云模型成果如图 4-3-51、图 4-3-52 所示。

图 4-3-51　燕窝楼真彩色

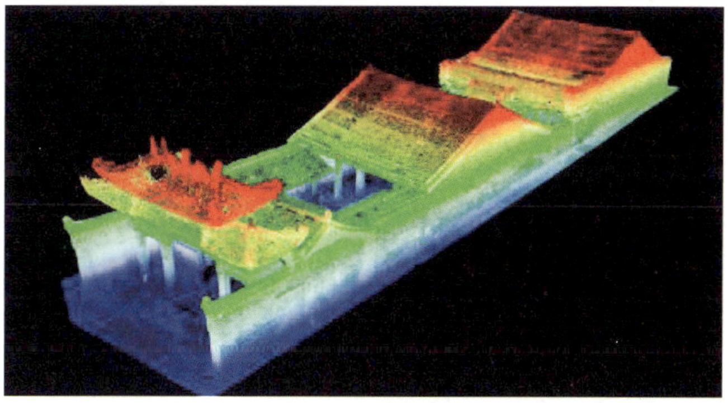

图 4-3-52　燕窝楼按高程着色

（2）三维模型成果如图 4-3-53、图 4-3-54 所示。

图 4-3-53　燕窝楼正面模型

图 4-3-54　燕窝楼左侧面模型

2. 成果质检

三维激光扫描模型成果质检见表 4-3-5。

表 4-3-5　成果质检

燕窝楼	质检内容
点云模型	1. 坐标系：平面基准采用 2000 国家坐标系，高程基准采用 1985 国家高程基准 2. 点云模型单位：点云模型比例为 1∶1，单位为米（m） 3. 点云模型格式：点云模型储存格式 LAS 4. 有效覆盖区域：点云扫描覆盖率≥ 90% 5. 点间距：点云采样间距≤ 2 mm 6. 分组数据拼接重叠率：分组数据拼接重叠率≥ 30% 7. 点云着色：具有真实的 RGB 信息
三维模型	1. 坐标系：平面基准采用 2000 国家坐标系，高程基准采用 1985 国家高程基准 2. 模型单位：模型比例为 1∶1，单位为米（m） 3. 模型格式：三维模型储存格式 fbx/obj/3ds 4. 有效覆盖区域：三维模型覆盖区域不带文物周边地理信息 5. 分辨率：模型纹理分辨率≤ 2 cm 6. 精度：模型空间点位相对精度≤ 2 mm 7. 模型纹理：燕窝楼三维模型贴图渲染的纹理局部失真，细节分辨率一般，牌楼彩绘细节多，贴图工作量巨大

（四）分析比对

根据研究与实验发现，影响古建筑地面三维激光扫描结果的主要因素包括被测物体材质与颜色、架站数、扫描分辨率、扫描倾角、扫描距离、架站高度等。

1. 物体材质与颜色

古建筑表面的颜色、材质和倾斜角度会影响激光扫描线的成像，这是影响测量精度的主要因素。相关研究显示，浅色物体测量出来的结果偏大，深色物体测量出来的结果偏小。

2. 架站数

古建筑被扫描位置、扫描距离、架站高度和扫描分辨率相同时，一站和不同角度多站扫描对获取的点云数据结果影响差异不同，尺寸精度误差均在 0.2 ～ 0.5 cm。如图 4-3-55 至图 4-3-58 所示。

图 4-3-55　燕窝楼正面（一站）

图 4-3-56　燕窝楼正面（多站）

图 4-3-57　燕窝楼内部（一站）

图 4-3-58　燕窝楼内部（多站）

3. 扫描分辨率

古建筑被扫描位置、架站数、架站高度相同时，扫描分辨率越高，点云密度越大，处理时间和成本越高。本次实验在满足项目需求的同时，将扫描分辨率设为 1/4 时效果最佳。

4. 扫描倾角

线激光发生器发出的激光有一定的发散角，倾斜角度不同，激光扫描线图像的带宽和明暗度也会发生变化。实验发现，在扫描相关参数不变的情况下，仅改变扫描倾角，当倾斜角度为 90° 时，准真值与扫描值的差值最小，点云数量最多。如图 4-3-59、图 4-3-60 所示。

图 4-3-59　燕窝楼（倾斜角度 90°）

图 4-3-60　燕窝楼（倾斜角度 45°）

5. 扫描距离

古建筑被扫描位置、架站数、架站高度（0.8 m）和扫描分辨率（1/4）相同时，不同扫描距离所获取的点云数据结果不同。当扫描距离增大时，准真值与扫描值的差值越来越大，点云数量逐渐减少；点云与实测尺寸精度误差在 0.2 ～ 0.5 cm。如图 4-3-61 至图 4-3-63 所示。

图 4-3-61　燕窝楼牌匾
（扫描距离 5 m）

图 4-3-62　燕窝楼牌匾
（扫描距离 10 m）

图 4-3-63　燕窝楼牌匾
（扫描距离 15 m）

6. 架站高度

古建筑被扫描位置、架站数、扫描距离和扫描分辨率相同，架站高度不同时扫描获取的点云数据结果影响差异不同。当架站高度为 2 m 时，屋顶有空洞；而架站高度为 10 m 时，效果良好。点云与实测尺寸精度误差均在 0.2 ～ 0.5 cm。如图 4-3-64 至图 4-3-67 所示。

图 4-3-64　燕窝楼正面（架站高度 2 m）

图 4-3-65　燕窝楼正面（架站高度 10 m）

图 4-3-66　燕窝楼侧面（架站高度 2 m）

图 4-3-67　燕窝楼侧面（架站高度 10 m）

（五）小结

对古建筑测绘，既需表达建筑的关键部位，同时也需表达整体的内部结构。采用三维激光扫描技术可提高文物数据采集工作效率，节省人力、物力。该技术具有快速、精确、多方位的特点，能够快速获取点密度和精度都非常高的建筑物点云数据。① 同时，三维激光扫描技术属于非接触式扫描，可以减少人为因素对文物的损坏，更好地保护文物。但现阶段三维扫描设备价格昂贵，数据处理软件专业性强、处理难度高。结合数据采集研究内容及采集成本，在数据精度要求高且费用充足的条件下，可以采用三维激光扫描方式对古建筑进行数据采集，满足文物专家们对古建筑高精度数字化内容存档及相关学者对文物进行研究的需求。

① 蔡锐．三维激光扫描技术在古建筑测绘中的应用［J］．技术与市场，2020，27（11）：89，91．

四、全景影像技术分析

（一）数据采集

1. 地面全景

拍摄制作采用 Insta360 ONE R 双镜头全景相机，操作简单快捷，一键拍摄，自动拼接成像。如图 4-3-68 所示。

图 4-3-68 燕窝楼内部全景图

2. 空中全景

拍摄制作分为以下四个步骤：第一步，借助无人机进行全景照片的拍摄；第二步，通过 PTGui 对照片进行合成，合成没有顶部天空的全景图片；第三步，借助 Photoshop 将全景天空图片与 PTGui 合成的照片拼接形成最终的全景图片；第四步，将全景图片上传至 720 云全景平台，加入建筑物标识、场景切换指示标等。

（1）无人机拍摄。

空中全景拍摄采用大疆精灵 4RTK 四旋翼无人机，搭载 4864 × 3648 分辨率的摄像机。在拍摄之前，先对拍摄的各个参数进行调整，根据实际拍摄效果确定和锁定最佳的拍摄参数，确保接下来所拍摄的照片效果相同。拍摄时需将无人机悬停在空中旋转拍摄 4 圈，最后将摄像头垂直 90° 拍摄 2 张俯瞰地面的照片。为保证后期的全景拼接能够顺利运行，应保证相邻照片间有 30% ～ 40% 的部分相互覆盖。由于无人机无法拍摄顶部天空的照片，因此需要在地面拍摄 2 张顶部天空的照片，或者使用已经制成的全景天空图片进行后期的拼接。

（2）照片采集。

第一圈：将云台仰角调至 30° ，操控无人机顺时针转动进行照片采集，每旋转 30° 采集一次照片，共采集 12 张照片。第二圈：将云台调至水平，按照第一圈的采集方法采集 12 张照片。第三圈：将云台的俯角调至 30° ，顺时针转动采集照片，每旋转 45° 采集一次照片，共采集 8 张照片。第四圈：将云台俯角调至 60° ，顺时针转动采集照片，每旋转 60° 采集一次照片，共采集 6 张照片。最后，将云台俯角调至 90° ，摄像头垂直对地面采集 2 张照片。如图 4–3–69 所示。

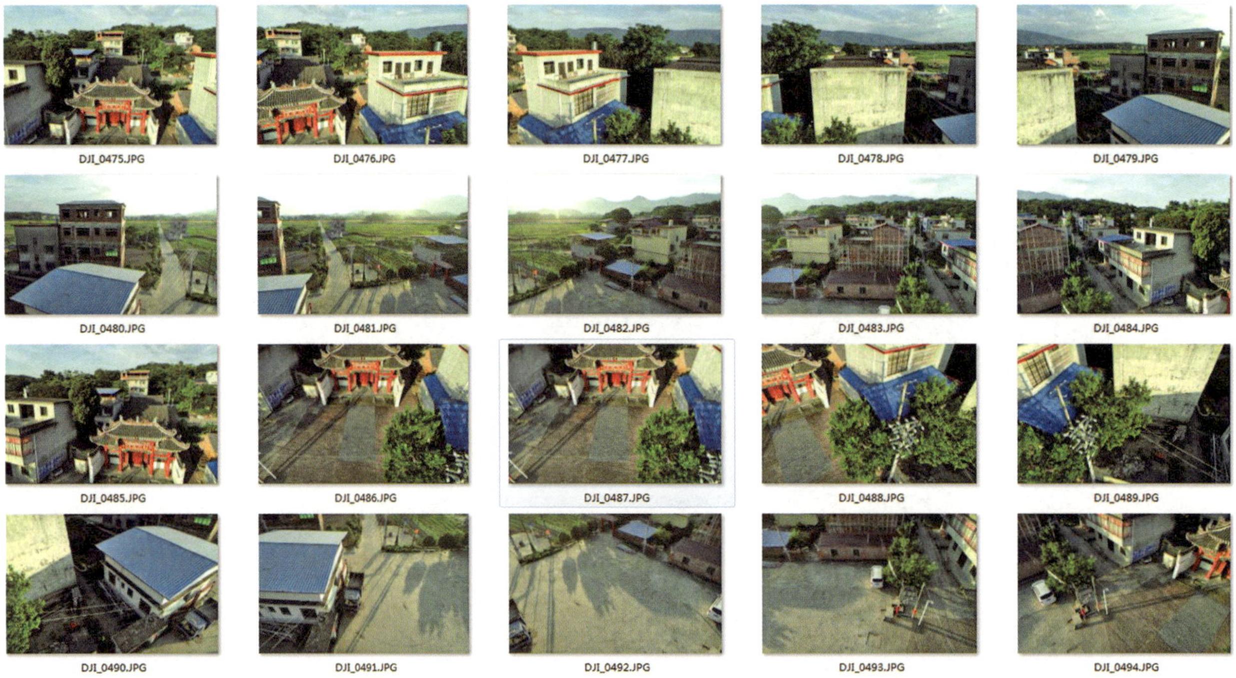

图 4–3–69　燕窝楼空中全景照片（部分）

（二）数据处理

1. 全景拼接

此次实验全景照片的拼接采用操作较为便捷，且能提高图片清晰度的 PTGui 进行拼接。将一个拍摄地点所拍摄的 40 张照片导入软件，该软件会自动配置镜头参数，拼接生成出全景图片。如图 4–3–70 所示。

图 4–3–70　PTGui 全景拼接界面（燕窝楼）

拼接后的全景图片存在的以下几个问题需要逐个进行解决：第一，对于部分图像出现冗余，导致相互重叠、出现色差等问题，技术人员将冗余部分的个别照片删除；第二，对于出现相邻的照片无法自动匹配拼接的情况，技术人员通过寻找相邻照片之间的共同部分，手动添加控制点，再次点击自动匹配以找到更多的控制点使相邻照片得以顺利拼接；第三，对于全景图片中不满意的部分，点击“蒙版”，调用红色的擦除工具擦除掉不满意的部分，擦除以后还需要对其进行重新对准校正；第四，在解决完成上述问题，完善全景图片细节上的瑕疵后，点击创建全景图，以“*.jpg”的格式导出拼接好的全景图片。

2. 基于 Photoshop 的全景图片修补

从 PTGui 导出的全景图片缺失顶部天空部分，需通过 Photoshop 将全景天空图片与 PTGui 制作的全景图片相融合，生成最终的全景图片。首先，将全景图片和全景天空图片导入软件，将全景天空图片的宽度调整至与全景图片一致，按照所示的放置顺序放置两张图片。接着，在全景天空图片的图层上添加白色“蒙版”，然后选中“蒙版”；在左边工具栏选择渐变工具，设置中灰密度的线性渐变，通过鼠标从下往上，由中间向两边逐渐拉伸两张图片的交界处，使两张图片逐渐合为一张图片；拉伸过程中切忌大幅度拉伸，采取多次小幅度拉伸才能融合出较为完美的全景图片。最后，调整图片的饱和度、色相、对比度，使图片更加鲜艳、明亮并导出最终的全景图片。如图 4-3-71 所示。

图 4-3-71　Photoshop 处理后的效果（燕窝楼）

3. 全景上传

将制作好的全景图片上传至 720 云全景网站，该网站可通过微信账号登录。网站的优点在于免费开放，并且可以对全景图片进行编辑。通过 720 云全景网站的编辑界面对上传的全景图片进行编辑。左端为编辑栏，可以设置场景之间相互转换的指示标，转换到任意一个全景图像中，便于随时切换观看不同地点的全景图像，也可以在浏览全景和进入全景的过程中加入音乐，增强全景的展示效果，还可以添加文字内容介绍等。如图 4-3-72 所示。

图 4-3-72 720 云全景网站编辑浏览界面（燕窝楼）

（三）数据成果

1. 全景影像成果

（1）燕窝楼全景如图 4-3-73、图 4-3-74 所示。

图 4-3-73 燕窝楼空中全景

图 4-3-74 燕窝楼地面全景

（2）千家寺红军标语楼全景如图 4-3-75、图 4-3-76 所示。

图 4-3-75 千家寺红军标语楼空中全景

图 4-3-76 千家寺红军标语楼地面全景

（3）惠爱桥全景如图 4–3–77、图 4–3–78 所示。

图 4–3–77　惠爱桥空中全景

图 4–3–78　惠爱桥地面全景

2. 成果质检

全景影像数据采集成果质检见表 4–3–6。

表 4–3–6　成果质检

全景影像	质检内容
1. 燕窝楼 2. 千家寺红军标语楼 3. 惠爱桥	1. 分辨率：影像清晰、无模糊，分辨率≥ 75 dpi 2. 影像色彩：影像色彩均匀、无明显色差 3. 影像格式：影像储存格式 jpg 4. 真实性：影像实景场景拍摄，真实逼真、无虚构 5. 交互性：拼接成果可与 Flash 技术衔接，使用鼠标或键盘可控制环视的方向，进行上下、左右、前后范围的漫游式浏览 6. 全景范围：全景范围涵盖文物本体周边地理环境及内部环境

（四）分析比对

根据研究与实验发现，影响古建筑全景质量的主要因素包括天气、快门速度、ISO、飞行高度等。具体如图 4–3–79 至图 4–3–82 所示。

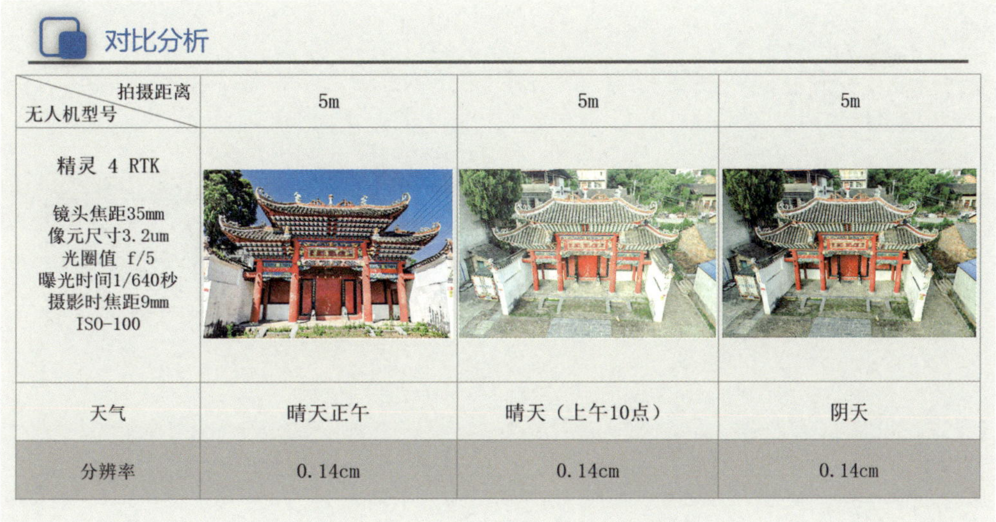

图 4–3–79　不同天气条件下对比图（燕窝楼）

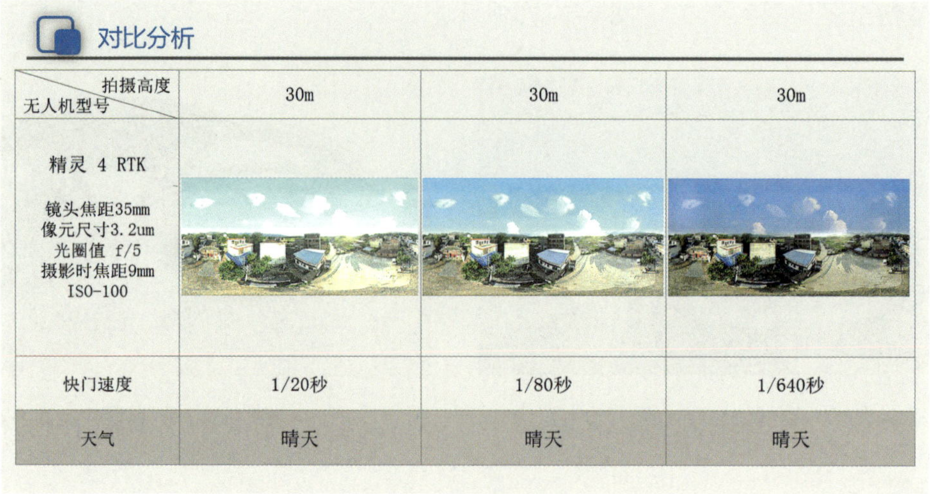

对比分析

拍摄高度 / 无人机型号	30m	30m	30m
精灵 4 RTK 镜头焦距35mm 像元尺寸3.2um 光圈值 f/5 摄影时焦距9mm ISO-100			
快门速度	1/20秒	1/80秒	1/640秒
天气	晴天	晴天	晴天

图 4-3-80　不同快门速度条件下对比图（燕窝楼）

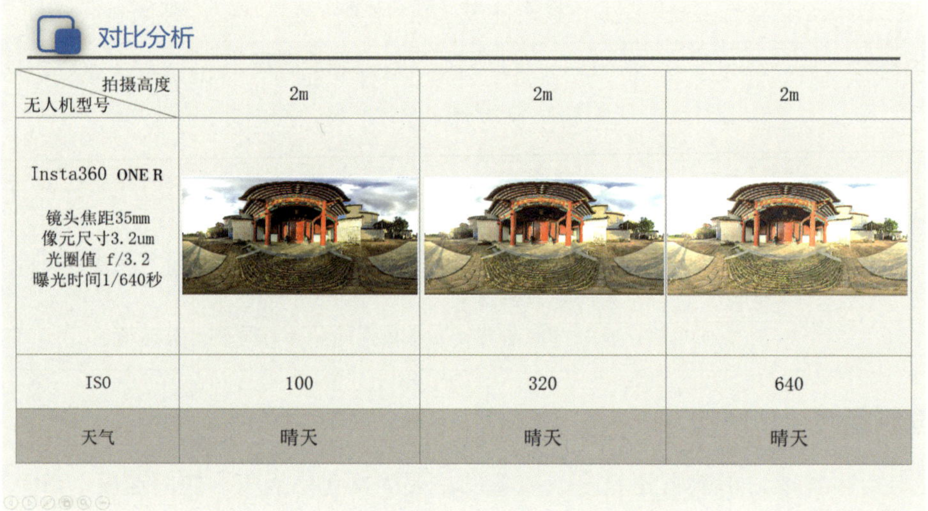

对比分析

拍摄高度 / 无人机型号	2m	2m	2m
Insta360 ONE R 镜头焦距35mm 像元尺寸3.2um 光圈值 f/3.2 曝光时间1/640秒			
ISO	100	320	640
天气	晴天	晴天	晴天

图 4-3-81　不同 ISO 条件下对比图（燕窝楼）

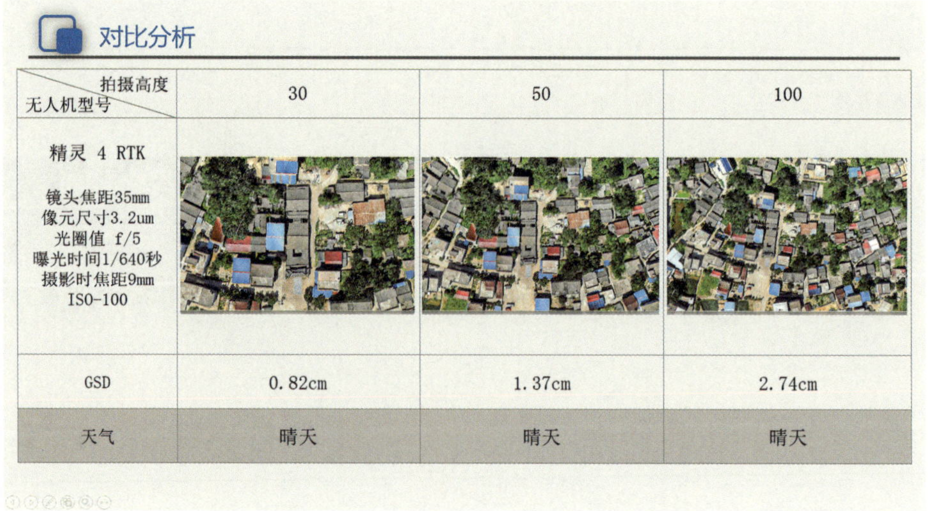

对比分析

拍摄高度 / 无人机型号	30	50	100
精灵 4 RTK 镜头焦距35mm 像元尺寸3.2um 光圈值 f/5 曝光时间1/640秒 摄影时焦距9mm ISO-100			
GSD	0.82cm	1.37cm	2.74cm
天气	晴天	晴天	晴天

图 4-3-82　不同飞行高度条件下对比图（燕窝楼）

（五）小结

全景在不同天气、快门速度、ISO、飞行高度时，全景成像质量虽有所不同，但可以给人以三维立体感的实景 360° 全方位图像，古建筑周边地理信息都完整可见，最大限度地保留场景的真实性，使观者犹如身在其中，能够满足古建筑保护、推广、线上浏览的要求。但牌楼上的梁枋、雕刻、彩绘以及门楼、祠堂细节分辨率不够，仅能满足专家学者对古建筑环境的了解，不便对古建筑进行深入研究。

五、人工三维建模技术

（一）数据采集

人工数据采集主要采用卷尺测量、激光测距仪测量、影像获取数据三种方式。

1. 卷尺测量方式

使用卷尺对文物低处结构进行测量，获取结构尺寸数据。

2. 激光测距仪测量方式

针对文物较高处，无法人工测量的结构，使用激光测距仪进行测量，获取文物结构尺寸数据。

3. 影像获取数据方式

使用佳能数码相机获取文物各结构部位高清影像图。如图 4-3-83、图 4-3-84 所示。

图 4-3-83　惠爱桥影像

图 4-3-84　千家寺红军标语楼影像

（二）数据处理

对获取的文物尺寸、影像等数据，使用 Sketch Up 建模软件构建无纹理三维模型，并进行纹理贴图渲染；最终输出 fbx、obj 等格式的三维实景模型。

（三）数据成果

1. 实景三维模型成果

惠爱桥、千家寺红军标语楼实景三维模型成果如图 4-3-85、图 4-3-86 所示。

图 4-3-85　惠爱桥

图 4-3-86　千家寺红军标语楼

2. 成果质检

人工建模成果质检见表 4-3-7。

表 4-3-7　成果质检

人工建模	质检内容
1. 惠爱桥 2. 千家寺红军标语楼	1. 坐标系：无空间坐标 2. 模型单位：模型比例为 1∶1，单位为米（m） 3. 模型格式：三维模型储存格式 fbx/obj 4. 有效覆盖区域：三维模型覆盖区域不带文物周边地理信息 5. 分辨率：模型纹理分辨率≤ 0.5 cm 6. 精度：模型空间点位相对精度≤ 5 cm 7. 模型纹理：三维模型贴图渲染的纹理失真，细节分辨率高，不规则形状贴图难度大、工作量大

（四）分析比对

根据研究与实验，可以发现，与贴近摄影的结果相比，人工测量结果劣势明显。具体如图 4-3-87 至图 4-3-92 所示。

（1）测量精度。

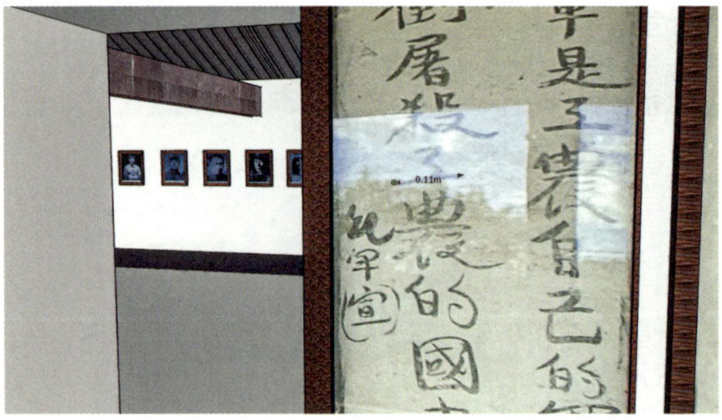

图 4-3-87　千家寺红军标语楼人工模型
（文字尺寸 11 cm）

图 4-3-88　千家寺红军标语楼贴近模型
（文字尺寸 7.06 cm）

（2）贴图质量。

图 4-3-89　惠爱桥人工建模模型

图 4-3-90　惠爱桥贴近摄影模型

（3）规则形状。

图 4-3-91　千家寺红军标语楼人工建模模型

图 4-3-92　千家寺红军标语楼贴近摄影模型

（五）小结

本项目实验使用 Sketch Up 软件构建人工建模生成的实景三维模型，模型主体通过人工测量尺寸、点云数据测量、影像数据生产模型，精度误差大。模型纹理采用人工贴图，易发生纹理失真，且工作量巨大，耗时长，成本高。模型成果与真实地物相差较大，无法满足专家学者对古建筑研究的实际需求。当然，在经费预算充足的情况下，可通过多种建模软件尝试用不同数据源进行人工三维建模。当精度满足研究要求时，可将模型所有结构拆解用于学者研究，也可用于文物展示科普。

六、古建筑采集技术讨论与分析

通过多种技术手段对古建筑类不可移动文物进行研究与实验，我们发现不同技术对古建筑文物本体特征、所处环境、地理信息等多方面的基础数据数字化结果差异不同，优缺点明显。

（1）用倾斜摄影测量技术对古建筑类文物进行数据采集，优点是效率高、成本低，能够反映古建筑周边真实情况等。缺点是内部建模较难，建筑物结构细节模糊等。

（2）用贴近摄影测量技术对古建筑类文物进行数据采集，优点是可以反映古建筑文物结构与纹理真实细节情况，精度可达亚厘米级，内部细节纹理清晰。缺点是受室内柱体等障碍物的干扰较大。

（3）用三维激光扫描技术对古建筑类文物进行数据采集，优点是效率高，非接触式，精度可达毫米级。缺点是精模质量与贴图质量取决于技术人员的熟练程度。

（4）用全景影像技术对古建筑类文物进行数据采集，优点是成本低，真实感强。缺点是只能了解本体与周边环境视角特征，其他信息较难获取等。

（5）用人工三维建模方式对古建筑类文物进行数据采集，模型精度误差大，纹理需后期数码相机采集后，内业贴图，工作量巨大，耗时费力，生产成本高，效率低下，且贴图渲染出的数字三维模型成果纹理容易出现失真。

综合上述分析比对，项目组推荐使用贴近摄影测量技术对古建筑进行三维可视化建模。此技术效率高、成本低，生成的数字三维模型分辨率高、精度高、纹理逼真，既可以满足古建筑周边地理信息采集，也可以满足文物专家们对不同类别古建筑数字化存档、长期研究的要求，且对比其他技术优势明显。在经费充裕的情况下，基础数据保存推荐使用三维激光雷达扫描技术，其数据精度高，可真实还原古建筑相关信息。

第四节　古石刻数据采集技术实验

项目组根据实地调查与对比分析后选取桂林清秀山石刻、桂林骝马山石刻、柳州柳侯祠碑刻作为研究对象。清秀山石刻范围较大，地形地貌复杂，既有洞内石刻，也有洞外石刻，最具代表性。因此，将清秀山石刻作为重点研究对象，作为大部分技术实验的对象，其余两处石刻作为一般研究对象。在进行偏振光技术实验时，考虑到该技术的特殊性，项目组选取的对象是柳州柳侯祠碑刻。

在研究实验的过程中，各石刻需要采集的要素包括周边环境、文物本体的详细信息等。具体需要采集的数据范围包括：（1）清秀山石刻周边环境、所在山体的地形地貌、全洞内洞外结构、石刻细部信息等；（2）骝马山石刻周边环境、所在山体的地形地貌、摩崖内部结构、造像详细信息等；（3）柳侯祠碑刻周边环境、内部布局、重点碑刻的详细信息等。

一、倾斜摄影测量技术分析

（一）数据采集

1. 采集设备

本次数据采集设备选择了大疆精灵 4RTK 无人机航拍测绘系统。

2. 布设像控点

采用地面喷绘油漆作为测量标志，使用华测 RTK，将对中杆对准测量中心位置，待水平气泡居中后，进行控制点测量，保证控制点精度在 2 cm 以内。

根据本次测区的实际情况，外业人员共布设 5 个像控点（1 个作检查点），像控点采用 2000 国家坐标系，中央经度为 111°，高程系统为 1985 国家高程基准。像控点分布如图 4–4–1 所示。

图 4–4–1　像控点分布图（清秀山石刻）

3. 航线规划

针对清秀山测区，技术人员根据实验要求设置航向重叠率和旁向重叠率、镜头倾斜角度、航线高度等不同变量参数来获取原始影像。

4. 采集数据

外业像控点布测完成后，马上进行无人机外业数据采集。无人机起飞前完成检查并确定天气、周围环境符合飞行条件后，上传预先规划好的航线数据，无人机根据航线自动飞行完成任务，整个过程无需人员干预操作。飞行任务完成后，技术人员下载飞行数据、照片、机载 POS 和 GPS 数据，并在现场检查数据质量和完整性。清秀山石刻倾斜摄影原始影像数据采集记录结果见表 4–4–1。

表 4–4–1　清秀山数据采集记录表

项目	条件	记录内容
采集概况	天气	晴天
	风速	微风 1 ～ 2 级
	能见度	较好，无雾霾
设备概况	无人机	大疆精灵 4RTK
	相机型号	FC6310R
	相机像素	有效像素 2000 万
采集参数	重叠度	航向 80%，旁向 80%
	相对航高	80 m
	倾斜角度	−45°
	相机参数	自动调整
	照片比例	3∶2
	分辨率	2.19 cm
	RTK 状态	信号良好

（二）数据处理

外业摄影作业完成后，及时将数据导出，转入大疆智图或 ContextCapture Center 等建模软件进行内业处理。

1. 数据检查

主要检查航摄作业的飞行质量以及所拍摄的影像质量，如实际影像重叠率、像片倾斜角度和像片旋转角度、航线弯曲度、摄取覆盖范围、影像的清晰度、像点位移等。对于检查发现的一些不满足内业规范和作业任务要求的内容，应根据实际情况重新拟定飞行计划对局部区域补飞或重飞。如图 4-4-2 所示。

图 4-4-2　清秀山石刻影像点位图

2. 空三加密

本实验采用光束法区域网联合平差的方法对无人机倾斜摄影测量内业数据进行处理。空三加密成果如图 4-4-3 所示。

图 4-4-3　清秀山石刻空三加密成果图

3. 实景三维模型建立

基于原始影像及空三加密成果，使用大疆智图等内业处理软件生成三维模型数据，成果采用 2000

国家坐标系，中央经度为 111°，高程系统为 1985 国家高程基准，格式为 osgb、obj 等，派生数据为 DOM、DSM（含 DEM）、数字点云等。如图 4-4-4 所示。

图 4-4-4　实景三维模型（清秀山石刻整体）

（三）数据成果

1. 实景三维模型成果

清秀山实景三维模型成果如图 4-4-5、图 4-4-6 所示。

图 4-4-5　清秀山整体

图 4-4-6　清秀山石刻细节

2. 成果质检

清秀山石刻倾斜三维模型数据采集成果质检见表 4-4-2。

表 4-4-2　成果质检

清秀山石刻	质检内容
倾斜三维模型	1. 坐标系：平面基准采用 2000 国家坐标系，高程基准采用 1985 国家高程基准 2. 模型单位：模型比例为 1∶1，单位为米（m） 3. 模型格式：三维模型储存格式 osgb/obj 4. 有效覆盖区域：三维模型覆盖区域带有文物周边地理信息 5. 分辨率：模型纹理分辨率≤ 5 cm 6. 精度：模型空间点位相对精度≤ 5 cm 7. 纹理细节：倾斜摄影三维模型还原了清秀山石刻洞穴外部石刻现状，但是纹理细节模糊不清，洞穴内石刻三维重建失败，无法看清

（四）分析比对

根据研究与实验发现，影响石刻倾斜三维模型摄影测量的主要因素包括飞行高度、重叠率（航向、旁向）、倾斜角度（30°、45°、60°）等。

1. 飞行高度

（1）航线高度 80 m，航向重叠率 80%，旁向重叠率 70%，云台倾斜角度 45° 时，模型分辨率为 2.19 cm，精度误差 1 ~ 5 cm。如图 4-4-7 所示。

图 4-4-7　清秀山石刻三维实景图（H=80 m）

（2）航线高度 100 m，航向重叠率 80%，旁向重叠率 70%，云台倾斜角度 45° 时，模型分辨率为 2.74 cm，精度误差 2 ~ 5 cm。如图 4-4-8 所示。

图 4-4-8　清秀山石刻三维实景图（H=100 m）

（3）航线高度 120 m，航向重叠率 80%，旁向重叠率 70%，云台倾斜角度 45° 时，模型分辨率为 3.29 cm，精度误差 2 ~ 5 cm。如图 4-4-9 所示。

图 4-4-9　清秀山石刻三维实景图（H=120 m）

2. 重叠率

（1）当航线高度 100 m，航向重叠率 40%，旁向重叠率 30%，云台倾斜角度 45° 时，飞行时间 40 分钟，模型分辨率为 2.74 cm，精度误差 1 ～ 5 cm，部分地方建模不完整，出现空洞。如图 4–4–10 所示。

图 4–4–10　清秀山石刻三维实景图（航向重叠率 40%，旁向重叠率 30%）

（2）当航线高度 100 m，航向重叠率 60%，旁向重叠率 50%，云台倾斜角度 45° 时，飞行时间 60 分钟，模型分辨率为 2.74 cm，精度误差 1 ～ 5 cm。如图 4–4–11 所示。

图 4–4–11　清秀山石刻三维实景图（航向重叠率 60%，旁向重叠率 50%）

（3）当航线高度 100 m，航向重叠率 80%，旁向重叠率 80%，云台倾斜角度 45° 时，飞行时间 90 分钟，模型分辨率为 2.74 cm，精度误差 1 ～ 5 cm。如图 4–4–12 所示。

图 4–4–12　清秀山石刻三维实景图（航向重叠率 80%，旁向重叠率 80%）

3. 倾斜角度

（1）当航线高度 100 m，航向重叠率 80%，旁向重叠率 80%，云台倾斜角度 30° 时，飞行时间 95 分钟，模型分辨率为 2.74 cm，精度误差 1 ～ 5 cm。如图 4–4–13 所示。

图 4–4–13　清秀山石刻三维实景图（云台倾斜角度 30° ）

（2）当航线高度 100 m，航向重叠率 80%，旁向重叠率 80%，云台倾斜角度 45° 时，飞行时间 90 分钟，模型分辨率为 2.74 cm，精度误差 1 ～ 5 cm。如图 4–4–14 所示。

图 4–4–14　清秀山石刻三维实景图（云台倾斜角度 45° ）

（3）当航线高度 100 m，航向重叠率 80%，旁向重叠率 80%，云台倾斜角度 60° 时，飞行时间 85 分钟，模型分辨率为 2.74 cm，精度误差 1 ～ 5 cm。如图 4–4–15 所示。

图 4–4–15　清秀山石刻三维实景图（云台倾斜角度 60° ）

（五）小结

无人机倾斜摄影不同飞行高度、重叠率、倾斜角度生成的石刻实景三维模型，周边地理信息都完整可见，精度误差都在 10 cm 以内。飞行高度越低，影像分辨率越高。航向重叠率低于 60%、旁向重叠率低于 50% 时，模型出现空洞。云台倾斜角度不同，模型差异不大。本实验古石刻处在户外环境，树木、石刻等细节都模糊不清，因此倾斜摄影实景三维建模只能满足对石刻周边环境总体范围数据的采集，不能满足文物专家对文物局部细节的研究。

二、贴近摄影测量技术分析

（一）数据采集

1. 采集设备

本次实验数据采集设备选择了大疆精灵 4RTK 无人机航拍测绘系统。

2. 作业难点

（1）作业范围在崖壁及洞穴内部，周边有密集的树木，洞有三门，前后光线变化复杂，起降点在洞穴内部，无 GPS、RTK 信号。如图 4-4-16 所示。

图 4-4-16　清秀山卫星影像图

（2）作业对象在海拔高度 202 m 的清秀岩半山腰及洞穴内部，起降点在洞穴内，飞行器始终处于姿态模式，拍摄后山石刻需经过大量蝙蝠活动的洞穴，石刻周边树枝颇多。

3. 技术路线

依据实际需求生产粗模、细模及数字线划图，如图 4-4-17 所示。

（1）粗模：通过拍摄的低分辨率影像生成的粗略三维模型。

（2）细模：通过粗模获取的初始地理信息、规划贴近飞行航线，智能贴近拍摄和局部区域“手持”近距离补拍的超高分辨率影像，生成的精细化三维模型。

（3）数字线划图：依据需求在已生产模型上进行绘制。

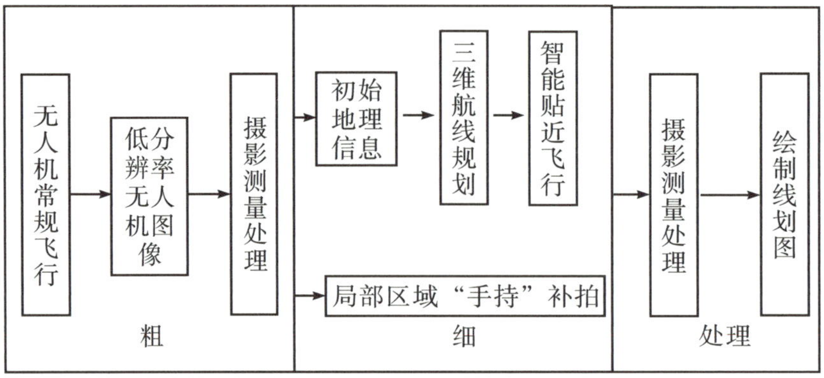

图 4-4-17　技术路线图

4. 外业采集

（1）布设像控点。

以喷绘油漆或特征明显的地面为测量标志，采用华测 RTK，将对中杆对准测量中心位置，待气泡居中后方可测量控制点，保证控制点精度在 2 cm 以内，像控点采用 2000 国家坐标系，中央经度为 111°，高程系统为 1985 国家高程基准。

根据本次测区的实际情况，外业人员共布设 5 个像控点，其中 1 个作为检查点。像控点分布如图 4-4-18 所示。

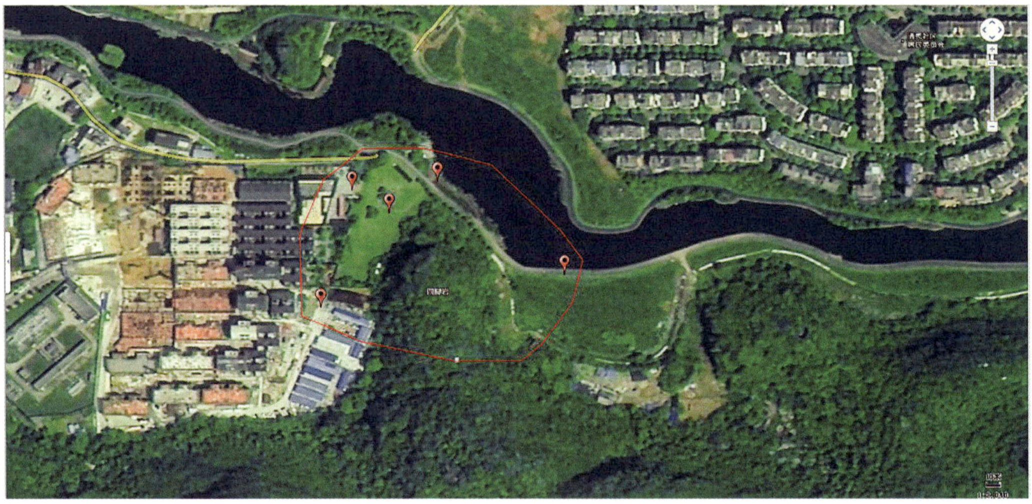

图 4-4-18　像控点分布图（清秀山石刻）

（2）航线规划。

针对清秀山测区，技术人员根据实验要求设置航向重叠率和旁向重叠率、镜头倾斜角度、航线高度等变量参数来获取原始影像。

（3）倾斜摄影。

外业像控点布设完成后，进行外业数据采集。无人机起飞前完成检查并确定天气、周围环境符合飞行条件后，上传预先规划好的航线数据，无人机根据航线自动飞行完成任务，整个过程无需人员干预操作。飞行任务完成后，下载飞行数据、照片、机载 POS 和 GPS 数据，并在现场检查数据质量和完整性。

（4）贴近摄影。

使用精灵 4TRK 无人机贴近拍摄洞穴内部结构、石刻细部特征等。飞行任务完成后，下载飞行数据、照片、机载 POS 和 GPS 数据，并在现场检查数据质量和完整性。、

①山体外部：在无人机处于 RTK 状态并保障飞行安全的前提下，针对山体外的石刻进行贴近摄影，距离由 5 m 到 1 m 循序渐进；然后沿山体外部由前门到后门多航道环绕飞行拍摄。在内外衔接处拍摄时，选择光线相对较好的时间段，通过层层叠加的拍摄方式，使其与“井”字航线拍摄的照片高度重叠。如图 4-4-19 所示。

图 4-4-19　清秀山石刻洞外拍摄轨迹图

②洞内：洞内拍摄时，由于环境等因素，起降需在洞内，无人机会一直处于无卫星无法定位的状态。飞手要具备较高的手动操控能力，首先，使用无人机对洞内有石刻的部分保持 1 m 左右的距离贴近拍摄，渐渐向外部延伸，层层叠加拍摄与外部高度重叠的照片，使其在三维重建时可以与外部相连接；最后，将拍摄好的照片导入专业软件进行初次处理生成模型，观察模型是否有不足之处，如有需进行补拍再次重建，整个过程反反复复，经过多次补拍重建，最终达到最佳的效果。如图 4-4-20 所示。

图 4-4-20　清秀山石刻洞内拍摄轨迹图

（5）数据采集记录。

清秀山石刻贴近摄影原始影像数据采集记录结果见表 4–4–3。

表 4–4–3　清秀山数据采集记录表

项目	条件	记录内容
采集概况	天气	晴天
	风速	微风 1 ～ 2 级
	能见度	较好，无雾霾
设备概况	无人机	大疆精灵 4RTK
	相机型号	FC6310R
	相机像素	有效像素 2000 万
采集参数	重叠率	航向 80%，旁向 80%
	石刻立面距离	约 3 m
	倾斜角度	0° 至 –30° 之间
	相机参数	自动调整（局部手动调整）
	照片比例	3∶2
	分辨率	0.08 cm
	RTK 状态	洞穴外部信号良好，内部无信号

（二）数据处理

外业摄影作业完成后，及时将数据导出，转入 ContextCapture Center 等建模软件进行内业处理。

1. 数据检查

主要检查航摄作业的飞行质量以及所拍摄的影像质量，如实际影像重叠率、像片倾斜角度和旋转角度、航线弯曲度、摄取覆盖范围、影像的清晰度、像点位移等。对检查发现的某些不满足内业规范和作业任务要求的影像，项目组根据实际情况重新拟定飞行计划对局部区域补飞或重飞。具体如图 4–4–21 所示。

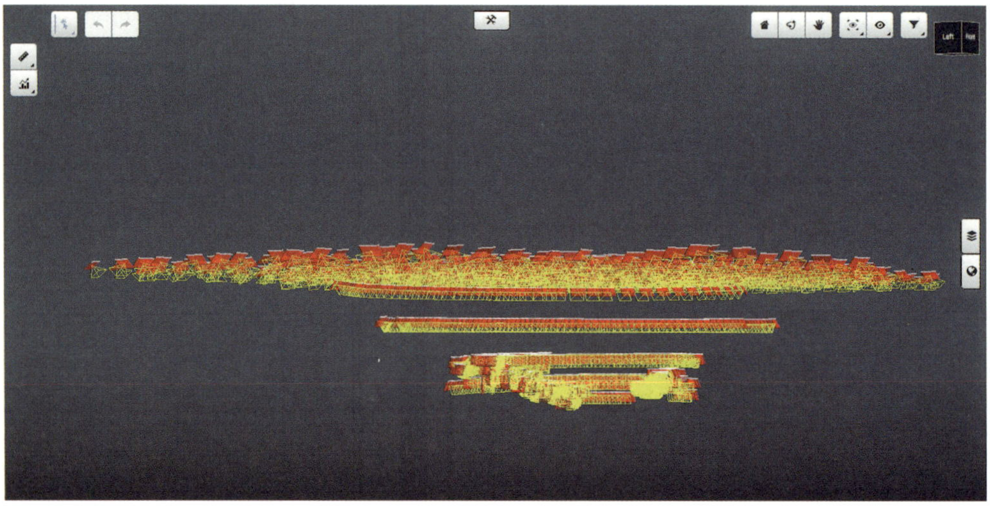

图 4–4–21　清秀山石刻影像点位图

2. 空三加密

本项目实验采用光束法区域网联合平差的方法对无人机倾斜摄影测量内业数据进行处理，即联合平差处理。空三加密成果如图 4-4-22 所示。

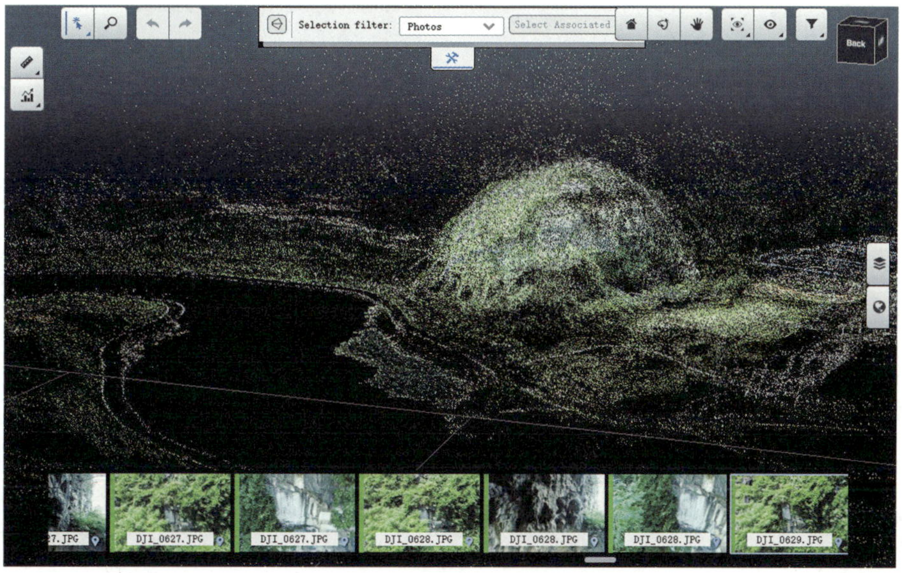

图 4-4-22　清秀山石刻空三加密成果图

3. 精细化三维模型建立

基于原始影像及空三加密成果，使用 ContextCapture Center 等内业处理软件生成三维模型数据，成果采用 2000 国家坐标系，中央经度为 111°，高程系统为 1985 国家高程基准，格式为 osgb、obj 等，派生数据为 DOM、DSM（含 DEM）、数字点云等。如图 4-4-23、图 4-4-24 所示。

图 4-4-23　清秀山整体

图 4-4-24　清秀山内部石刻

（三）数据成果

1. 实景三维模型成果

（1）清秀山石刻如图 4-4-25 至图 4-4-27 所示。

图 4-4-25　清秀山整体

图 4-4-26　清秀山石刻细节尺寸

图 4-4-27　清秀山石刻细节尺寸

（2）骝马山石刻如图 4-4-28、图 4-4-29 所示。

图 4-4-28　骝马山石刻整体

图 4-4-29　骝马山石刻细节尺寸

（3）柳侯祠碑刻如图 4-4-30、图 4-4-31 所示。

图 4-4-30　柳侯祠碑刻

图 4-4-31　柳侯祠碑刻细节尺寸

2. 成果质检

贴近摄影数据采集成果质检见表 4–4–4。

表 4–4–4　成果质检

贴近摄影模型	质检内容
1. 清秀山石刻 2. 骝马山石刻 3. 柳侯祠碑刻	1. 坐标系：平面基准采用 2000 国家坐标系，高程基准采用 1985 国家高程基准 2. 模型单位：模型比例是否为 1∶1，单位为米（m） 3. 模型格式：三维模型储存格式 osgb/obj 4. 有效覆盖区域：三维模型覆盖区域带有文物周边地理信息 5. 分辨率：模型纹理分辨率≤ 5 mm 6. 精度：模型空间点位相对精度≤ 10 mm 7. 纹理细节：贴近摄影三维模型真实有效地还原了古石刻文物本体现状，纹理逼真、细节清晰

（四）分析比对

根据研究与实验发现，影响石刻文物贴近摄影三维建模结果的主要因素包括天气（晴天、阴天）、距离、重叠率等。

1. 天气

当贴近拍摄距离 5 m，航向重叠率 90%，旁向重叠率 90% 时，模型分辨率为 0.14 cm，精度误差 0.2 ～ 0.5 cm。无人机在不同天气作业时对石刻文物贴近摄影模型成果质量影响较大。其中，晴天时，物体的影子较多，影响其建模效果；而在阴天建模的效果更优。如图 4–4–32、图 4–4–33 所示。

图 4–4–32　清秀山石刻（晴天）

图 4–4–33　清秀山石刻（阴天）

2. 距离

（1）当拍摄天气晴天，横向重叠率 90%，纵向重叠率 90% 时，贴近拍摄距离 8 m，模型分辨率为 0.22 cm，精度误差 0.2 ～ 0.5 cm。如图 4–4–34 所示。

图 4-4-34　清秀山石刻（拍摄距离 8 m）

（2）当拍摄天气晴天，横向重叠率 90%，纵向重叠率 90% 时，贴近拍摄距离 5 m，模型分辨率为 0.14 cm，精度误差 0.2 ～ 0.5 cm。如图 4-4-35 所示。

图 4-4-35　清秀山石刻（拍摄距离 5 m）

（3）当拍摄天气晴天，横向重叠率 90%，纵向重叠率 90% 时，贴近拍摄距离 2 m，模型分辨率为 0.05 cm，精度误差 0.1 ～ 0.5 cm。如图 4-4-36 所示。

图 4-4-36　清秀山石刻（拍摄距离 2 m）

3. 重叠率

（1）当拍摄天气晴天，横向重叠率 40%，纵向重叠率 40%，贴近拍摄距离 2 m 时，贴近摄影照片未参与三维重建，模型分辨率差。如图 4-4-37 所示。

图 4-4-37　清秀山洞内石刻（横向重叠率 40%，纵向重叠率 40%）

（2）当拍摄天气晴天，横向重叠率 70%，纵向重叠率 70%，贴近拍摄距离 2 m 时，模型分辨率为 0.05 cm，精度误差 0.1 ～ 0.5 cm。如图 4-4-38 所示。

图 4-4-38　清秀山洞内石刻（横向重叠率 70%，纵向重叠率 70%）

（3）当拍摄天气晴天，横向重叠率 90%，纵向重叠率 90%，贴近拍摄距离 2 m 时，模型分辨率为 0.05 cm，精度误差 0.1 ～ 0.5 cm。如图 4-4-39 所示。

图 4-4-39　清秀山洞内石刻（横向重叠率 90%，纵向重叠率 90%）

（五）小结

无人机贴近摄影生成的石刻文物实景三维模型，其周边地理信息都完整可见，内部细节真实展示，模型精度在厘米级。经验证，贴近摄影阴天作业时模型分辨率更清晰，精度更高，效果更好。贴近摄影测量技术既能满足对文物周边地理信息数据采集的需求，又能满足文物专家们对古石刻文物数字化存档、长期研究的要求。

三、三维激光扫描技术分析

（一）数据采集

1. 任务需求

采用地面搬站式高精度三维激光扫描仪获取骝马山石刻点云数据及周边地理信息，在兼顾精度与效果的需求下，用真彩色点云构建并复刻骝马山石刻整体信息。如图 4-4-40 所示。

图 4-4-40 骝马山石刻卫星图

2. 整体作业方案

使用法如 X330 对骝马山石刻进行多站扫描，每站之间保持一定密度的重叠，再使用 FARO 原厂自带 SCENE 数据处理软件对点云进行拼接、降噪、地理信息配准等。

3. 采集流程

（1）布设检查点，制作地面固定标记并采集坐标数据。

（2）选择合适位置架设仪器（在骝马山石刻空旷位置）。

（3）每站扫描后进行自动拼接，检查拼接精度及效果。

（4）重复搬站直至完成所有扫描任务。

（二）数据处理

（1）将法如 X330 扫描点云导入 SCENE 软件，使用外业采集的控制点坐标对拼接后的整体点云进行地理配准，使之归属到同一坐标系（EPSG 4546），生成并导出融合 RGB 可见光的标准格式 LAS 数据。如图 4-4-41 所示。

图 4-4-41 骝马山石刻点云拼接图

（2）先使用 ContextCapture Center 三维建模软件点云进行处理，输出 obj 格式无纹理模型，再将模型导入 3Ds Max 等软件进行纹理贴图渲染。

（三）数据成果

1. 三维激光扫描成果

（1）点云模型成果如图 4-4-42、图 4-4-43 所示。

图 4-4-42 骝马山石刻真彩色点云

图 4-4-43 骝马山石刻局部真彩色点云

（2）三维模型成果如图 4-4-44、图 4-4-45 所示。

图 4-4-44 骝马山石刻无纹理模型

图 4-4-45 骝马山石刻纹理模型

2. 成果质检

骝马山石刻三维激光扫描模型成果质检见表 4–4–5。

表 4–4–5　成果质检

骝马山石刻	质检内容
点云模型	1. 坐标系：平面基准采用 2000 国家坐标系，高程基准采用 1985 国家高程基准 2. 点云模型单位：点云模型比例为 1∶1，单位为米（m） 3. 点云模型格式：点云模型储存格式 LAS 4. 有效覆盖区域：点云扫描覆盖率≥ 90% 5. 点间距：点云采样间距≤ 2 mm 6. 分组数据拼接重叠率：分组数据拼接重叠率≥ 30% 7. 点云着色：具有真实的 RGB 信息
三维模型	1. 坐标系：平面基准采用 2000 国家坐标系，高程基准采用 1985 国家高程基准 2. 模型单位：模型比例为 1∶1，单位为米（m） 3. 模型格式：三维模型储存格式 fbx/obj 4. 有效覆盖区域：三维模型覆盖区域带文物周边地理信息 5. 分辨率：模型纹理分辨率≤ 2 cm 6. 精度：模型空间点位相对精度≤ 2 mm 7. 模型纹理：骝马山石刻三维模型贴图渲染的纹理局部失真，细节分辨率一般，佛像石刻不规则，贴图难度大、工作量大

（四）分析比对

根据研究与实验发现，影响石刻地面三维激光扫描结果的主要因素包括被测石刻材质与颜色、架站数、扫描分辨率、扫描倾角、扫描距离、架站高度等。

1. 石刻材质与颜色

石刻的颜色、材质和倾斜角度会影响测量精度，深色石刻测量出来的数据偏小，浅色石刻测量出来的数据偏大。

2. 架站数

被扫描位置、扫描距离、架站高度和扫描分辨率相同时，一站和不同角度多站扫描所获取的点云数据有所不同，点云与实测精度误差均在 0.2 ～ 0.5 cm。如图 4–4–46、图 4–4–47 所示。

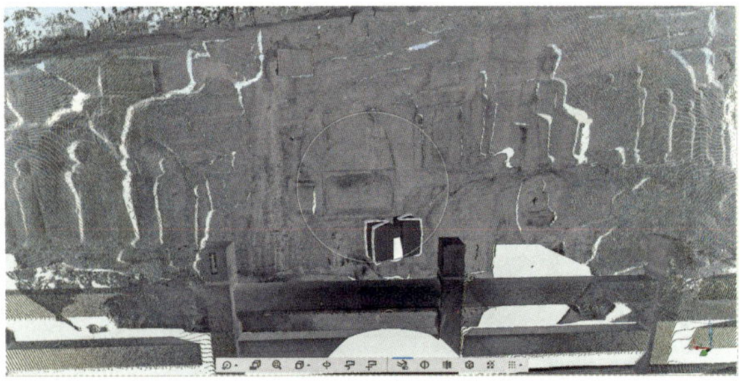

图 4–4–46　骝马山石刻（一站）

图 4–4–47　骝马山石刻（多站）

3. 扫描分辨率

当扫描位置、架站数、架站高度相同时，扫描分辨率越高，点云密度越大，处理时间和成本越高。本次实验在满足项目需求的同时，发现扫描分辨率设为 1/4 时效果最佳。

4. 扫描倾角

线激光发生器发出的激光有一定发散角，倾斜角度的不同，激光扫描线图像的带宽和明暗度也会发生变化。实验发现，在扫描相关参数不变的情况下，仅改变扫描倾角，当倾斜角度为 90° 时，准真值与扫描值的差值最小，点云数量最多。如图 4–4–48、图 4–4–49 所示。

图 4–4–48　骝马山石刻（倾斜角度 90°）

图 4–4–49　骝马山石刻（倾斜角度 45°）

5. 扫描距离

被扫描位置、架站数、架站高度（0.8 m）和扫描分辨率（1/4）相同时，不同扫描距离扫描获取的点云数据结果影响差异不同。当扫描距离增大时，准真值与扫描值的差值越来越大，点云数量逐渐减少，点云与实测尺寸精度误差均在 0.2 ～ 0.5 cm。如图 4–4–50 至图 4–4–52 所示。

图 4–4–50　骝马山（距坐佛 0.8 m）

图 4–4–51　骝马山（距坐佛 1.6 m）

图 4–4–52　骝马山（距坐佛 2.4 m）

6. 架站高度

被扫描位置、架站数、扫描距离和扫描分辨率相同，架站高度不同时扫描获取的点云数据结果影响差异不同，尺寸精度误差均在 0.2 ～ 0.5 cm。如图 4–4–53、图 4–4–54 所示。

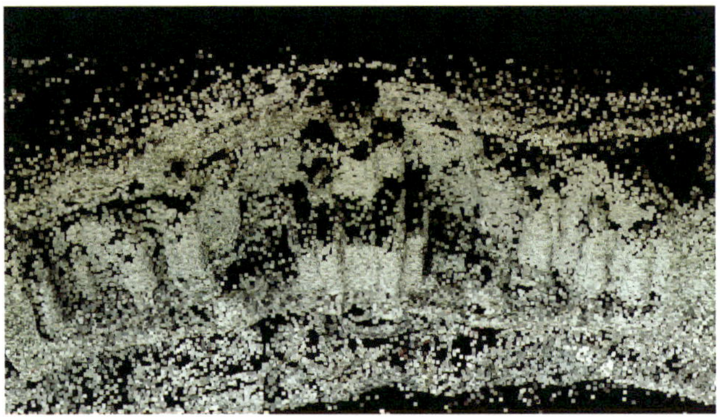

图 4-4-53　骝马山（架站高度 2 m）

图 4-4-54　骝马山（架站高度 5 m）

（五）小结

采用三维激光扫描技术对石刻文物数据采集工作效率高，节省人力、物力。因激光具有精度高、可以穿透植被的特性，可以很好地一次测量获取高精度大面积复杂物体的细节特征。点云成果具有绝对的地理信息参数且精度较高。采集通过非接触式扫描，可以减少人为因素对文物的损坏，更好地保护文物。但现阶段三维扫描设备价格昂贵，数据处理软件专业性强处理难度高。结合数据采集研究内容及采集成本，在对数据精度要求高且费用充足的条件下，可以优先采用三维激光扫描方式对古石刻文物进行数据采集，既能满足文物专家们对古石刻高精度数字化内容存档的需求，也能满足相关学者对文物进行研究的需求。

四、全景影像技术分析

（一）数据采集

包括地面全景和空中全景数据采集。

1. 地面全景数据采集

拍摄制作采用 Insta360 ONE R 双镜头全景相机，操作简单快捷，一键拍摄，自动拼接成像。如图 4-4-55 所示。

图 4-4-55　清秀山石刻全景（内部）

2. 空中全景数据采集

拍摄制作分为以下四个步骤，第一，借助无人机进行全景照片的拍摄；第二，通过 PTGui 对照片进行合成，合成没有顶部天空的全景图片；第三，借助 Photoshop 将全景天空图片与 PTGui 合成的照片拼接形成最终的全景图片；第四，上传至 720 云全景平台，加入建筑物标识、场景切换指示标等。

（1）无人机拍摄。

空中全景拍摄采用大疆精灵 4RTK 四旋翼无人机，搭载 4864 × 3648 分辨率的摄像机。在拍摄之前先对拍摄的各个参数进行调整，根据实际拍摄效果确定和锁定最佳的拍摄参数，确保接下来所拍摄的照片效果相同。拍摄时需将无人机悬停在空中旋转拍摄四圈，最后将摄像头垂直 90° 拍摄 2 张俯瞰地面的照片，为保证后期的全景拼接能够顺利运行，应保证相邻照片间有 30% ～ 40% 的部分相互覆盖。由于无人机无法拍摄顶部天空的照片，因此需要在地面拍摄 2 张顶部天空的照片，或者使用已经制成的全景天空图片进行后期的拼接。

（2）照片采集。

第一圈：将云台仰角调至 30° ，操控无人机顺时针转动进行照片采集，每旋转 30° 采集一次照片，共采集 12 张照片。第二圈：将云台调至水平，按照第一圈的采集方法采集 12 张照片。第三圈：将云台的俯角调至 30° ，顺时针转动采集照片，每旋转 45° 采集一次照片，共采集 8 张照片。第四圈：将云台俯角调至 60° ，顺时针转动采集照片，每旋转 60° 采集一次照片，共采集 6 张照片。最后，将云台调至 90° ，摄像头垂直对地面采集 2 张照片。如图 4-4-56 所示。

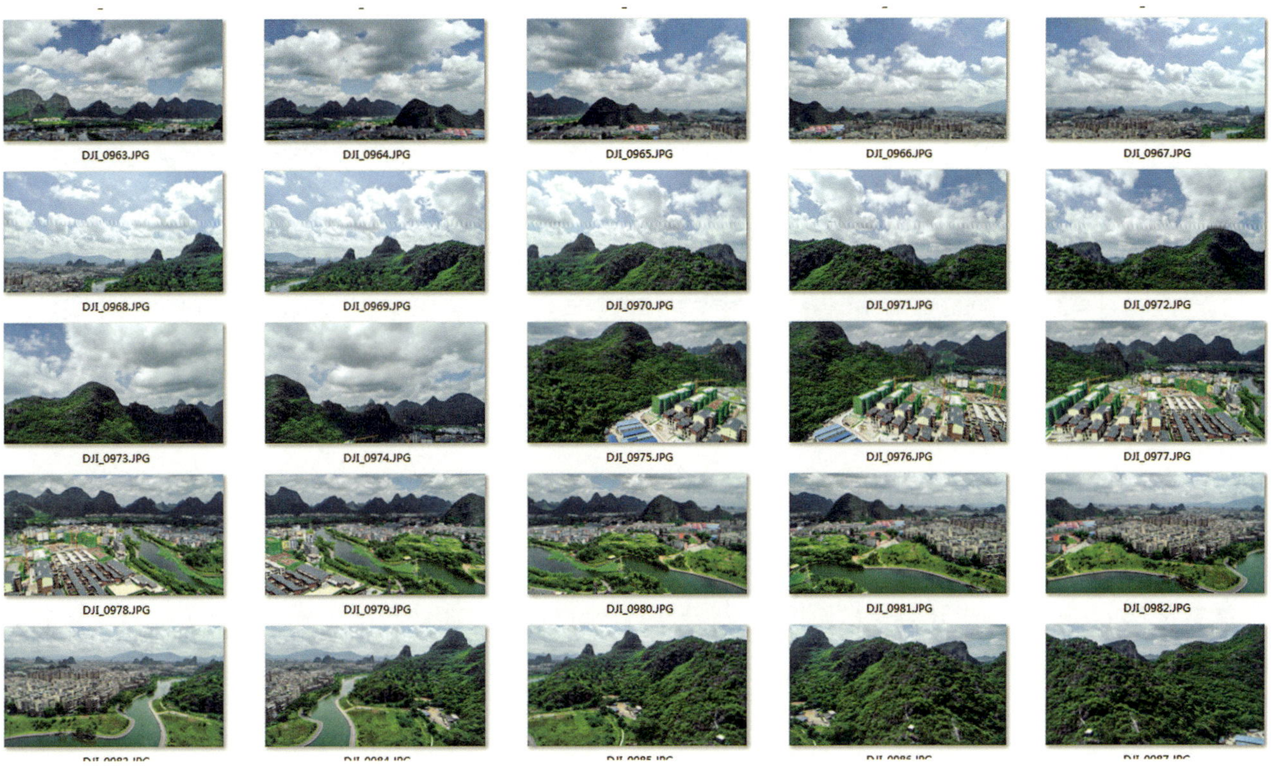

图 4-4-56　清秀山石刻空中全景照片

（二）数据处理

1. 全景拼接

此次全景照片的拼接采用操作较为便捷，且能提高图片清晰度的 PTGui 进行拼接。首先，点击界面左侧“加载图像”，将一个拍摄地点所拍摄的 40 张照片导入软件；然后，点击对准图像，该软件会自动配置镜头参数，拼接生成出全景图片。

对于拼接后的全景图片可能存在以下几个问题需逐个解决：第一，对于部分图像出现冗余，导致相互重叠、出现色差等问题，将冗余部分的个别照片删除；第二，对于出现相邻的照片无法自动匹配拼接的情况，通过寻找相邻照片之间的共同部分，手动添加控制点，再次点击自动匹配以找到更多的控制点使相邻照片得以顺利拼接；第三，对于全景图片中不满意的部分，点击“蒙版”，调用红色的擦除工具擦除不满意部分，擦除以后还需要对其进行重新对准校正；第四，解决完成上述问题，完善全景图片细节上的瑕疵后，点击创建全景图，以“*.jpg”的格式导出拼接好的全景图片。如图 4-4-57 所示。

图 4-4-57　PTGui 全景拼接界面（清秀山石刻）

2. 基于 Photoshop 的全景图片修补

从 PTGui 导出的全景图片缺失顶部天空部分，需通过 Photoshop 将全景天空图片与 PTGui 制作的全景图片相融合，生成最终的全景图片。首先，将全景图片和全景天空图片导入软件，将全景天空图片的宽度调整至与全景图片一致，并按照所示的放置顺序放置两张图片。接着，在全景天空图片的图层上添加白色“蒙版”，并选中“蒙版”；在左边工具栏选择渐变工具，设置中灰密度的线性渐变，通过鼠标从下往上，由中间向两边逐渐拉伸两张图片的交界处，使两张图片逐渐合为一张图片；拉伸过程中切忌大幅度拉伸，采取多次小幅度拉伸才能融合出较为完美的全景图片。最后，调整图片的饱和度、色相、对比度，使图片更加鲜艳、明亮并导出最终的全景图片。如图 4-4-58 所示。

图 4-4-58　Photoshop 补天后的效果（清秀山石刻）

3. 全景上传

将制作好的全景图片上传至 720 云全景网站，该网站可通过微信账号登录。网站的优点在于免费开放，并且可以对全景图片进行编辑。通过 720 云全景网站的编辑界面对上传的全景图片进行编辑。左端为编辑栏，可以设置场景之间相互转换的指示标，转换到任意一个全景图像中，便于随时切换观看不同地点的全景图像，也可以在浏览全景和进入全景的过程中加入音乐，增强全景的展示效果，还可以添加文字内容介绍等。如图 4-4-59 所示。

图 4-4-59　720 云全景网站编辑浏览界面（清秀山石刻）

（三）数据成果

1. 全景影像成果

（1）清秀山石刻全景如图 4-4-60、图 4-4-61 所示。

图 4-4-60　空中全景

图 4-4-61　地面全景

（2）骝马山石刻全景如图 4-4-62、图 4-4-63 所示。

图 4-4-62　空中全景

图 4-4-63　地面全景

（3）柳侯祠碑刻全景如图 4-4-64、图 4-4-65 所示。

图 4-4-64　空中全景

图 4-4-65　地面全景

2. 成果质检

全景影像技术分析成果质检见表 4-4-6。

表 4-4-6　成果质检

全景影像	质检内容
1. 清秀山石刻 2. 骝马山石刻 3. 柳侯祠碑刻	1. 分辨率：影像清晰、无模糊，分辨率≥ 75 dpi 2. 影像色彩：影像色彩均匀、无明显色差 3. 影像格式：影像储存格式 jpg 4. 真实性：影像实景场景拍摄，真实逼真、无虚构 5. 交互性：拼接成果可与 Flash 技术衔接，使用鼠标或键盘可控制环视的方向，进行上下、左右、前后范围的漫游式浏览 6. 全景范围：全景范围涵盖石刻文物本体周边地理环境及内部环境

（四）分析比对

根据研究与实验发现，石刻类文物全景质量的主要影响因素包括天气、快门速度、ISO、飞行高度等。具体如图 4-4-66 至图 4-4-69 所示。

对比分析

拍摄距离 无人机型号	5m	5m	5m
精灵 4 RTK 镜头焦距35mm 像元尺寸3.2um 光圈值 f/5 1/640秒 摄影时焦距9mm ISO-100			
天气	晴天（正午）	晴天（上午10点）	阴天
分辨率	0.14cm	0.14cm	0.14cm

图 4-4-66　不同天气条件下的效果图对比（清秀山石刻）

对比分析

拍摄高度 无人机型号	50m	50m	50m
精灵 4 RTK 镜头焦距35mm 像元尺寸3.2um 光圈值 f/5 摄影时焦距9mm ISO-100			
快门速度	1/20秒	1/80秒	1/640秒
天气	晴天	晴天	晴天

图 4-4-67　不同快门速度条件下的效果图对比（清秀山石刻）

对比分析

拍摄高度 无人机型号	0.5m	0.5m	0.5m
Insta360 ONE R 镜头焦距35mm 像元尺寸3.2um 光圈值 f/3.2 曝光时间1/640秒			
ISO	100	320	640
天气	晴天	晴天	晴天

图 4-4-68　不同 ISO 条件下的效果图对比（清秀山石刻）

图 4-4-69　不同飞行高度条件下的效果图对比（清秀山石刻）

（五）小结

全景在不同天气、快门速度、ISO、飞行高度时，石刻类文物全景成像质量有所不同，可以给人以三维立体感的实景 360° 全方位图像，周边地理信息都完整可见，最大限度地保留场景的真实性，使观者犹如身在其中，能够满足文物保护、推广、线上浏览的要求。但石刻的细节分辨率不够，仅能满足专家学者对石刻类文物周边环境的了解，不便于对石刻类文物进行深入研究。

五、偏振光技术分析

（一）数据采集

拟采用偏振光相机，对柳侯祠碑刻在五种变量参数下进行数据采集，分别为不同距离采集测试、不同角度采集测试、不同光照采集测试、不同凹凸文字采集测试、不同采集模式测试。

1. 不同距离采集测试

衡量偏振影像清晰度的一个重要指标是地面分辨率 GSD。影像的地面分辨率 GSD 与相机像元大小、焦距、相机到目标地物的距离有关。为验证不同采集距离对成像效果的影响，保持其他参数不变，改变拍摄距离，进行采集作业。详情见表 4-4-7。

表 4-4-7　不同距离采集测试参数

类型	内容指标	具体参数
固定参数	采集时间	2021 年 5 月 16 日，10：00～11：00
	采集角度	前方斜 45°
	采集模式	DOLP（线偏振程度）
	天气状况	晴
	光照情况	光照良好，明暗适中
变化参数	采集距离 1	0.5 m
	采集距离 2	1.5 m

2. 不同角度采集测试

偏振相机可以获取经由目标物体反射或折射的光线的偏振程度和角度，不同的拍摄角度获取到的偏振光不同。为验证不同采集角度对成像效果的影响，保持其他参数不变，改变拍摄角度，进行采集作业。详情见表 4–4–8。

表 4–4–8　不同角度采集测试参数

类型	内容指标	具体参数
固定参数	采集时间	2021 年 5 月 16 日，11：00 ~ 12：00
	采集模式	DOLP（线偏振程度）
	天气状况	晴
	光照情况	光照良好，明暗适中
	采集距离	0.5 m
变化参数	采集角度 1	正前方
	采集角度 2	前方 45°

3. 不同光照采集测试

偏振相机可以获取经由目标物体反射或折射的不同偏振方向的偏振光，因此其传感器对光照比较敏感，不同光照强度、角度都会对成像效果产生影响。为验证不同光照条件下成像效果的差异，保持其他参数不变，改变光照条件，进行采集作业。详情见表 4–4–9。

表 4–4–9　不同光照采集测试参数

类型	内容指标	具体参数
固定参数	采集模式	DOLP（线偏振程度）
	采集角度	前方 45°
	采集距离	0.5 m
	天气状况	晴
变化参数	上午 10 点光照	光照良好，清晰明亮
	下午 6 点光照	光线较暗

4. 不同凹凸文字采集测试

不同碑刻的碑文大小、文字凹凸度都不同。为验证不同凹凸度的文字在偏振成像中的效果差异，保持其他参数不变，对文字凹凸度不同的碑刻进行采集，对照分析。详情见表 4–4–10。

表 4-4-10　不同凹凸文字采集测试参数

类型	内容指标	具体参数
固定参数	采集模式	DOLP（线偏振程度）
	采集角度	前方 45°
	采集距离	0.5 m
	天气状况	晴
	采集时间	上午 11 点
	光照情况	光照良好，清晰明亮
变化参数	碑刻 1	文字凹凸度深
	碑刻 2	文字凹凸度浅

5. 不同采集模式测试

偏振相机控制软件 Arena 为原厂自带，该软件具有调节相机运行参数，控制相机完成触发、采集、传输等基本功能，自带多种采集模式，有黑白原始偏振影像、线偏振角度（AOLP）显示模式、线偏振程度（DOLP）以及混合显示模式等，还可外接第三方软件按需获得更适合的增强显示效果。为验证不同采集模式下成像效果的差异，保持其他参数不变，改变采集模式，进行采集作业。详情见表 4-4-11。

表 4-4-11　不同采集模式测试参数

类型	内容指标	具体参数
固定参数	采集时间	2021 年 5 月 16 日，11：00～12：00
	采集角度	前方斜 45°
	天气状况	晴
	光照情况	光照良好，明暗适中
	采集距离	0.5 m
变化参数	采集模式 1	PolarizeMono
	采集模式 2	PolarizedAolp_Mono
	采集模式 3	PolarizedDolp_Mono
	采集模式 4	PolarizedDolpAolp_Mono

（二）数据处理

采集到的影像全部进行影像去噪：采用高斯滤波法、中值滤波法对图像进行处理。

中值滤波法是非线性平滑技术，它将每一像素点的灰度值设置为该点某邻域窗口内的所有像素点灰度值的中值。①

高斯滤波是一种线性平滑滤波，每一个像素点的值，都由其本身和邻域内的其他像素值经过加权

① 朱慧．圆柱形锂电池端面缺陷检测方法研究［D］．沈阳：沈阳工业大学，2019.

平均后得到①。

（三）数据成果

1. 不同距离采集测试成果

不同距离采集测试成果如图 4-4-70、图 4-4-71 所示。

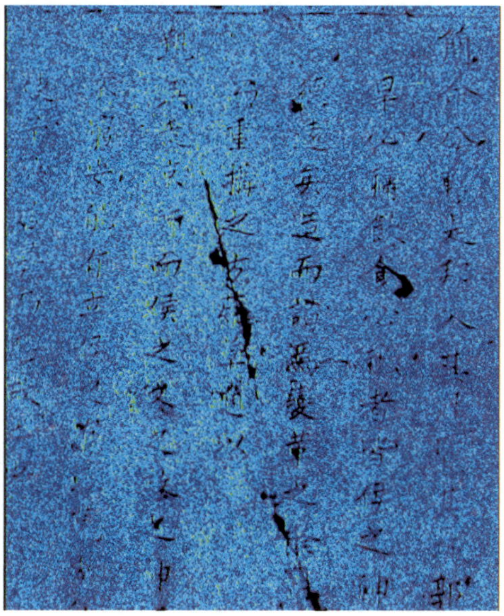

图 4-4-70 1.5 m 距离

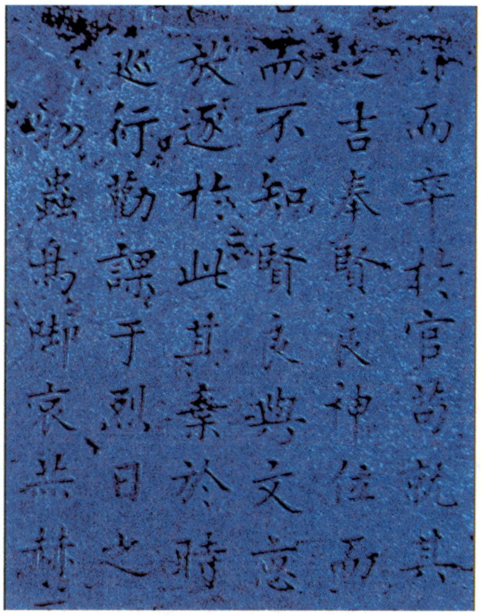

图 4-4-71 0.5 m 距离

2. 不同角度采集测试成果

不同角度采集测试成果如图 4-4-72、图 4-4-73 所示。

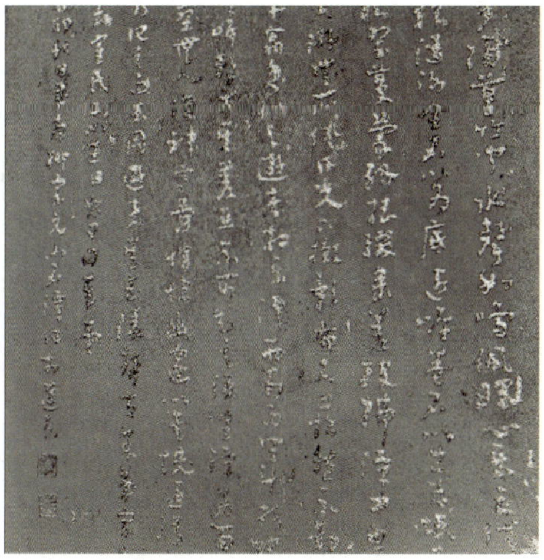

图 4-4-72 正前方拍摄

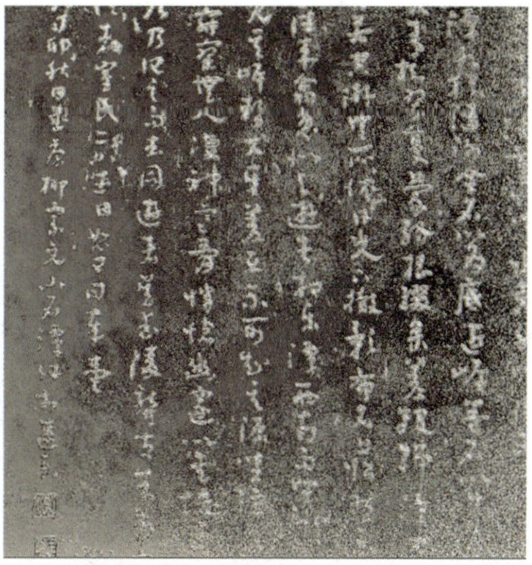

图 4-4-73 45° 角拍摄

① 赵树新．基于 Zynq-7000 的星图识别系统的设计与实现［D］．北京：北京工业大学，2016.

3. 不同光照采集测试成果

不同光照采集测试成果如图 4–4–74、图 4–4–75 所示。

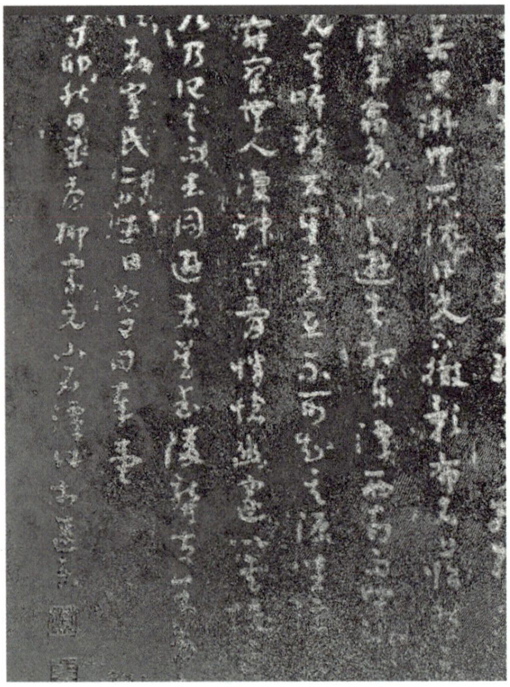

图 4–4–74　正常光照

图 4–4–75　暗光、低进光量

4. 不同凹凸文字采集测试成果

不同凹凸文字采集测试成果如图 4–4–76、图 4–4–77 所示。

图 4–4–76　深度碑刻文字

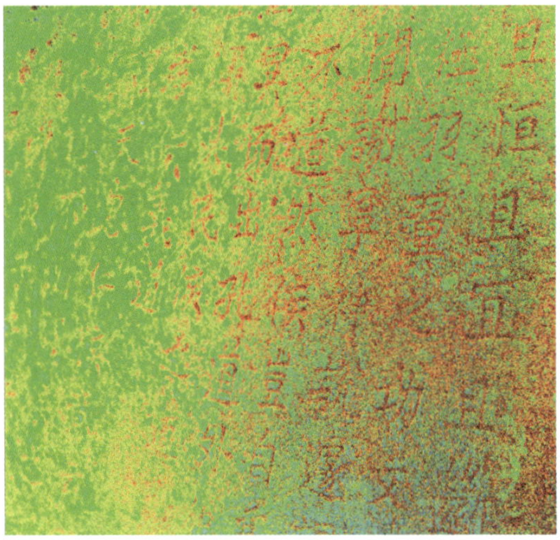

图 4–4–77　浅度碑刻文字

5. 不同采集模式测试成果

不同采集模式测试成果如图 4-4-78 至图 4-4-81 所示。

图 4-4-78　PolarizedDolpAolp_Mono

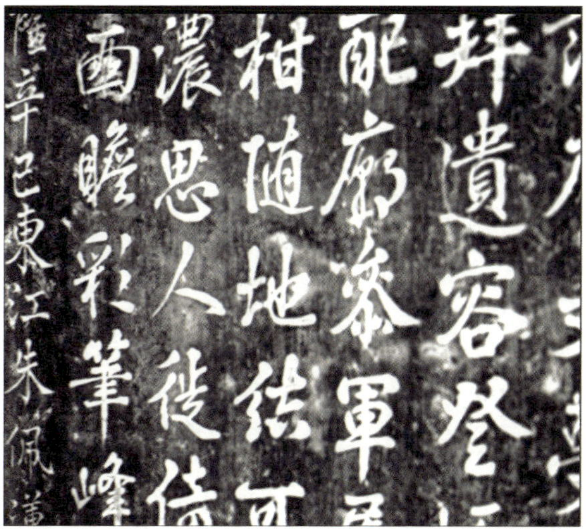

图 4-4-79　PolarizeMono

图 4-4-80　PolarizedDolp_Mono

图 4-4-81　PolarizedAolp_Mono

（四）分析比对

1. 不同距离采集测试

Lucid TRI050S-PC 偏振相机像素大小为 500 万。通过对比分析发现，受制于相机像素大小，相对距离大于 1.5 m 时，成像效果不佳，字体较小或凹凸程度较小的文字较难辨认出来；拍照距离小于 1 m，尤其是在 0.5 m 时，效果最佳，文字线条清晰，容易识别。

2. 不同角度采集测试

通过对比分析得出结论：偏振相机可以获取经由目标物体反射或折射的光线的偏振程度和角度，当在正前方拍摄时，碑文与碑面反射光线偏振角差异不大，难以对碑文区分识别。经过适当倾斜，偏振相机获取到分别经过有凹陷的碑文与相对平整碑面的光线，偏振角差别较大。通过将偏振角映射至彩色色轮，将碑面与碑文赋予不同色彩，增强碑文识别效果。经实测，适当倾斜拍摄，可以提高成像效果，一般倾斜 45° 时，效果最佳，文字识别更清晰。

3. 不同光照采集测试

经过测试发现，暗光环境下，成像效果不佳，画面较暗，碑文和碑面色彩差异不明显，碑文识别较困难；亮度过高时，画面呈现为一片雪白，无法识别物体，通过旋调光圈控制进光量，可使画面明暗适中；亮度过低时，除 PolarizedAolp_Mono8 模式受影响较小外，其他模式拍照均效果不佳。

此外，逆光拍摄时，相机成像效果一般，通过调整光源位置、角度或放置遮光板可以提高拍摄效果。

4. 不同凹凸文字采集测试

碑刻文字凹凸度对成像效果影响较大，凹凸度较大的，无论何种拍照模式，成像效果都不差；凹凸度较小的，偏振原始影像成像效果一般，通过线偏振程度模式，可使影像效果增强，提高文字识别能力。

5. 不同采集模式测试

经测试发现，AOLP 和 DOLP 模式对碑刻文字识别均有提升效果，AOLP 和 DOLP 采集模式，利用 HSV 颜色空间显示单个图像的线性偏振角和线性偏振度。在这种模式下，非偏振光将显示为白色，更强的偏振光将显示为彩色。

（五）小结

经多次基础数据实验采集，并对结果进行分析后，我们认为，偏振光对一般碑刻文字有一定增强显示的效果。在室内或室外光照柔和，且拍摄距离在 0.5 ～ 1 m 时效果最佳，同时适当调整拍摄角度（如倾斜 45° 拍摄）也有助于提高成像效果。但对于模糊程度较高的文字，几乎没有增强识别的效果。由于偏振光设备的局限性，后续若采用高分辨率、高帧率、高性能的偏振相机，配合相机三角支架、移动平行光源等配件，搭配具备分段线性拉伸、小波变换、直方图均衡化、伪彩色显示、图像融合等功能的第三方软件，也许能提高增强识别的效果。

六、古石刻采集技术讨论与分析

通过多种技术手段对古石刻类不可移动文物进行研究与实验，我们发现不同技术对古石刻文物本体特征、所处环境、地理信息等多方面的基础数据数字化结果差异不同，优缺点明显。

（1）运用倾斜摄影测量技术对古石刻类不可移动文物进行数据采集的优点是效率高、成本低、非接触式，可以反映文物周边真实情况、尺寸信息、顶部纹理，面积可控。缺点是无法实现文物内部建模，地物细节纹理模糊，局部结构扭曲且精度只能到分米级等。

（2）运用贴近摄影测量技术对古石刻类不可移动文物进行数据采集的优点是效率高、成本低、非接触式，可以反映文物周边及文物内部结构与纹理真实情况，精度可达厘米级，内部细节纹理清晰，采集数据量较小，可实现网络发布。缺点是对于移动物体或者特征点较少的地物体模型效果一般。

（3）运用三维激光扫描技术对古石刻类不可移动文物进行数据采集的优点是效率高、非接触式、数字化程度高、扩展性强，可以反映文物真实地理信息，精度可达毫米级，对于文物研究具有重要价值。缺点是内业处理专业性强，设备价格较为昂贵。

（4）运用全景影像技术对古石刻类不可移动文物进行数据采集的优点是效率高、成本低、真实感强，有较好的交互性，不需要单独的插件，可以进行上下、左右、前后范围的漫游式浏览等。缺点是无法测量文物的尺寸信息、距离较远分辨率差，容易产生视角死角等。

（5）运用偏振光技术对古石刻类不可移动文物进行数据采集的专业性极强，适用设备较少，在文物保护方面仅处于科研阶段。相关理论研究表明偏振光对石刻有增强作用，但由于现阶段多元局限性，推荐仅作为科研用途。

综合上述分析比对，项目组推荐使用贴近摄影测量技术对古石刻类不可移动文物进行数据采集。此技术具有效率高、成本低，生成的数字三维模型分辨率高、精度高、纹理逼真，既可以满足文物周边地理信息采集，又可以满足文物专家们对不同类别的不可移动文物数字化存档、长期研究的要求。

第五节　古壁画数据采集技术实验

广西的古代壁画数量多，类型丰富，既有野外岩壁上的岩画，也有古建筑上的室内壁画，在全国占有十分重要的地位，尤其左江花山岩画是目前我国唯一一处岩画类世界文化遗产，其价值不言而喻。项目组经过比对分析后，选取左江花山岩画中的沉香角岩画、朝船头岩画、棉江花山岩画三处岩画作为研究对象。其中，沉香角岩画山体高，岩画数量多，岩画图像齐全，在所有岩画中具有很强的代表性。因此，项目组将沉香角岩画作为重点研究对象实验大部分采集技术，而将其余两处岩画作为一般研究对象进行部分技术实验。在做高光谱技术相关实验时，选取了宁明的花山岩画作为研究对象以方便架设仪器。采集信息包括岩画周边环境、岩画所在山体、岩画画面内容等详细信息。

一、倾斜摄影测量技术分析

（一）数据采集

1. 采集设备

本次数据采集设备选择了大疆精灵 4RTK 无人机航拍测绘系统。

2. 测区卫星图

棉江岩画卫星图如图 4-5-1 所示。

图 4-5-1 棉江岩画卫星图

3. 航线规划

针对棉江岩画测区，设置航向重叠率和旁向重叠率、镜头倾斜角度、航线高度获取原始影像。

4. 采集数据

使用具有 RTK 定位模块的无人机，在起飞前完成检查并确定天气、周围环境符合飞行条件后，上传预先规划好的航线数据，无人机根据航线自动飞行完成任务，整个过程无需人员干预操作。飞行任务完成后，下载飞行数据、照片、机载 POS 和 GPS 数据，并在现场检查数据质量和完整性。棉江岩画倾斜摄影原始影像数据采集记录见表 4-5-1。

表 4-5-1 棉江岩画数据采集记录表

项目	条件	记录内容
采集概况	天气	阴天
	风速	微风 1 ～ 2 级
	能见度	较好，无雾霾
设备概况	无人机	大疆精灵 4RTK
	相机型号	FC6310R
	相机像素	有效像素 2000 万
采集参数	重叠率	航向 80%，旁向 80%
	相对航高	300 m
	倾斜角度	-45°
	相机参数	自动调整
	照片比例	3 : 2
	分辨率	8.22 cm
	分辨率	1.37 cm
	RTK 状态	信号良好

（二）数据处理

外业摄影作业完成后，及时将数据导出，转入大疆智图或 ContextCapture Center 等建模软件进行内业处理。

1. 数据检查

主要检查航摄作业的飞行质量以及所拍摄的影像质量，如实际影像重叠率、像片倾斜角度和旋转角度、航线弯曲度、摄取覆盖范围、影像的清晰度、像点位移等。对于检查发现的一些不满足内业规范和作业任务要求的内容，均根据实际情况重新拟定飞行计划对局部区域补飞或重飞。如图 4-5-2 所示。

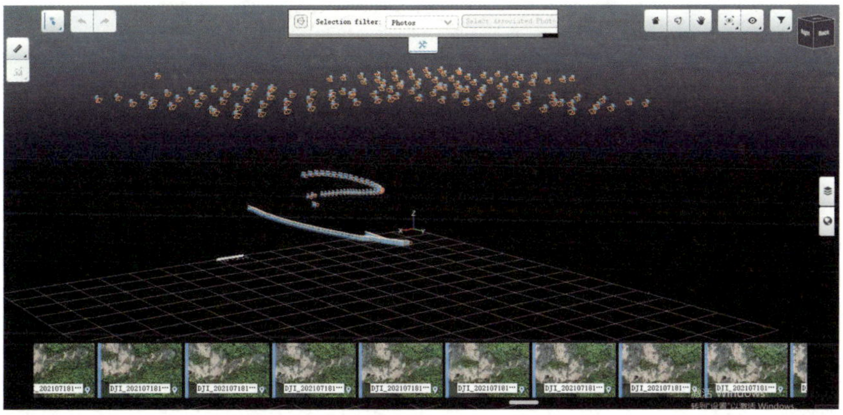

图 4-5-2　影像点位图（棉江岩画）

2. 空三加密

本项目在内业数据处理过程中，采用光束法区域网联合平差的方法。空三加密成果如图 4-5-3 所示。

图 4-5-3　空三加密成果图（棉江岩画）

3. 实景三维模型建立

基于原始影像及空三加密成果，即可使用大疆智图等内业处理软件生成三维模型数据，成果采用 2000 国家坐标系，中央经度为 111°，高程系统为 1985 国家高程基准，格式为 osgb、obj 等，派生数据为 DOM、DSM（含 DEM）、数字点云等。如图 4-5-4 所示。

图 4-5-4　实景三维模型（棉江岩画）

（三）数据成果

1. 实景三维模型成果

棉江岩画实景三维模型成果如图 4-5-5、图 4-5-6 所示。

图 4-5-5　棉江岩画岩体

图 4-5-6　棉江岩画细节

2. 成果质检

倾斜摄影技术分析成果质检见表 4-5-2。

表 4-5-2　成果质检

棉江岩画	质检内容
倾斜三维模型	1. 坐标系：平面基准采用 2000 国家坐标系，高程基准采用 1985 国家高程基准 2. 模型单位：模型比例为 1∶1，单位为米（m） 3. 模型格式：三维模型储存格式 osgb/obj 4. 有效覆盖区域：三维模型覆盖区域带有文物周边地理信息 5. 分辨率：模型纹理分辨率≤ 5 cm 6. 精度：模型空间点位相对精度≤ 5 cm 7. 纹理细节：倾斜摄影三维模型还原了棉江岩上的岩画现状，但是纹理细节模糊、不清晰

（四）分析比对

根据研究与实验发现，影响倾斜三维摄影测量的主要因素包括飞行高度、重叠率（航向、旁向）、倾斜角度（30° 、45° 、60° ）等。

1. 飞行高度

（1）航线高度 200 m，航向重叠率 80%，旁向重叠率 70%，云台倾斜角度 45° 时，模型分辨率为 7.75 cm，精度误差 1 ～ 5 cm。如图 4–5–7 所示。

图 4–5–7　棉江花山岩画三维实景图（H=200 m）

（2）航线高度 300 m，航向重叠率 80%，旁向重叠率 70%，云台倾斜角度 45° 时，模型分辨率为 8.22 cm，精度误差 2 ～ 5 cm。如图 4–5–8 所示。

图 4–5–8　棉江花山岩画三维实景图（H=300 m）

（3）航线高度 350 m，航向重叠率 80%，旁向重叠率 70%，云台倾斜角度 45° 时，模型分辨率为 9.59 cm，精度误差 2 ～ 5 cm。如图 4–5–9 所示。

图 4–5–9　棉江花山岩画三维实景图（H=350 m）

2. 重叠率

（1）当航线高度 300 m，航向重叠率 40%，旁向重叠率 30%，云台倾斜角度 45° 时，飞行时间 40 分钟，模型分辨率为 8.22 cm，精度误差 1 ～ 5 cm，部分地方建模不完整，出现空洞。如图 4-5-10 所示。

图 4-5-10　棉江花山岩画三维实景图（航向重叠率 40%，旁向重叠率 30%）

（2）当航线高度 300 m，航向重叠率 60%，旁向重叠率 50%，云台倾斜角度 45° 时，飞行时间 60 分钟，模型分辨率为 8.22 cm，精度误差 1 ～ 5 cm。如图 4-5-11 所示。

图 4-5-11　棉江花山岩画三维实景图（航向重叠率 60%，旁向重叠率 50%）

（3）当航线高度 300 m，航向重叠率 80%，旁向重叠率 80%，云台倾斜角度 45° 时，飞行时间 90 分钟，模型分辨率为 8.22 cm，精度误差 1 ～ 5 cm。如图 4-5-12 所示。

图 4-5-12　棉江花山岩画三维实景图（航向重叠率 80%，旁向重叠率 80%）

3. 倾斜角度

（1）当航线高度 300 m，航向重叠率 80%，旁向重叠率 80%，云台倾斜角度 30° 时，飞行时间 95 分钟，模型分辨率为 8.22 cm，精度误差 1 ～ 5 cm。如图 4–5–13 所示。

图 4–5–13　棉江花山岩画三维实景图（云台倾斜角度 30°）

（2）当航线高度 300 m，航向重叠率 80%，旁向重叠率 80%，云台倾斜角度 45° 时，飞行时间 90 分钟，模型分辨率为 8.22 cm，精度误差 1 ～ 5 cm。如图 4–5–14 所示。

图 4–5–14　棉江花山岩画三维实景图（云台倾斜角度 45°）

（3）当航线高度 300 m，航向重叠率 80%，旁向重叠率 80%，云台倾斜角度 60° 时，飞行时间 85 分钟，模型分辨率为 8.22 cm，精度误差 1 ～ 5 cm。如图 4–5–15 所示。

图 4–5–15　棉江花山岩画三维实景图（云台倾斜角度 60°）

（五）小结

无人机倾斜摄影不同飞行高度、重叠率、倾斜角度生成的岩画实景三维模型，周边地理信息都完整可见，精度误差都在 10 cm 以内。飞行高度越低时，影像分辨率越高，航向重叠率低于 60%、旁向重叠率低于 50% 时，模型出现空洞。云台倾斜角度不同模型差异不大，本实验古岩画在户外岩体上，岩画、岩体、树木等细节都模糊不清。因此，倾斜摄影实景三维建模只能满足对文物及周边环境总体范围数据的采集，不能满足文物专家对文物局部细节的研究。

二、贴近摄影测量技术分析

（一）数据采集

1. 采集设备

本次数据采集实验设备选择了大疆 M300RTK+P1 无人机航拍测绘系统。

2. 作业难点

（1）作业范围在临水岩体上，早中晚光线变化复杂，GPS、RTK 信号差。

（2）作业对象面积大，岩体较高呈弧形，壁画分散。如图 4-5-16 所示。

图 4-5-16　沉香角卫星影像图

3. 技术路线

依据实际需求生产粗模、细模及数字线划图，如图 4-5-17 所示。

（1）粗模：通过拍摄的低分辨率影像生成的粗略三维模型。

（2）细模：通过粗模获取的初始地理信息、规划贴近飞行航线，智能贴近拍摄和局部区域“手持”近距离补拍的超高分辨率影像，生成的精细化三维模型。

（3）数字线划图：依据需求在已生产模型上进行绘制。

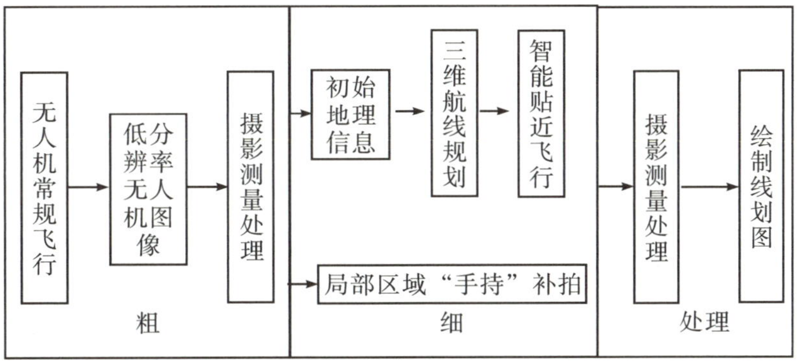

图 4-5-17　技术路线图

4. 外业采集

（1）粗模采集。

无人机起飞前完成检查并确定天气、周围环境符合飞行条件后，手动飞行拍摄，飞行任务完成后，下载飞行数据、照片、机载 POS 和 GPS 数据，导入大疆智图软件建立粗模。如图 4-5-18 所示。

图 4-5-18　粗模（沉香角）

（2）精细航线规划（软件：WPM 航迹大师）。

针对沉香角测区，技术人员根据实验要求设置航向重叠率和旁向重叠率、镜头倾斜角度、航线高度、立面距离等不同的变量参数来获取原始影像。如图 4-5-19 所示。

图 4-5-19　贴近摄影航线规划图

（3）贴近摄影。

根据资料记载，先在粗模上标绘出岩画在岩体所在的位置，然后在保障飞行安全的前提下，使用大疆 M300RTK 无人机距离岩画立面 8 m 左右拍摄，飞行完成后，下载飞行数据、照片、机载 POS 和 GPS 数据，并在现场检查数据质量和完整性。如图 4-5-20 所示。

图 4-5-20　无人机贴近拍摄现场作业图（沉香角）

（4）数据采集记录。

沉香角岩画贴近摄影原始影像数据采集记录见表 4-5-3。

表 4-5-3　沉香角岩画数据采集记录表

项目	条件	记录内容
采集概况	天气	阴天
	风速	微风 1 ～ 2 级
	能见度	较好，无雾霾
设备概况	无人机	大疆经纬 M300RTK
	相机型号	大疆 ZenmuseP1 全画幅相机（焦距 35 mm）
	相机像素	有效像素 4500 万
采集参数	重叠率	航向 80%，旁向 80%
	岩画立面距离	约 8 m
	倾斜角度	-5°
	相机参数	光圈值 f/5.6，曝光值 1/1000，ISO 速度：ISO-640
	照片比例	3∶2
	分辨率	0.1 cm
	RTK 状态	信号良好

（二）数据处理

外业摄影作业完成后，及时将数据导出，转入大疆智图或 ContextCapture Center 等建模软件进行内业处理。

1. 数据检查

主要检查航摄作业的飞行质量以及所拍摄的影像质量，如实际影像重叠率、像片倾斜角度和旋转角度、航线弯曲度、摄取覆盖范围、影像的清晰度、像点位移等。对于检查发现的一些不满足内业规范和作业任务要求的内容，技术人员根据实际情况重新拟定飞行计划对局部区域补飞或重飞。具体拍摄如图 4–5–21 所示。

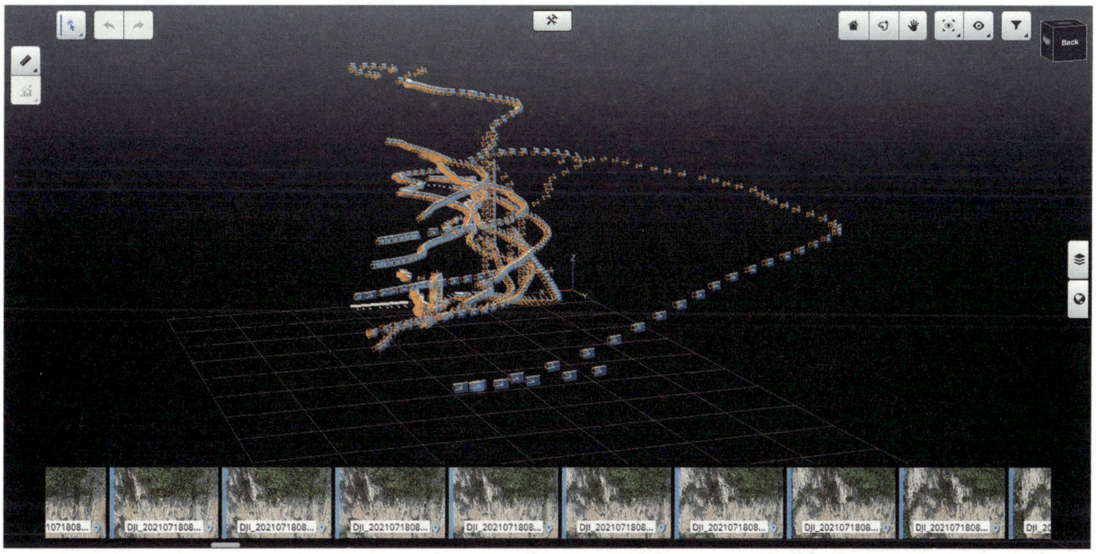

图 4–5–21　影像点位图（沉香角）

2. 空三加密

采用光束法区域网联合平差的方法对无人机贴近摄影测量内业数据进行处理。空三加密成果如图 4–5–22 所示。

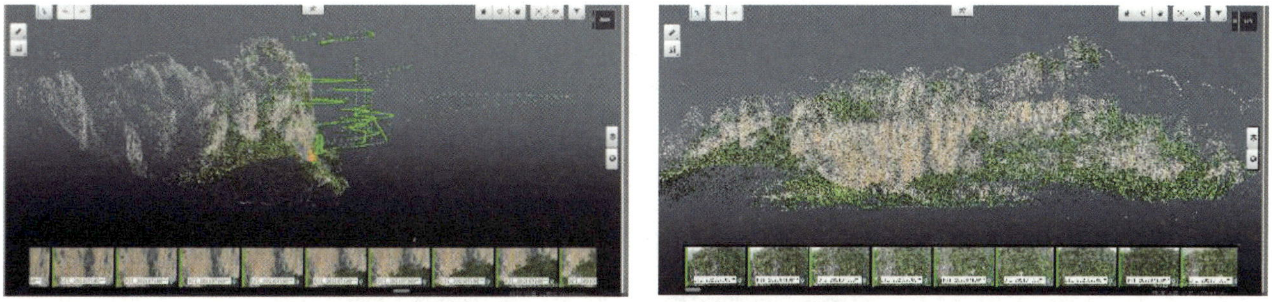

图 4–5–22　空三加密成果图（沉香角）

3. 精细化三维模型建立

基于原始影像及空三加密成果，使用大疆智图及 ContextCapture Center 等内业处理软件生成三维模型数据，成果采用 2000 国家坐标系，中央经度为 111° ，高程系统为 1985 国家高程基准，格式为 osgb、obj 等，派生数据为 DOM、DSM（含 DEM）、数字点云等。如图 4–5–23、图 4–5–24 所示。

图 4–5–23　沉香角岩体三维模型

图 4–5–24　沉香角岩画细节

（三）数据成果

1. 实景三维模型成果

（1）沉香角岩画如图 4–5–25 至图 4–5–27 所示。

图 4–5–25　沉香角岩体

图 4–5–26　沉香角岩画细节尺寸

图 4–5–27　沉香角岩画细节尺寸

（2）朝船头岩画如图 4–5–28、图 4–5–29 所示。

图 4–5–28　朝船头岩体

图 4–5–29　朝船头岩画细节尺寸

（3）棉江岩画如图 4–5–30、图 4–5–31 所示。

图 4–5–30　棉江岩体

图 4–5–31　棉江花山岩画细节尺寸

2. 成果质检

成果质检见表 4–5–4。

表 4–5–4　成果质检

贴近摄影模型	质检内容
1. 沉香角岩画 2. 朝船头岩画 3. 棉江岩画	1. 坐标系：平面基准采用 2000 国家坐标系，高程基准采用 1985 国家高程基准 2. 模型单位：模型比例为 1∶1，单位为米（m） 3. 模型格式：三维模型储存格式 osgb/obj 4. 有效覆盖区域：三维模型覆盖区域带有文物周边地理信息 5. 分辨率：模型纹理分辨率≤ 5 mm 6. 精度：模型空间点位相对精度≤ 10 mm 7. 纹理细节：贴近摄影三维模型纹理逼真、岩画细节清晰，真实有效地还原了沉香角岩画、朝船头岩画、棉江岩画的现状

（四）分析比对

根据研究与实验发现，影响岩画贴近摄影三维建模结果的主要因素包括光照、距离、重叠率等。

1. 光照

当贴近拍摄距离 8 m，航向重叠率 90%，旁向重叠率 90% 时，模型分辨率为 0.07 cm，精度误差

0.2 ～ 0.5 cm。在不同天气光照作业时对岩画贴近摄影模型成果质量影响较大。如图 4–5–32、图 4–5–33 所示。

图 4–5–32　沉香角（背射岩画）

图 4–5–33　沉香角（直射岩画）

2. 距离

（1）当拍摄天气晴天，横向重叠率 90%，纵向重叠率 90% 时，贴近岩画拍摄距离 20 m，模型分辨率为 0.31 cm，精度误差 0.2 ～ 0.5 cm。如图 4–5–34 所示。

图 4–5–34　棉江花山岩画（拍摄距离 20 m）

（2）当拍摄天气晴天，横向重叠率 90%，纵向重叠率 90% 时，贴近岩画拍摄距离 12 m，模型分辨率为 0.15 cm，精度误差 0.2 ～ 0.5 cm。如图 4–5–35 所示。

图 4–5–35　棉江花山岩画（拍摄距离 12 m）

（3）当拍摄天气晴天，横向重叠率 90%，纵向重叠率 90% 时，贴近岩画拍摄距离 8 m，模型分辨率为 0.07 cm，精度误差 0.1 ～ 0.5 cm。如图 4–5–36 所示。

图 4–5–36　朝船头岩画（拍摄距离 8 m）

3. 重叠率

（1）为拍摄天气晴天，横向重叠率 40%，纵向重叠率 40% 时，贴近岩画拍摄距离 8 m，贴近摄影照片未参与三维重建，模型分辨率差。如图 4–5–37 所示。

图 4–5–37　棉江花山岩画（横向重叠率 40%，纵向重叠率 40%）

（2）为拍摄天气晴天，横向重叠率 70%，纵向重叠率 70% 时，贴近岩画拍摄距离 8 m，模型分辨率为 0.07 cm，精度误差 0.1 ～ 0.5 cm。如图 4–5–38 所示。

图 4–5–38　棉江花山岩画（横向重叠率 70%，纵向重叠率 70%）

（3）当拍摄天气晴天，横向重叠率 90%，纵向重叠率 90% 时，贴近岩画拍摄距离 8 m，模型分辨率为 0.07 cm，精度误差 0.1 ～ 0.5 cm。如图 4-5-39 所示。

图 4-5-39　棉江花山岩画（横向重叠率 90%，纵向重叠率 90%）

（五）小结

综合上述分析比对，项目组推荐使用贴近摄影测量技术对壁画类不可移动文物进行数据采集。此技术对比其他技术优势明显，具有效率高、成本低的特点，生成的数字三维模型分辨率高、精度高、纹理逼真，既可以满足岩画周边地理信息的采集，又可以满足专家们对岩画类不可移动文物数字化存档和长期研究的要求。

三、全景影像技术分析

（一）数据采集

1. 地面全景数据采集

拍摄制作采用 Insta360 ONE R 双镜头全景相机，操作简单便捷，一键拍摄，自动拼接成像。

2. 空中全景数据采集

拍摄制作分为以下四个步骤：第一，借助无人机进行全景照片的拍摄；第二，通过 PTGui 对照片进行合成，合成没有顶部天空的全景图片；第三，借助 Photoshop 将全景天空图片与 PTGui 合成的照片拼接形成最终的全景图片；第四，上传至 720 云全景平台，加入建筑物标识、场景切换指示标等。

（1）无人机拍摄。

空中全景拍摄采用大疆精灵 4RTK 四旋翼无人机，搭载 4864 × 3648 分辨率的摄像机。在拍摄之前，先对拍摄的各个参数进行调整，根据实际拍摄效果确定和锁定最佳的拍摄参数，确保接下来所拍摄的照片效果相同。拍摄时需将无人机悬停在空中旋转拍摄四圈，最后将摄像头垂直 90° 拍摄 2 张俯瞰地面的照片，为保证后期的全景拼接能够顺利运行，应保证相邻照片间有 30% ～ 40% 的部分相互覆盖。由于无人机无法拍摄顶部天空的照片，因此需要在地面拍摄 2 张顶部天空的照片或者使用已经制成的全景天空图片进行后期的拼接。

（2）照片采集。

第一圈：将云台仰角调至 30°，操控无人机顺时针转动进行照片采集，每旋转 30° 采集一次照片，共采集 12 张照片。第二圈：将云台调至水平，按照第一圈的采集方法采集 12 张照片。第三圈：将云台的俯角调至 30°，顺时针转动采集照片，每旋转 45° 采集一次照片，共采集 8 张照片。第四圈：将云台俯角调至 60°，顺时针转动采集照片，每旋转 60° 采集一次照片，共采集 6 张照片。最后，将云台调至 90°，摄像头垂直对地面采集 2 张照片。如图 4-5-40 所示。

图 4-5-40　沉香角空中全景照片（部分）

（二）数据处理

1. 全景拼接

此次全景照片的拼接采用操作较为便捷，且能提高图片清晰度的 PTGui 进行拼接。首先，点击界面左侧“加载图像”，将一个拍摄地点所拍摄的 40 张照片导入软件；然后，点击对准图像，该软件会自动配置镜头参数，拼接生成出全景图片。

对于拼接后的全景图片可能存在以下几个问题，需逐个加以解决：第一，对于部分图像出现冗余，导致相互重叠、出现色差等问题，将冗余部分的个别照片删除；第二，对于出现相邻的照片无法自动匹配拼接的情况，技术人员通过寻找相邻照片之间的共同部分，手动添加控制点，再次点击自动匹配以找到更多的控制点使相邻照片得以顺利拼接；第三，对于全景图片中不满意的部分，点击“蒙版”，调用红色的擦除工具擦除掉不满意部分，擦除以后还需要对其进行重新对准校正；第四，解决完成上述问题，完善全景图片细节上的瑕疵后，点击创建全景图，以“*.jpg”的格式导出拼接好的全景图片。如图 4-5-41 所示。

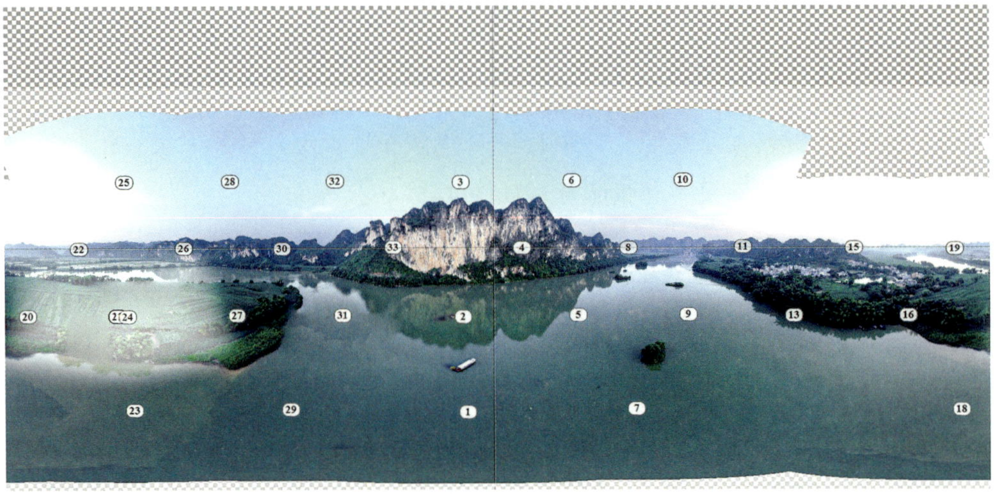

图 4-5-41　PTGui 全景拼接界面（沉香角）

2. 基于 Photoshop 的全景图片修补

从 PTGui 导出的全景图片缺失顶部天空部分，通过 Photoshop 将全景天空图片与 PTGui 制作的全景图片相融合，生成最终的全景图片。首先，将全景图片和全景天空图片导入软件，将全景天空图片的宽度调整至与全景图片一致，并按照所示的放置顺序放置两张图片。接着，在全景天空图片的图层上添加白色“蒙版”，然后选中“蒙版”；在左边工具栏选择渐变工具，设置中灰密度的线性渐变，通过鼠标从下往上，由中间向两边逐渐拉伸两张图片的交界处，使两张图片逐渐合为一张图片；拉伸过程中切忌大幅度拉伸，采取多次小幅度拉伸才能融合出较为完美的全景图片。最后，调整图片的饱和度、色相、对比度，使图片更加鲜艳、明亮并导出最终的全景图片。如图 4-5-42 所示。

图 4-5-42　Photoshop 补天后的效果（沉香角）

3. 全景上传

将制作好的全景图片上传至 720 云全景网站，该网站可通过微信账号登录。网站的优点在于免费开放，并且可以对全景图片进行编辑。通过 720 云全景网站的编辑界面对上传的全景图片进行编辑。左端为编辑栏，可以设置场景之间相互转换的指示标，转换到任意一个全景图像中，便于随时切换观看不同地点的全景图像，也可以在浏览全景和进入全景的过程中加入音乐，增强全景的展示效果，还可以添加文字内容介绍等。如图 4-5-43 所示。

图 4-5-43　720 云全景网站编辑浏览界面（朝船头岩画）

（三）数据成果

1. 全景影像成果

（1）沉香角岩画全景如图 4-5-44 所示。

图 4-5-44　空中全景

（2）朝船头岩画全景如图 4–5–45、图 4–5–46 所示。

图 4–5–45　空中全景

图 4–5–46　地面全景

（3）棉江岩画全景如图 4–5–47、图 4–5–48 所示。

图 4–5–47　空中全景

图 4–5–48　地面全景

2. 成果质检

成果质检见表 4–5–5。

表 4–5–5　全景影像技术分析质检内容

全景	质检内容
1. 沉香角岩画 2. 朝船头岩画 3. 棉江岩画	1. 分辨率：影像清晰、无模糊，分辨率≥ 75 dpi 2. 影像色彩：影像色彩均匀、无明显色差 3. 影像格式：影像储存格式 jpg 4. 真实性：影像实景场景拍摄真实、无虚构 5. 交互性：拼接成果可与 Flash 技术衔接，使用鼠标或键盘可控制环视的方向，进行上下、左右、前后范围的漫游式浏览 6. 全景范围：全景范围涵盖岩画周边地理环境及内部环境

（四）分析比对

根据研究与实验发现，影响岩画全景质量的主要因素包括天气、快门速度、ISO、飞行高度等。具体如图 4–5–49 至图 4–5–52 所示。

对比分析

拍摄距离 / 无人机型号	100m	100m	100m
精灵 4 RTK 镜头焦距35mm 像元尺寸3.2um 光圈值 f/5 曝光时间1/640秒 摄影时焦距9mm ISO-100			
天气	晴天正午	晴天（上午10点）	阴天
分辨率	2.74cm	2.74cm	2.74cm

图 4-5-49　不同天气条件下效果图对比（沉香角岩画）

对比分析

拍摄高度 / 无人机型号	100m	100m	100m
精灵 4 RTK 镜头焦距35mm 像元尺寸3.2um 光圈值 f/5 摄影时焦距9mm ISO-100			
快门速度	1/20秒	1/80秒	1/640秒
天气	晴天	晴天	晴天

图 4-5-50　不同快门速度条件下效果图对比（沉香角岩画）

对比分析

拍摄高度 / 无人机型号	20m	20m	20m
精灵 4 RTK 镜头焦距35mm 像元尺寸3.2um 光圈值 f/5 曝光时间1/640秒 摄影时焦距9mm			
ISO	100	320	640
天气	晴天	晴天	晴天

图 4-5-51　不同 ISO 条件下效果图对比（棉江岩画）

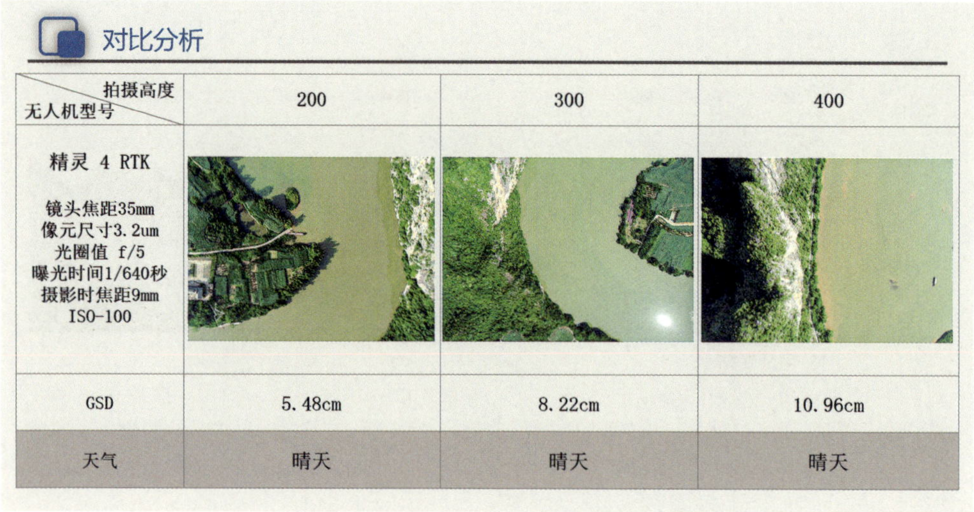

对比分析

拍摄高度 无人机型号	200	300	400
精灵 4 RTK 镜头焦距35mm 像元尺寸3.2um 光圈值 f/5 曝光时间1/640秒 摄影时焦距9mm ISO-100			
GSD	5.48cm	8.22cm	10.96cm
天气	晴天	晴天	晴天

图 4-5-52　不同高度条件下效果图对比（朝船头岩画）

（五）小结

全景在不同天气、快门速度、ISO、高度时，岩画全景成像质量有所不同，可以给人以三维立体感的实景 360° 全方位图像，周边地理信息都完整可见，最大限度地保留场景的真实性，使观者犹如身在其中，能够满足文物保护、推广、线上浏览的要求。但岩画细节分辨率不够，仅可满足专家学者对古岩画环境的了解，不便对岩画进行深入研究。

四、高光谱技术分析

（一）数据采集

本实验采用 ZK-VNIR-FPG480 型高光谱成像仪，分别对宁明花山岩画在三组变量参数不同的情况下进行数据采集。三组变量参数分别为扫描方式、扫描时间段、扫描平整度。

1. 扫描方式

选择固定任务点，在同一时间段内设置不同扫描方式，通过对比不同扫描模式对同一区域高光谱影像数据的影响，查看高光谱影像在空间维（RGB 伪彩色显示）和光谱维（光谱曲线）的数据质量，对比得出最佳的扫描模式。测试参数见表 4-5-6。

表 4-5-6　不同扫描方式测试参数

类型	内容指标	具体参数
固定参数	采集时间	2021 年 5 月 15 日，11：00～12：00
	扫描帧频	40PFS
	天气状况	晴
	扫描距离	10 m
	扫描地点	花山 1 号任务点
变化参数	扫描方式	横扫、竖扫

2. 扫描时间段

由于任务区域地形和方位特点，设置不同扫描作业时间，对应不同环境光照条件，光照条件变化对高光谱成像有很大影响。因此通过对比不同时间段对同一区域扫描的高光谱影像数据，查看高光谱影像在空间维（RGB 伪彩色显示）和光谱维（光谱曲线）的数据质量。三组数据扫描作业信息见表 4–5–7。

表 4–5–7 不同扫描时间段测试参数

类型	内容指标	具体参数
固定参数	扫描方式	横扫
	扫描帧频	40FPS
	天气状况	晴
	扫描距离	10 m
	扫描地点	花山 1 号任务点
变化参数	扫描时间	2021 年 5 月 14 日至 15 日的上午、中午、下午三个时间段

3. 扫描平整度

宁明花山岩画所在区域由于山体内凹，山体表面凹凸不平，部分区域岩画绘制在较平整的岩壁上，部分区域则绘制在起伏较大的岩壁上。在相同的时间段，采用横扫模式在相同的距离上采集不同平整度区域岩画的高光谱影像数据，通过分析不同平整度区域岩画高光谱数据的空间维和光谱维数据质量，判断平整度对岩画高光谱影像数据的影响。不同扫描平整度测试参数见表 4–5–8。

表 4–5–8 不同扫描平整度测试参数

类型	内容指标	具体参数
固定参数	扫描方式	横扫
	扫描帧频	40FPS
	天气状况	晴
	扫描距离	10 m
	扫描时间	2021 年 5 月 15 日上午
变化参数	扫描地点	花山 1 号任务点（较平整区域）和 3 号任务点（起伏较大区域）

（二）数据处理

1. 影像增强

通过调整图像的密度或色调来强调数据特征，提升影像效果。包括彩色增强、边缘增强、反差增强、密度分割、比值运算、去模糊等[①]。

① 刘东睿 . 遥感数据处理软件的设计与实现［D］. 北京：北京交通大学，2012.

2. 信息提取

利用专门的数字影像处理系统对增强过的图像进行加工，提取有效的遥感信息，包括采用各种统计分析、集群分析、频谱分析等自动识别与分类①。

（三）数据成果

1. 扫描方式

在花山 1 号任务点设置扫描站，在相同的时间段、扫描帧频和扫描距离下，分别使用不同的扫描方式采集同一个区域的数据。对比两组数据质量如下。

（1）空间维数据质量。

将两组高光谱影像数据按照 RGB（650 nm、550 nm 和 450 nm）进行伪彩色显示，两种扫描方式影像空间维效果如图 4–5–53、图 4–5–54 所示。

图 4–5–53　花山 1 号点空间维影像（横扫）

图 4–5–54　花山 1 号点空间维影像（竖扫）

通过对比花山 1 号点在同一时间段采用不同的扫描模式获取的高光谱影像数据，可以看出采用不同的扫描模式获取的高光谱影像数据在空间维无明显的质量区别，即高光谱成像仪扫描作业模式对高光谱影像的空间维数据质量无明显影响。

（2）光谱维数据质量。

选取 1 号任务点内同一个区域岩画高光谱影像，查看不同扫描模式高光谱影像在同一位置的光谱曲线，区域选择为图像中左腿处有个同心圆的岩画人物。该人物在不同时间段内光谱曲线如图 4–5–55、图 4–5–56 所示。对比不同扫描模式获取的高光谱影像光谱曲线，可以看出不同扫描模式下的光谱曲线具有一致的走势和十分接近的反射波峰和波谷，说明不同扫描模式对高光谱影像的光谱维数据质量无明显影响。

① 武广臣．纹理配赋研究中的航片处理与算法设计［D］．北京：首都师范大学，2009.

图 4-5-55　花山 1 号点光谱曲线（横扫）

图 4-5-56　花山 1 号点光谱曲线（竖扫）

2. 扫描时间段

在花山 1 号任务点设置扫描站，使用相同的扫描方式、扫描帧频和扫描距离，分别在不同的时间段扫描同一个区域。对比三组数据质量如下。

（1）空间维数据质量。

将三组高光谱影像数据按照 RGB（650 nm、550 nm 和 450 nm）进行伪彩色显示。各时间段影像空间维效果如图 4-5-57 至图 4-5-59 所示。

通过对比查看花山 1 号任务点不同时间段高光谱影像空间维数据，可以看出在上午时间段采集的数据具有更清晰的纹理，岩画与周边岩石的对比度也更加清晰，更有利于岩画的判读、提取和分析。

图 4-5-57　花山 1 号点上午空间维影像（横扫）

图 4-5-58　花山 1 号点中午空间维影像（横扫）

图 4-5-59　花山 1 号点下午空间维影像（横扫）

（2）光谱维数据质量。

选取 1 号任务点内同一个区域岩画高光谱影像，查看不同时间段高光谱影像在同一位置的光谱曲线，区域选择为图像中左腿处有个同心圆的岩画人物。该人物在不同时间段内光谱曲线如图 4–5–60 至图 4–5–62 所示。

对比不同时间段高光谱影像的光谱曲线，可看出岩画的光谱曲线有更丰富的波峰、波谷细节，在不同的时间段和不同位置的光谱曲线均具有一致的走势，岩画反射峰和反射峰值十分接近，表明在不同时间段采集的高光谱影像在光谱维均具有很好的质量。

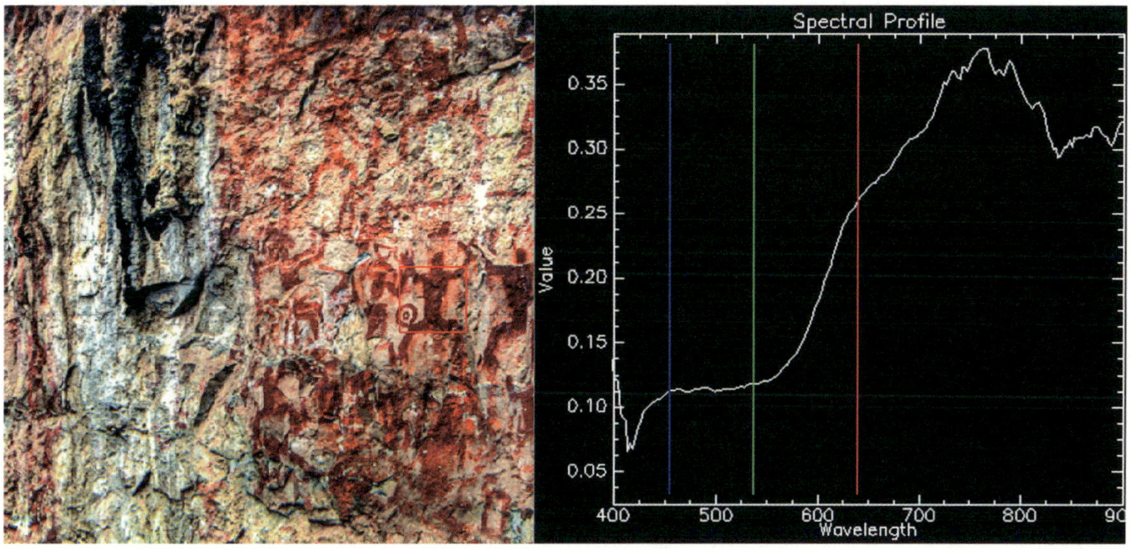

图 4–5–60　花山 1 号点上午影像光谱曲线

图 4–5–61　花山 1 号点中午影像光谱曲线

图 4-5-62　花山 1 号点下午影像光谱曲线

3. 扫描平整度

分别在花山 1 号点和 3 号点上架设高光谱成像仪，采用相同的扫描模式、扫描帧频和扫描距离，在相同的时间段采集高光谱影像数据。对比两组高光谱影像数据如下。

（1）空间维数据质量。

将两组高光谱影像数据按照 RGB（650 nm、550 nm 和 450 nm）进行伪彩色显示。两种扫描方式影像空间维效果如图 4-5-63、图 4-5-64 所示。

通过对比不同平整度区域岩画的高光谱影像空间维数据，可以看出在起伏较大区域，凸出部分岩体的阴影对影像的空间维展示影响更大，对判读岩画造成干扰，不利于查看和提取岩画部分；在较平整区域则对比度较高，更便于判读岩画部分。

图 4-5-63　花山 1 号点高光谱影像空间维影像（较平整区域）

图 4-5-64　花山 3 号点高光谱影像空间维影像（起伏较大区域）

（2）光谱维数据质量。

选取花山 1 号任务点和 3 号任务点内同一个岩画人物不同位置的高光谱影像，查看不同平整度下高光谱影像的光谱曲线。在不同平整度区域的光谱曲线如图 4–5–65、图 4–5–66 所示。

对比不同平整度区域岩画高光谱影像数据的光谱曲线，可以看出在较平整区域，同一个岩画人物不同部位的光谱曲线具有较小的差别，在起伏较大区域，同一个岩画人物不同部位的光谱曲线具有较大的差别，对岩画后期的光谱分析有较大的影响。

图 4–5–65　花山 1 号点高光谱影像光谱曲线（较平整区域）

图 4–5–66　花山 3 号点高光谱影像光谱曲线（起伏较大区域）

（四）分析比对

1. 扫描方式

通过分析花山 1 号点在同一时间段分别采用横扫和竖扫两种扫描模式采集的高光谱影像数据，不同扫描模式下的高光谱数据在空间维和光谱维均具有相同的数据质量，无明显的区别，说明扫描模式在花山岩画光谱数据采集中无明显影响，可根据作业区域特点灵活选择扫描模式进行数据采集作业。

2. 扫描时间段

通过分析在花山 1 号任务点不同时间段采集的高光谱影像，可看出在不同时间段进行数据采集对高光谱影像的空间维质量有一定的影响，对光谱维没有明显的影响。在三组不同时间段采集的数据中，可明显看出上午时间段数据具有更好的空间维效果。因此，花山岩画最佳数据采集时间段为上午。

3. 扫描平整度

通过对比分析在不同平整度区域采集的岩画高光谱影像数据，较平整区域岩画高光谱影像的空间维数据和光谱维数据质量均好于起伏较大的区域。因此，平整区域更利于进行高光谱岩画的分析研究。

（五）小结

此次实验运用高光谱数据采集技术对宁明花山岩画进行了多次基础数据采集，取得了一定的效果。由于岩画地理位置特殊，某些区域涉及岩石脱落和沉积物覆盖，导致覆盖区域岩画与背景混淆，无法直接获取岩画的轮廓信息，通过 MNF 变化和波谱差值运算，以及分离复杂背景等数据处理工作，可以较好地提取空间维数据和光谱维数据。但高光谱设备的局限性、数据分析的专业性以及时间和人力成本的昂贵性，使得该技术在岩画类数据采集的推广难度较高。项目组仅推荐其作为科研用途。

五、古壁画采集技术讨论与分析

通过多种技术手段对古壁画类不可移动文物进行研究与实验，我们发现不同技术在采集文物本体特征、所处环境、地理信息等多方面的基础数据时，结果差异不同，优缺点明显。

（1）运用倾斜摄影测量技术对古壁画类不可移动文物进行数据采集，优点是可反映文物周边及文物内部结构与纹理真实情况，效率较高，操作方便；缺点是精度较低，特别是立面的效果不佳。

（2）运用贴近摄影测量技术对古壁画类不可移动文物进行数据采集，优点是效率高、成本低、非接触式，可以反映文物周边真实情况、尺寸信息、顶部纹理，面积可控，而且精度高；缺点是壁画本体周边往往多树木等容易受到其干扰。

（3）运用全景影像技术对古壁画类不可移动文物进行数据采集，优点是效率高，成本低；缺点是无法测量文物的尺寸信息、分辨率差。

（4）运用高光谱技术对古壁画类不可移动文物进行数据采集，优点是高光谱可以对采集壁画进行清晰处理；缺点是材质、颜料、光谱等数据处理分析专业性极强，适用设备较少，在文物保护方面仅处于科研阶段，且数据采集面积往往较小，部分立面壁画，特别是高空的壁画数据难以采集。

综合上述分析比对，项目组推荐使用贴近摄影测量技术对古壁画类不可移动文物进行数据采集。

第五章

综合管理平台总体技术设计

第一节　系统概况

从客观的角度来说，文物是一种不可再生资源，是中华民族文化的承载体，同时也是我国精神文化的重要组成部分。与可移动文物相比较，不可移动文物的综合管理工作任务更为艰巨。

一、传统不可移动文物综合管理系统存在的问题

从目前国内传统的不可移动文物综合管理系统设计的水平与现状来看，其主要存在以下几个问题。

一是系统信息化程度不高，尚处于初级阶段。现有管理系统的信息化程度只支持一些电脑辅助及文件传输工作，同时还存在着文档储存不全、查阅不便、统计困难等问题。

二是缺乏健全的管理机制以及统一的信息化处理平台。由于系统的缺陷，大量不可移动文物的管理工作需要进行人工的二次操作，这在很大程度上拖慢了管理工作的进度，也对管理质量产生一定的影响。

三是缺乏将不可移动文物对外展示的平台。大部分不可移动文物由于受到空间的限制，难以实时地展现其文化内涵以及历史底蕴。

四是不可移动文物信息展示手段匮乏。目前大多数不可移动文物信息仅有纸质文件及少量电子文档简介，传统的平台无法支持新型三维数据及数据可视化展示。

二、广西不可移动文物综合管理平台介绍

为了更好地展示采集的数据，给公众展示广西不可移动文物基础数据采集标准执行的效果，项目组开发了一个展示平台，即“广西不可移动文物综合管理平台”。该平台是以广西不可移动文物为核心，基于现代信息技术而搭建的一个高效、准确、快捷的管理服务平台。借助该平台，文物保护部门可以全面地管理广西的文物信息资源，直观地掌握广西文物保护现状情况，辅助相关管理机构高效做出科学决策，提升广西不可移动文物的管理水平，实现广西不可移动文物从资源集中管理到文物信息可视化展示，再到业务辅助决策，并形成一体化的解决方案。

（1）该平台使用对象包括以下三类。

一是面向不可移动文物数据管理人员。对于文物数据管理人员，可通过平台存储不可移动文物“三普”数据、图纸数据、图片数据、全景数据、新型三维数据等，实现文物数据信息化存储。

还可通过在线预览功能实现基础资料数据的线上快速浏览。

二是面向不可移动文物研究人员。不可移动文物数据通过三维模型存储展示，1∶1 真实还原了文物外貌信息及周边环境信息。文物研究人员可通过三维在线浏览、量测及辅助分析功能，开展文物的基础研究工作。

三是面向公众。公众可通过不可移动文物展示系统，在线浏览文物外貌、全景及基础信息，实现足不出户即可了解不可移动文物全貌。

（2）该平台着力实现以下目标。

一是实现文物资源统一管理。平台基于“四有”档案资料规范体系，增加数字化专题数据，将来能无缝接入第三次普查系统数据构建的文物信息资源库，实现完善的资源管理功能。

二是实现文物信息可视化展示。平台利用地理信息、三维展示、360° 全景影像等技术手段，从地面与空中、整体与局部、单点到区域等多维视角，全面地展示不可移动文物时空信息，实现不可移动文物数据的可视化展示。

第二节　系统架构

在不可移动文物综合管理平台架构设计中，通过制定统一的技术体系和统一的行业标准规范，把与文物相关的业务和数据进行聚合，构建统一的业务管理平台，形成有机整体和规模效应。不可移动文物综合管理整体架构如图 5-2-1 所示。

不可移动文物综合管理平台以大数据、物联网、云计算为底层的支持，采用多层模式。不可移动文物综合管理平台模块化的设计充分体现了“高内聚、低耦合”的理念，每个模块相对独立且逻辑层次清晰，便于维护管理，同时能够随时弹性扩展未来新的业务发展需求。

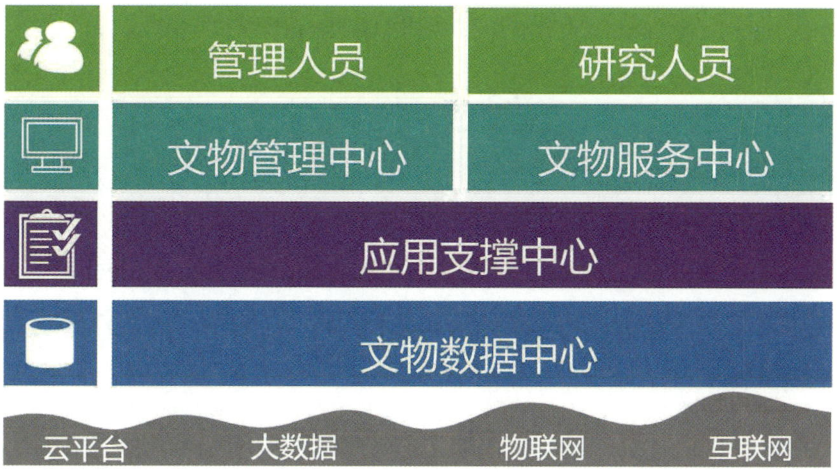

图 5-2-1　不可移动文物综合管理平台整体架构

第三节　系统功能

不可移动文物综合管理平台可分为三维可视化综合 GIS 管理系统和不可移动文物数据管理系统，具体如图 5-3-1 所示。

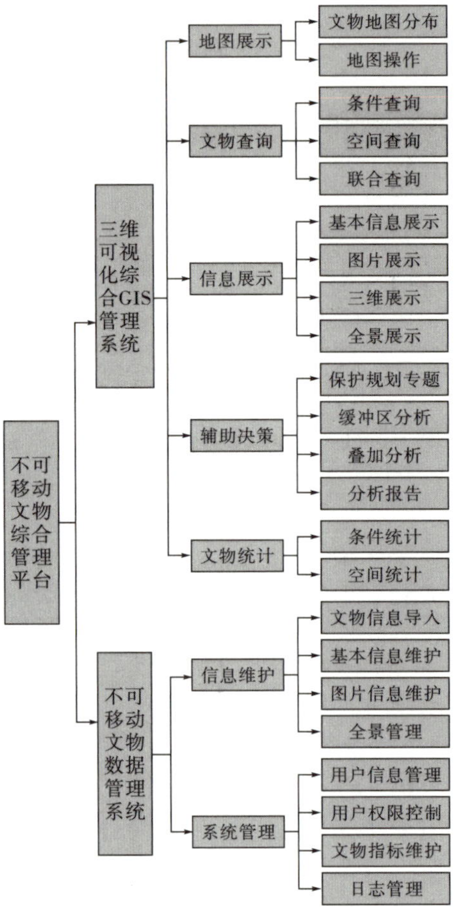

图 5-3-1　不可移动文物综合管理平台各系统功能模块

一、三维可视化综合 GIS 管理系统

（一）地图展示

基于 GIS 的三维影像地图平台，通过 Cesium 引擎进行技术开发，调用全球天地影像图；融合 LiDAR 点云与倾斜影像生成的精细化三维模型，导入平台后可直接在平台中通过图层进行 lod 分层级加载显示。如图 5-3-2 所示。

文物以标签形式分布在三维地图中，以不同标签样式区分不同类型文物。用户可通过“放大、缩小、平移、居中”这几个按钮对三维地图进行操作；也可通过“距离量测”按钮来对二维地图中多点距离进行量测，并显示结果（最初为开始两点的量测结果，随后为多点间量测结果）；还可通过“面积量测”按钮来对平面地图中任意多边形的平面面积进行量测，并显示量测结果。

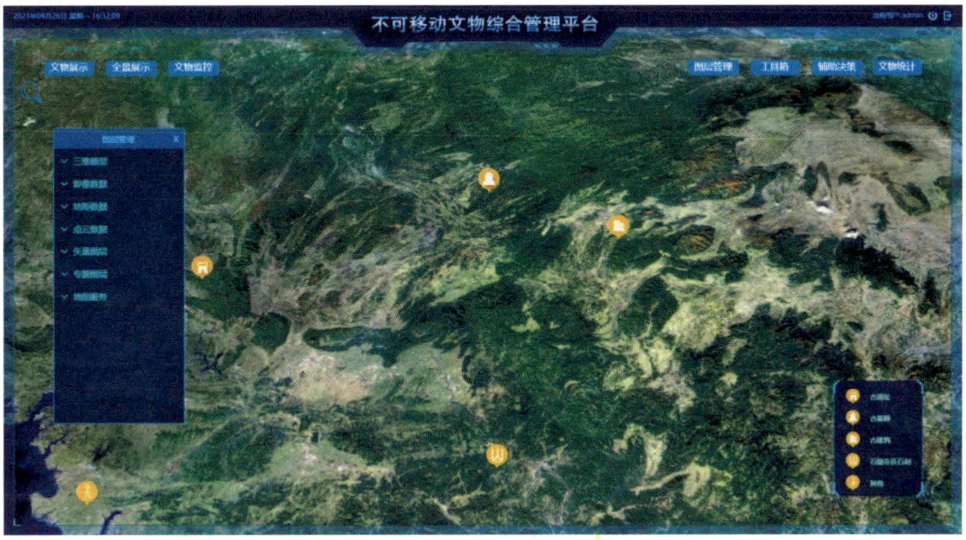

图 5-3-2 GIS 地图展示功能

（二）文物查询

1. 条件查询

用户可通过输入文物名称关键字对文物资源进行搜索。

用户可通过选择文物类别、级别、年代、所属区域等单一或者组合条件来对文物进行筛选。

文物查询结果以分页列表形式展示，用户点击任意文物记录，便可在地图中进行定位；还可点击查看文物详情，点击进行空间分析。

2. 空间查询

用户可通过选择“视野范围内、圆选、框选、多边形选”选择二维地图勾画特点，查询区域及该区域内的文物信息。

用户可通过输入精确的空间对象定位坐标及范围来构建特定查询区域，如特定圆圈（输入中心点位坐标及半径）、特定矩形（输入左上角及后下角坐标）、多边形（输入各拐角点坐标），并查询该区域内的文物信息。

文物查询结果以分页列表形式展示，用户点击任意文物记录，便可在地图中进行定位。文物查询结果支持导出。

3. 联合查询

用户可通过选择“视野范围内、圆选、框选、多边形选”（或者输入精确坐标）在二维地图选定特定区域，并结合文物关键字或者文物类别、级别、年代、区域等进行图文联合查询。文物查询结果以分页列表形式展示，用户点击任意文物记录，便可在地图中进行定位。文物查询结果支持导出。具体见图 5-3-3、表 5-3-1。

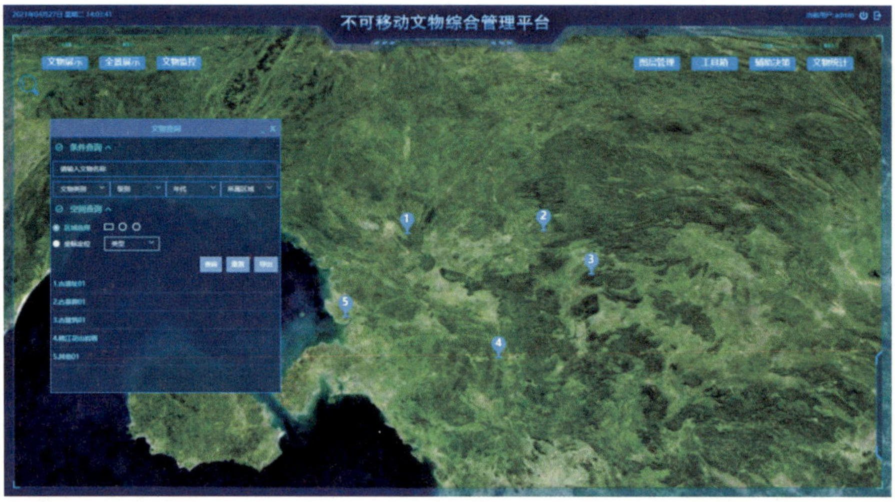

图 5-3-3　文物查询功能

表 5-3-1　查询类型定义

查询类型	属性信息查询	综合信息查询	范围信息查询
定义	用户直接点击要查询的属性信息要素即弹出该要素的属性信息	用户输入关键字进行精确查询或模糊查询，查询结果以列表形式展现，并默认定位到第一条记录，高亮显示。点击列表记录，系统将定位到该记录并高亮显示	用户选择要查询的图层，并在图上选择要查询的范围，系统将自动查找该范围的图层记录，结果以列表形式展现，并定位到第一条记录，高亮显示

（三）信息展示

1. 基本信息展示

用户可通过点击“文物标注”按钮或“文物详情”按钮查看文物“三普”信息，包括基本信息、现状信息、GPS 测点信息、照片册页、图纸册页、标本登记信息、其他资料信息，进一步点击可查看文物更多详细信息。如图 5-3-4 所示。

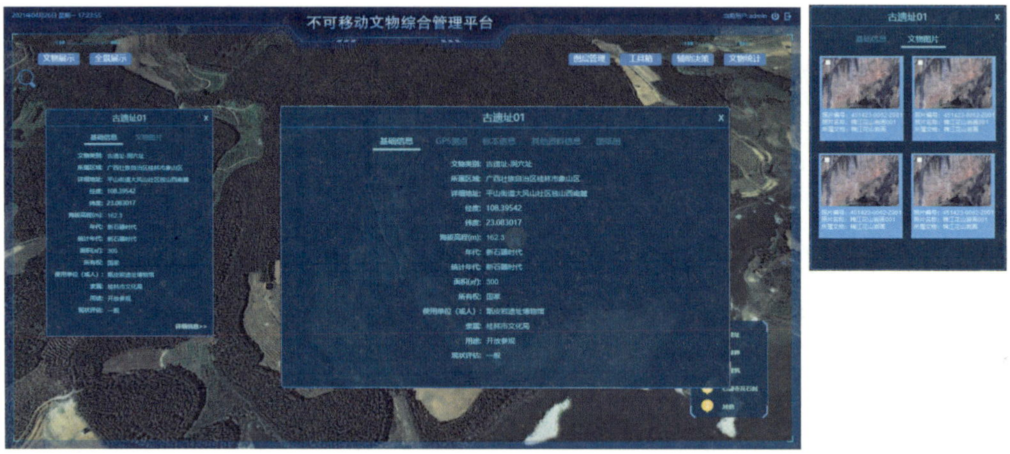

图 5-3-4　信息展示功能

2. 图片展示

用户可点击文物图标查看文物图片信息，并进入该文物图片展示页面；用户在文物图片展示页可查看该文物的所有图片缩略图，也可切换查看文物大图。

3. 三维展示

文物三维模型展示界面以文物模型截图作为图标，以图标排列方式展示系统所有文物的三维模型。

用户可查询感兴趣的文物，查看该文物三维模型；可对该三维模型进行放大、缩小、平移、居中、左旋、右旋等操作。

4. 全景展示

在全景展示界面，用户可通过文物定位该文物在地图中显示位置，查看该文物相关的 720° /360° 全景实景。用户可对该全景场景进行放大、缩小、向左移动、向右移动、向上移动、向下移动、自动旋转、查看指南针等操作。

（四）辅助决策

通过叠加和缓冲空间分析功能，能够准确地识别每块规划部门的规划用地是否跨越文物保护“三线”（本体、保护范围、建筑控制地带），方便文物保护管理部门快速审批文物保护项目。如图 5-3-5 所示。

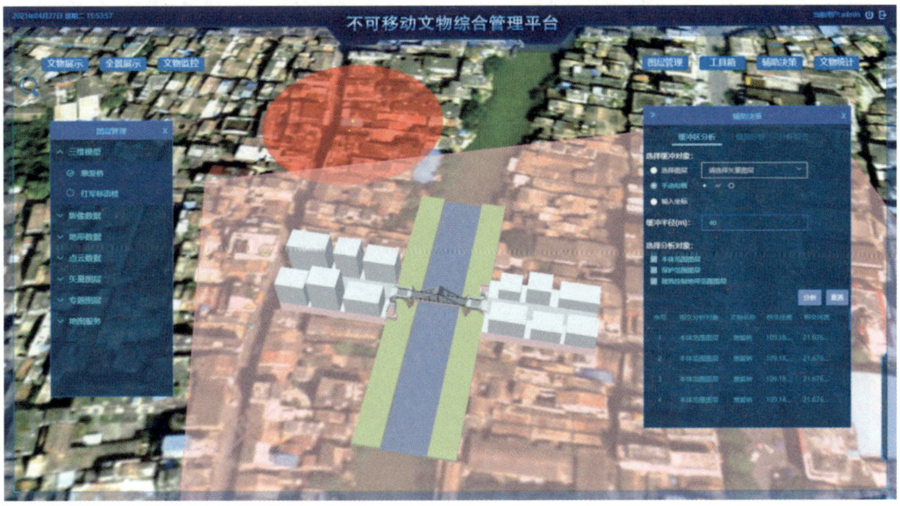

图 5-3-5 辅助决策功能

1. 保护规划专题

用户可通过“专题图层展示”按钮对专题图层的显示进行控制。目前系统内专题图层包括文物本体范围图层、文物保护范围图层、文物建筑控制地带范围图层。

2. 缓冲区分析

用户可选择已有矢量数据对象作为缓冲对象，并设置缓冲半径，进行缓冲区分析。分析结果可显示与文物本体范围、保护范围、建筑控制地带相交的交点坐标信息。

用户可通过输入精确坐标构建缓冲对象，也可用鼠标在地图上勾画缓冲对象，并设置缓冲半径，进行缓冲区分析，分析缓冲区与文物“三线”之间的空间关系。

缓冲区分析结果以列表形式展示，用户点击可查看相交点处的坐标信息。

3. 叠加分析

用户可选择已有矢量数据对象作为叠加对象，进行叠加分析，分析结果可显示与文物本体范围、保护范围、建筑控制地带相交的交点坐标信息。

用户还可通过输入精确坐标构建叠加对象，也可用鼠标在地图上勾画叠加对象，进行叠加分析，分析与文物“三线”之间的空间关系。

叠加分析结果以列表形式展示，用户点击可查看相交点处的坐标信息。

4. 分析报告

空间分析完成后，可以以 Word 文档形式自动导出分析报告。报告信息包含文物名称、地址、分析类型、分析结果示意图、交叉坐标分析等内容。

（五）文物统计

文物统计管理界面如图 5-3-6 所示。

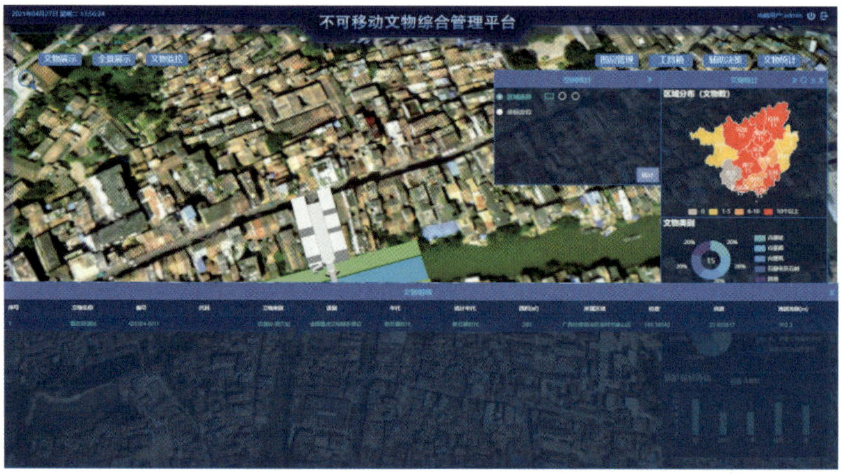

图 5-3-6　文物统计管理界面

1. 条件统计

支持按照不可移动文物所在区域、文物级别、文物类别、年代、保护现状评估（好、较好、一般、较差、差）等文物属性进行文物信息统计分析，统计结果可以图表形式进行呈现（如柱状图、饼状图、折线图等），也可以表格形式呈现。支持统计图表导出、打印。

2. 空间统计

用户可通过选择“视野范围内、圆选、框选、多边形选”在二维地图选定特定区域，或通过输入精确坐标来构建特定统计区域，统计该特定区域内的符合特定文物类别、级别、年代、保护现状评估（好、较好、一般、较差、差）条件下的文物数量。

文物统计结果以图形显示，用户可点击查看文物数据统计明细。

文物统计结果可以 Excel 表格形式导出。

二、不可移动文物数据管理系统

（一）信息维护

信息维护界面如图 5-3-7 所示。

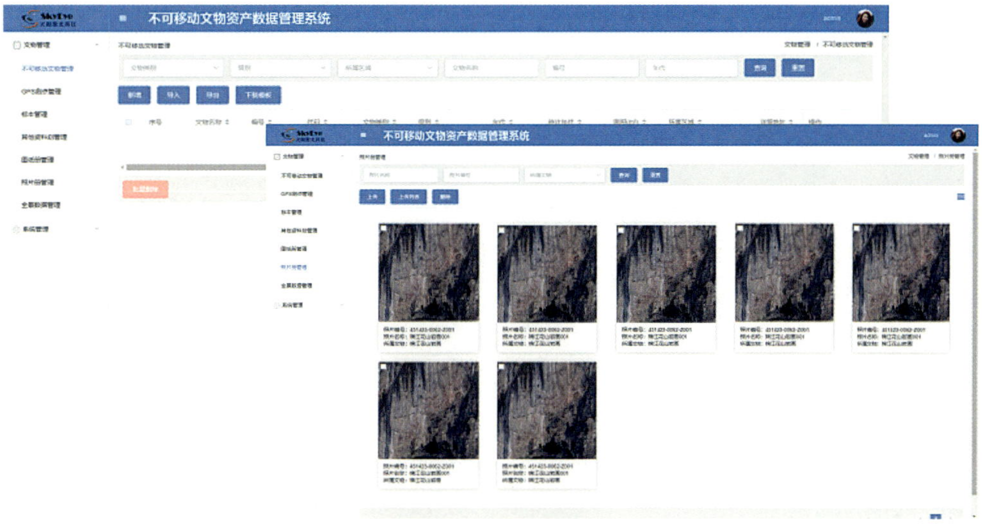

图 5-3-7　信息维护界面

1. 文物信息导入

对文物数据进行集中、统一管理，实现文物数据录入、删除、更改，确保综合管理系统数据真实、完善。对已有的“三普”系统的文物数据进行整理，导入该平台。

2. 基本信息维护

对文物基本信息、现状信息、GPS 测点登记表、标本登记表、其他资料登记表、保护范围线和建筑控制地带等信息进行管理，包括新增、删除、修改、查询等操作，可上传相应附件。

3. 图片信息维护

提供对文物图片检索（根据关键字、所属文物、时间段、图片资源标签等单一或组合条件）、录入、上传、修改、删除、资源标签等管理；支持单个图片资源上传，也可批量上传；系统自动获取上传资源的基本属性，并根据预先设置的规格大小自动生成其对应的浏览版和缩略图。如果上传不成功，系统会自动发送提示信息提醒上传人员。

用户可根据图片的来源、地点、时间、主题等批量添加图片标签。

系统支持标签自定义。用户可自定义相应图片资源标签（如“三普”、日常巡查、破坏情况），以提高图片资源检索的命中率。

4. 全景管理

系统可对文物地面全景、空中全景进行维护管理，满足动态维护更新管理。全景场景数据维护包括全景场景信息的新增、修改、删除功能，具体包括场景的名称、场景的描述、场景的缩略图、场景关联数据等信息的维护。

（二）系统管理

系统管理界面如图 5-3-8 所示。

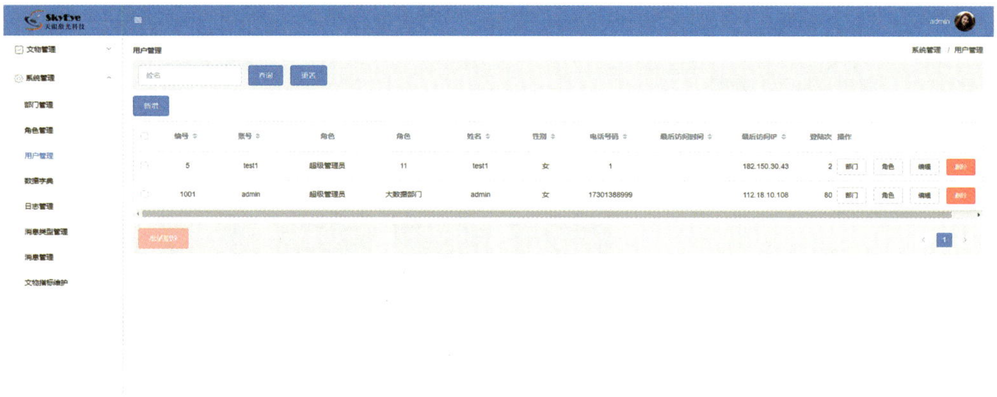

图 5-3-8　系统管理界面

1. 用户信息管理

管理员可增加用户、删除用户、查询和修改用户详细信息，包括用户名、真实姓名、用户账户状态、所属部门、电子邮件、联系电话、手机号码等信息，对系统用户进行统一管理，对数据进行有效保护。此外，管理员也可直接对“用户组”进行管理，从而提高工作效率。

2. 用户权限控制

对具有系统登录权限的合法用户进行查询和编辑管理，包括新增、编辑、删除操作，同时设置各用户角色；并通过用户角色的权限配置和控制管理来对用户权限进行控制。系统将设置超级管理员对所有用户信息进行管理以及权限配置管理。

3. 文物指标维护

提供不可移动文物“三普”信息各属性字段维护，包括新增、修改、删除功能。属性字段包括名称、地址及位置、类别、年代、面积、所有权、使用情况、简介、保持状况等。

4. 日志管理

可记录和管理用户登录信息，形成登录日志，对各角色用户账号在平台上的用户登录情况进行记录和管理。

第四节 系统总体设计

一、设计原则

（1）先进实用：保持技术的先进性，并具有良好的扩展潜力，以适应未来应用的发展和技术升级的需要，同时采用成熟、稳定、完善的产品和技术，满足当前应用需求。

（2）统一管理：对用户和权限进行统一管理，实现系统用户的统一授权。

（3）规范统一：制定统一的集成规范和数据模型规范。

（4）易于扩展：系统采用灵活、成熟的系统框架开发，可以动态适应未来的升级和变化。

（5）快速实施：采用容器化部署方案，保证系统的实施速度，便于快速部署平台并应用。

二、技术选型

（一）三维可视化综合 GIS 管理系统

①前端框架：Cesium+VUE。

②基于 Cesium 开发能够实现海量三维数据加载及空间操作的功能。

③能够实现服务器端的渲染，便于搜索引擎优化，加载速度快。

④跨浏览器兼容。

⑤应用环境：B/S 架构，跨平台的应用。

（二）不可移动文物数据管理系统

①前端框架：VUE。

②能够实现服务器端的渲染，便于搜索引擎优化。

③运行速度快。

④跨浏览器兼容。

⑤应用环境：B/S 架构，跨平台的应用。

（三）后端技术

①后端框架：Spring Boot。

②方便对外输出各种形式的服务，如 REST API、WebSocket、Web、Streaming、Tasks。

③简洁的安全策略集成。

④自带应用监控。

⑤服务端：分布式存储和发布海量瓦片数据。

⑥保证并发访问速度和为数据安全性提供部分数据处理服务。

⑦具备数据上传功能，提供 HTTP 方式下载数据功能。

三、运行环境

（一）软件环境

系统运行软件见表 5-4-1。

表 5-4-1　系统运行软件

分类	名称	版本
操作系统	CentOS	7.6
数据库	MySQL	8.0
客户端	Chrome	86

（二）硬件环境

系统运行硬件见表 5-4-2。

表 5-4-2　系统运行硬件

服务器	最低配置	推荐配置
业务系统服务器	16CPU$_{s}$、32G 内存、5T 硬盘、千兆以太网卡	32CPU$_{s}$、64G 内存、12T 硬盘、千兆以太网卡

四、系统功能结构设计

系统的总体设计中最重要的就是系统的模块化。每个模块应尽量保持其独立性，与其他模块的联系最少且接口简单，即高内聚、低耦合。本系统采用结构化设计。

五、系统数据库设计

（一）数据库设计概述

数据库是逻辑上相关的可共享的数据（以及数据的描述）集合，用于处理系统所需的信息。数据库在一个信息系统中占有非常重要的地位，数据库结构设计的好坏将直接影响应用系统的效率以及实现的效果和产生的影响。数据库可以使用自顶向下方法、自底向上方法或二者结合的混合方法设计。

数据库设计是建立数据库及其应用系统的基础，要经过需求分析、结构设计、实现设计和物理设计等几个阶段。具体来说，数据库设计是指对于一个给定的应用环境，构造最优的数据库模型，使之能够有效地存储数据，以满足各种用户的应用需求。合理的数据库结构设计可以提高数据存储的效率，为决策制定过程的成功提供正确的信息。

（二）数据库选型

目前市场上数据库的主流产品品种繁多，如何选择适合本次设计使用的数据库产品显得尤为重要。目前甲骨文、IBM 和微软是数据库产品的前三强厂商，但它们均要收费；另外有两个开源数据库

Postgress、MySql 也比较优秀，而且免费。本课题从可用性、稳定性、实用性等需求方面来考虑，选择开源的 MySql 数据库。

（三）数据组织

本数据库的设计将根据不可移动文物信息进行分类，通过建立数据表来实现系统的数据库部分。首先建立数据库，并与数据服务器连接，然后在数据库中添加实际数据表的内容。文物系统数据组织结构如图 5-4-1 所示。

数据库里的数据包括用户信息和不可移动文物的属性信息，按照国家文化大数据体系统一标准进行结构化存储。这些信息常以数字、文本等多种形式表示，主要采用键盘直接输入或统一批量导入的方法，其他数据如图纸、照片、地图等存储在外部数据库。数据随着每个点的记录输入数据库中，通过关联项，如唯一特征标识码，将属性数据与存储在外部数据库的其他属性信息建立联系。在用户进行图形查询时，即可显示其属性信息。

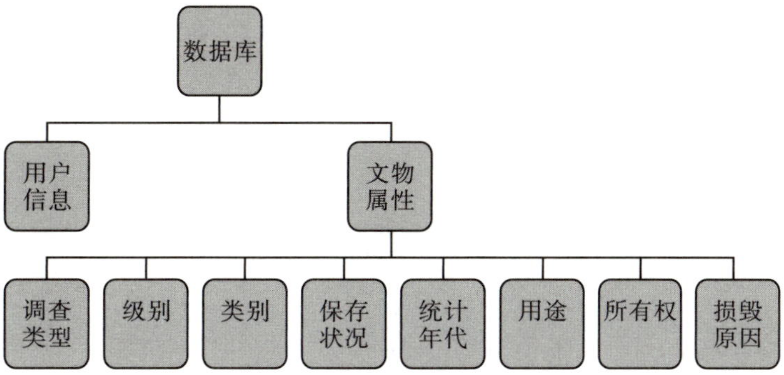

图 5-4-1　文物系统数据组织结构

（四）逻辑结构设计要点

在数据库设计中，把数据按照属性要素类进行分类，形成树形目录，每级目录建立一张表，每张表通过主键关联起来。主要有四大类别表：代码表、临时用表、系统表和业务表。数据库结构见表 5-4-3。

表 5-4-3　数据库一览表（部分）

序号	表名称	中文说明	类别
1	Code_SearchType	调查类型	代码表
2	Code Rank	级别	
3	Code_Category	类别	
4	Code State Evaluation	保存状况	
5	Code Year For Count	统计年代	
6	Code_Purpose	用途	
7	Code_OwnerShip	所有权	
8	Code Factor	损毁原因	

续表

序号	表名称	中文说明	类别
9	tPicAttDir	图片附件目录表	临时用表
10	tLostRelicFile	消失文物文件表	
11	tUnmoveRelic	不可移动文物目录表	
12	tUser	用户管理表	系统表
13	UnmovableRelic	不可移动文物登记表	业务表
14	UnmovableRelic Code YearForCount	统计年代拆分表	
15	UnmovableRelic_Code_Purpose	用途拆分表	
16	UnmovableRelic_Code_Owner ship	所有权拆分表	
17	UnmovableRelic Code Factor	损毁原因拆分表	
18	DisappearRelic	消失文物登记表	

用户信息数据的管理表属于系统表，表中主要设计了用户的用户名、密码、验证码、性别、主页、电子邮箱、QQ 号和权限级别等信息，表示该数据库表中存放的是能够访问该系统的所有用户的基本信息情况。设置填入的信息为纯英文和数字，为节约存储空间和提高检索速度，我们在该表中采用 varchar 存储数据。用户管理表（tUser）结构见表 5-4-4。

表 5-4-4　用户管理表（tUser）

序号	字段名称	中文说明	类型	长度（字符）
1	name	用户名	varchar	50
2	Pwd	密码	varchar	50
3	TruePwd	验证码	varchar	50
4	Sex	性别	char	2
5	home page	主页	varchar	50
6	Email	电子邮箱	varchar	50
7	QQ	QQ 号	varchar	20
8	quan	权限级别	varchar	20

不可移动文物登记表属于数据库中的业务表，是该数据库表中表示文物信息记录最主要的一张表，记录着文物的基本情况。表中主要设计了要素类中包含的常用的属性信息，如名称、编码、调查类型、级别、类别、所有权、统计年代、保存状况、损毁原因、用途等信息。由于信息中含有大量中文字符，为解决字符集这种不兼容的问题而使用 nvarchar 来存储数据。不可移动文物登记表（UnmovableRelic）的结构见表 5-4-5。

表 5-4-5　不可移动文物属性表（UnmovableRelic）

序号	字段名称	中文说明	类型	长度（字符）
1	id	标识	nvarchar	36
2	name	名称	nvarchar	255
3	code	编码	nvarchar	8
4	searchtype	调查类型	nvarchar	10
5	rank	级别	nvarchar	20
6	category	类别	nvarchar	50
7	ownership	所有权	nvarchar	4
8	year for count	统计年代	nvarchar	255
9	stateevaluation	保存状况	nvarchar	20
10	destroyreason	损毁原因描述	nvarchar	255
11	purpose	用途	nvarchar	10

此表可以与多张表建立关联，以得到该文物的摘要信息或更加详细的信息，使用户可在系统中实现属性信息的查询。如该表与统计年代和统计年代拆分表关联可以得到该文物的所有有关年代的信息；该表与用途和用途拆分表关联可以得到文物的详细用途信息。

（五）物理结构设计要点

以 15 个文物点计。

文字信息规定每个文物点不超过 1 G，总计 15 G。

照片、图片信息：平均每个文物点 400 M，总计 6 G。

模型切片：平均每个文物模型切片 6.5 G，总计 97.5 G。

单个硬盘的储存空间要大于 110 G。

（六）数据结构与程序的关系

不可移动文物信息管理系统的数据包括四部分：文物属性数据、图片、地图数据、三维实景数据。

文物属性数据以两种方式存放：数据库、xml 文件。

图片数据存放方式：图片文件。

地图数据以两种方式存放：数据库、地图文件。

三维实景数据：模型切片。

数据库方式：部分文字信息导入数据库，用于查询和统计。

xml 文件、图片文件和切片存放在专门的目录中，文件严格按行政区划目录树存放。

六、系统出错处理设计

（一）出错信息

系统出错处理设计见表 5-4-6。

表 5-4-6　系统出错处理设计

错误类型	原因	解决办法
数据库连接错误	数据库配置不正确	检查数据库配置，重启系统
输入错误	输入数据不规范	通过对话框或限制信息提醒用户
导入数据错误	导入的文件数据格式不规范	调整导入文件的数据格式
不可预知的错误	未知异常	刷新页面或重启浏览器

（二）补救措施

对于本系统的几种可能存在的错误进行了分析，分别进行了不同的处理。主要的错误及解决方法如下。

（1）数据库连接错误：主要是数据库的配置异常导致，需要检查数据库配置文件，重启应用系统。

（2）输入错误：主要是由用户输入数据不规范导致，需要对数据的录入进行一些限制，如限制非法字符等数据的录入。

（3）导入数据错误：主要是由用户导入的文件内容存在数据格式异常导致，需要对导入文件中的数据格式进行调整。

（4）其他不可预知的错误：程序也会有一些无法预知或没考虑完全的错误，对此不可能作出安全的异常处理。为保证数据的安全，要经常进行数据库备份。

七、系统维护设计

系统的维护主要包括数据库的维护、三维数据的维护、软件的维护。

（1）数据库的维护：提供对数据库定时、定期地进行跨服务器备份，以确保数据库的完整性。当某些原因导致数据库崩溃或数据丢失时，可以及时地通过备份进行数据恢复与还原。

（2）三维数据的维护：通过三维数据的跨服务器归档备份，对历史数据进行存档。当因操作失误或硬盘损坏导致数据丢失时，可以通过归档备份进行数据还原，也可以还原某个时刻的数据。

（3）软件的维护：提供软件后续的升级服务和 bug 修复，同时对于新需求进行持续开发实现。

第五节　系统详细设计

详细设计将按系统的主要模块进行详细描述，进一步考虑实现这些功能的具体方法、实现这些功能所依赖的技术环境。系统的详细设计并不是指具体的编程序，而是将总体设计阶段产生的系统功能模块图细化成程序流程图，以正确地实现每个模块的功能。

一、地图展示模块设计

（一）输入

鼠标左右键点击，中键滚动。

（二）输出

三维地图的变化，距离和面积测量结果，文物信息（基础信息、GPS 测点、标本信息、其他资料信息、图纸册、照片册等）。

（三）算法逻辑

距离测量：对两点之间的距离进行计算，然后依次对距离进行累加得到多点距离测量结果。

面积测量：将任意多边形切割为多个三角形，依次计算三角形面积，然后累加得到任意多边形面积。

（四）数据结构

涉及数据表：文物基础信息、GPS 测点信息、标本信息、其他资料信息、图纸册、照片册。

（五）流程图

地图展示模块流程图如图 5-5-1 所示。

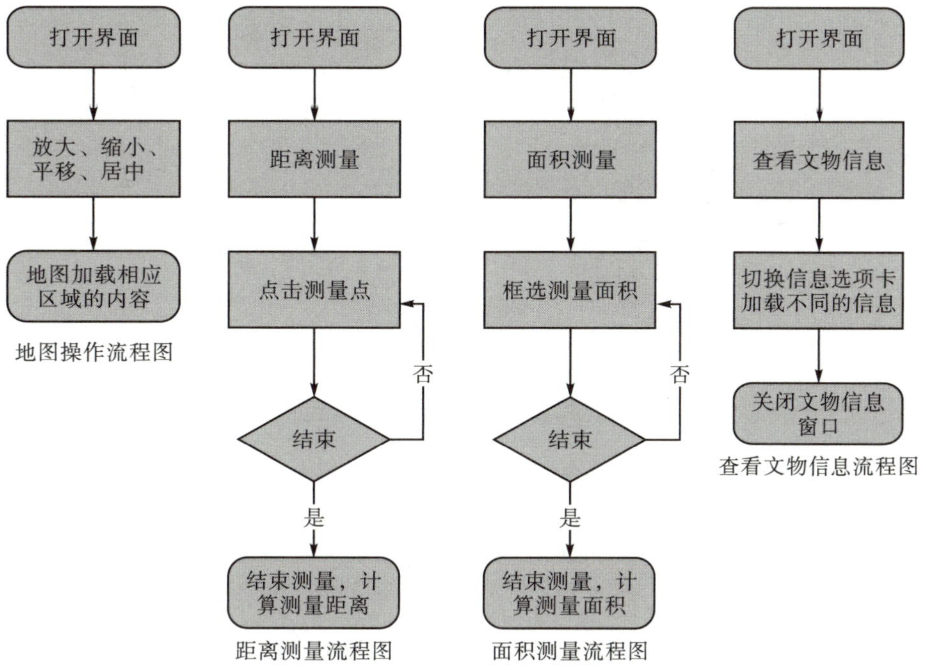

图 5-5-1　地图展示模块流程图

（六）用户界面原型图

地图展示界面原型图见图 5–5–2，文物信息界面原型图见图 5–5–3。

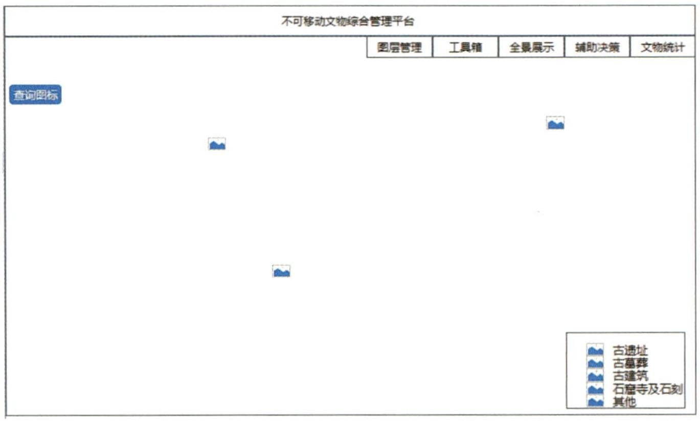

图 5–5–2　地图展示界面原型图

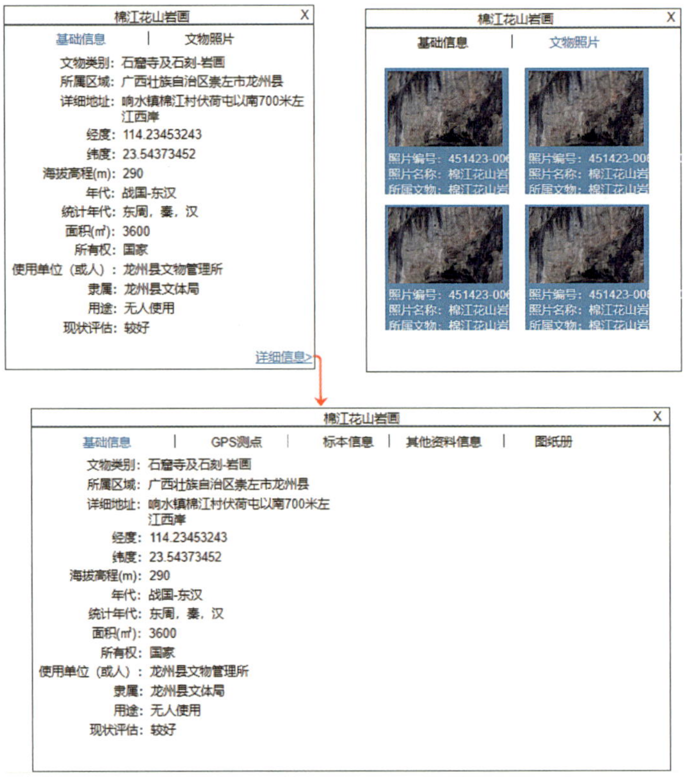

图 5–5–3　文物信息界面原型图

二、文物查询模块设计

（一）输入

1. 文物属性查询

文物名称关键字：由用户输入，输入介质为键盘、鼠标。

文物类别：通过下拉选择框产生，输入介质为键盘、鼠标。

文物级别：通过下拉选择框产生，输入介质为键盘、鼠标。

文物年代：通过下拉选择框产生，输入介质为键盘、鼠标。

文物所属区域：通过下拉选择框产生，输入介质为键盘、鼠标。

2. 文物空间查询

框选范围：由用户选择范围，输入介质为鼠标。

坐标：由用户输入，输入介质为键盘、鼠标。

半径：由用户输入，输入介质为键盘、鼠标。

3. 联合查询

文物名称关键字：由用户输入，输入介质为键盘、鼠标。

文物类别：通过下拉选择框产生，输入介质为键盘、鼠标。

文物级别：通过下拉选择框产生，输入介质为键盘、鼠标。

文物年代：通过下拉选择框产生，输入介质为键盘、鼠标。

4. 文物所属区域

通过下拉选择框产生，输入介质为键盘、鼠标。

框选范围：由用户选择范围，输入介质为鼠标。

坐标：由用户输入，输入介质为键盘、鼠标。

半径：由用户输入，输入介质为键盘、鼠标。

（二）输出

1. 文物属性查询

文物记录列表，详细信息参考文物信息表。

2. 文物空间查询

文物记录列表，详细信息参考文物信息表。

3. 联合查询

文物记录列表，详细信息参考文物信息表。

（三）算法逻辑

搜索框默认处于隐藏状态，当点击“查询”图标时，展开“搜索”列表，展开后再次点击“查询”图标则默认为列表隐藏，再次点击可展开（如果未点击关闭查询的按钮，未刷新页面，则保存之前的查询条件及结果），点击“缩小”按钮功能同上，点击“关闭”按钮则关闭列表并清空搜索结果及地图图标展示结果。

展开后默认两个查询方式都是勾选状态，取消勾选后自动收缩下拉框，再次勾选后又自动展开。

取消勾选后，下拉框选项全为置灰状态，并清空对应选项包含的筛选条件，不更新搜索结果。

“空间查询”选项为单选，默认选择区域，可直接使用后面的框选、圆选、多边形选的工具（Ctrl+鼠标左键拖动），用相应的工具在地图上绘制后直接计算范围内的文物数据展示在列表中；坐标定位选项置灰。

若选择坐标定位，下方选项框中包含坐标点定位、特定圆圈、特定矩形、多边形选项（各拐点坐标，可添加不超过 10 个经纬度输入项），输入项中，圆心半径为不超过 5 位数的整数，其余为小数，小数点前保留 3 位数，小数点后保留 8 位数，区域选择置灰。

点击“查询”按钮，综合所有已选的条件对文物进行查询并列表展示。

查询结果同步展示在地图中（以序号图标显示），点击某条数据或在地图上点击某个图标，地图放大到一定层级并展示文物信息（同点击“文物类型”图标）。

点击“查询”按钮后根据条件搜索查询结果并展示，地图缩放到页面中能包含所有查询结果的文物图标，文物图标按序号显示（按文物类型显示的图标隐藏，关闭搜索弹窗后隐藏序号图标，显示文物类型图标）。

文物名称搜索框可输入不超过 50 个字符。

点击“重置”按钮重置所有筛选条件，查询的结果保留；点击“导出”按钮则以 Excel 表格导出所有查询出的文物信息。

（四）数据结构

涉及数据表：文物基础信息、GPS 测点信息、标本信息、其他资料信息、图纸册、照片册。

（五）流程图

文物查询模块设计流程如图 5-5-4 所示。

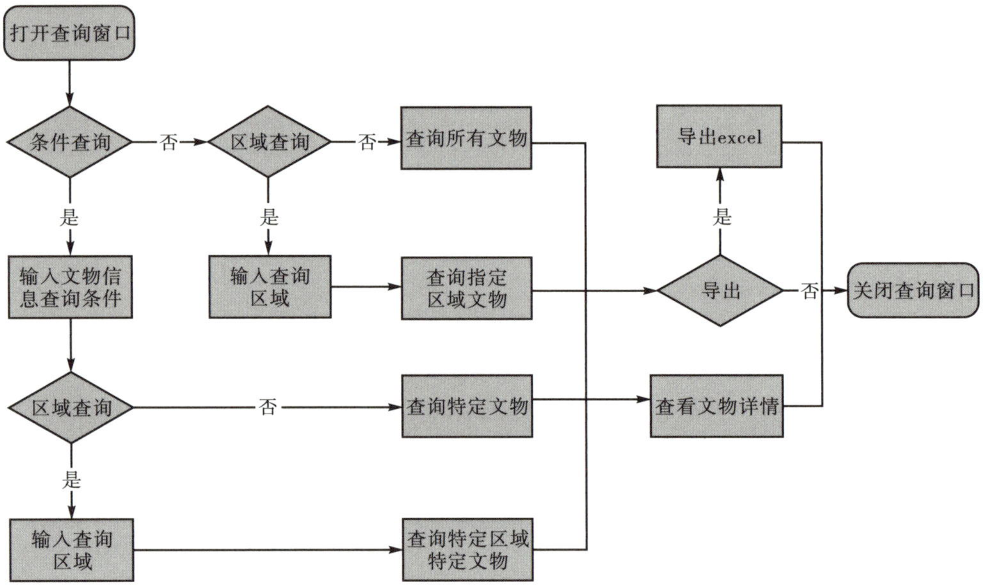

图 5-5-4　文物查询模块流程图

（六）用户界面

用户界面如图 5–5–5 至图 5–5–7 所示。

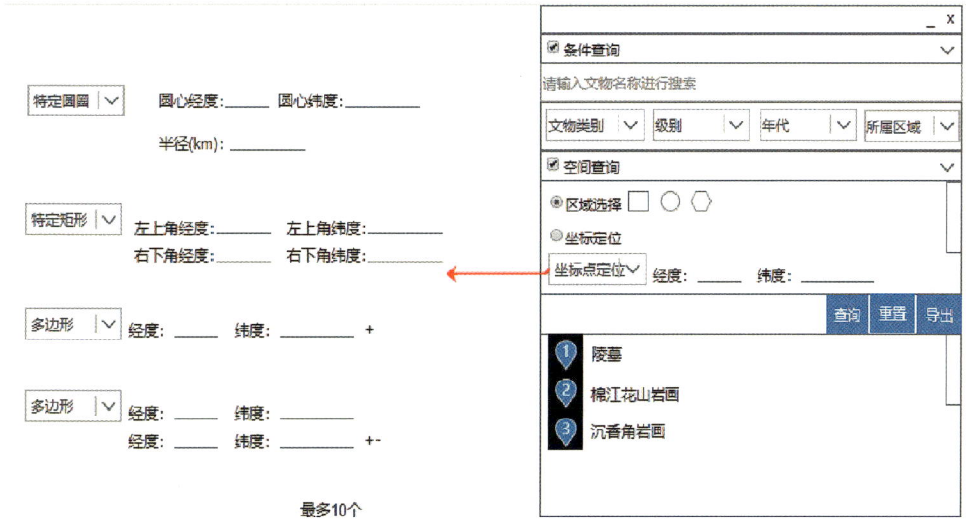

图 5–5–5　组合查询界面

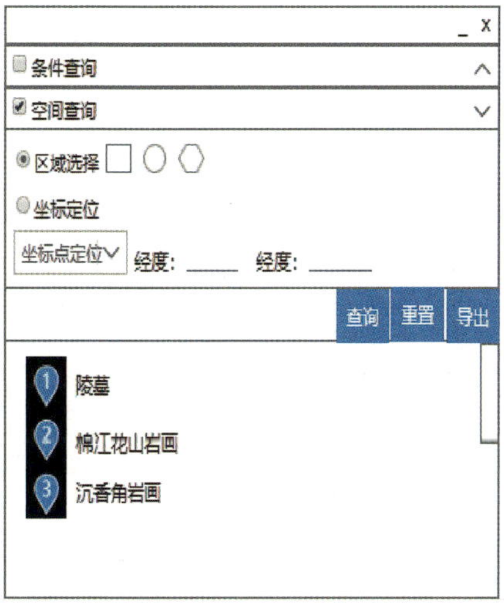

图 5–5–6　空间查询界面

图 5–5–7　条件查询界面

三、信息展示模块设计

（一）输入

鼠标左右键点击，中键滚动。

（二）输出

（1）基本信息展示：包括基本信息、现状信息、GPS 测点信息、照片册页、图纸册页、标本登记信息、其他资料信息。

（2）图片展示：文物的所有图片信息。

（3）三维展示：文物的三维模型。

（4）全景展示：文物的全景图片。

（三）算法逻辑

基本信息以弹窗的模式进行展示；文物图片以弹窗的模式进行展示；文物模型通过当前页面加载展示；全景图片通过新开一个页面进行展示。

（四）数据结构

涉及数据表：文物基础信息、GPS 测点信息、标本信息、其他资料信息、图纸册、照片册。

（五）流程图

信息展示模块设计流程图见图 5-5-8。

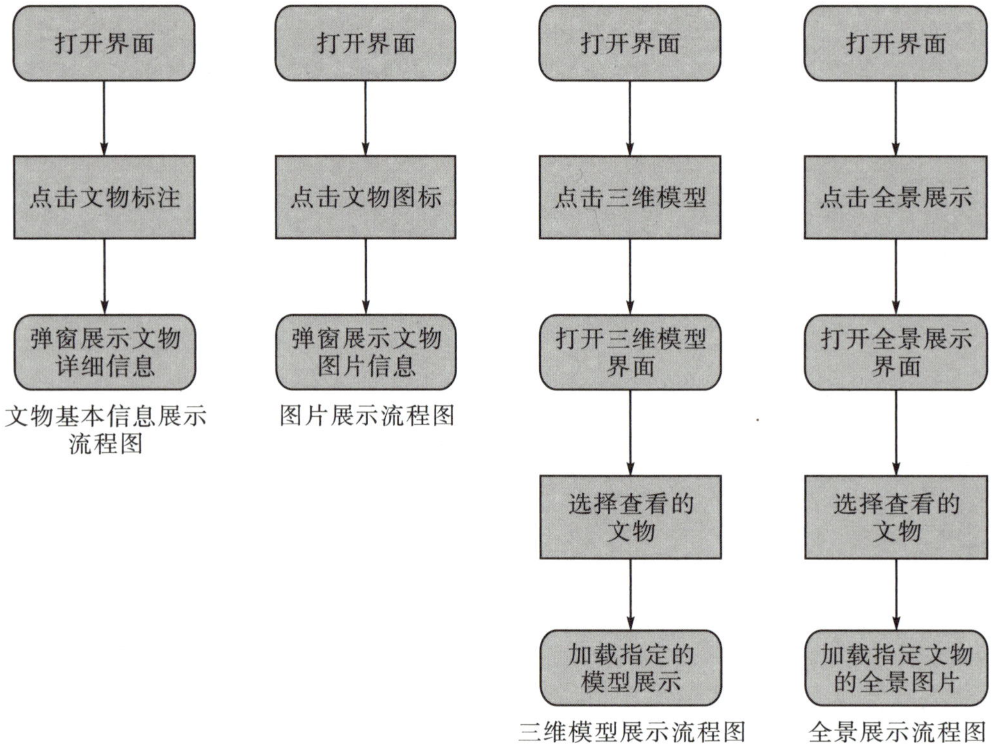

图 5-5-8　信息展示模块流程图

（六）用户界面

文物信息展示界面如图 5-5-9 所示。

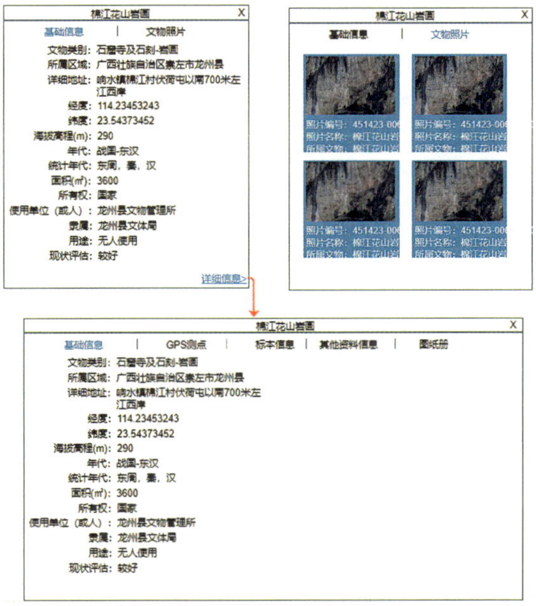

图 5–5–9　文物信息展示界面

四、辅助决策模块设计

（一）输入

矢量图层文件：通过下拉选择框产生，输入介质为键盘、鼠标。

框选范围：由用户选择范围，输入介质为鼠标。

（二）输出

缓冲区分析：分析结果列表包括相交分析对象、文物名称、相交经度、相交纬度。

叠加分析：分析结果列表包括相交分析对象、文物名称、相交经度、相交纬度。

分析报告：分析结果列表和 Excel 表格文件包含相交分析对象、文物名称、相交经度、相交纬度、文物地址、分析类型。

（三）算法逻辑

图层管理新增矢量图层版块和专题图层展示版块。专题图层展示版块包含：文物本体范围图层、文物保护范围图层、文物建筑控制地带范围图层。

点击“辅助决策”按钮弹出弹窗。

1. 缓冲区分析

缓冲对象为单选。

选择图层包含项为“图层管理 – 矢量图层”版块中的矢量数据。

手动勾画包含项为“点、线、面”的按钮，选择手动勾画需在地图中进行相应绘制，点击相应图标后图标为选中状态，选中后可在地图中绘制，点击其他图标后当前图标取消选中，再次点击图标可取消选中状态。

选择点后鼠标左击生成点；选择线和面后鼠标左击开始绘制，可多次点击生成拐角，右击结束绘制；仅可绘制单点、单线、单面。

输入坐标最多可输入十组，输入项为小数，小数点前保留 3 位数，小数点后保留 8 位数。

缓冲半径输入为正整数，默认为 0，可输入不超过 5 位数的正整数。

分析对象为多选，必选。

点击“分析”按钮，地图显示缓冲结果，并判断根据设置的半径生成的缓冲数据和分析对象的矢量数据交点坐标，列出每一坐标及相交属性，文物名称为相交的范围图层所属的文物名称。

2. 叠加分析

输入对象、叠加对象为单选。

选择图层包含项为图层管理中的矢量图层版块中的矢量数据。

手动勾画包含项为“点、线、面”的按钮，选择手动勾画需在地图中进行相应绘制，点击相应图标后图标为选中状态，选中后可在地图中绘制，点击其他图标后当前图标取消选中，再次点击图标可取消选中状态。

选择点后鼠标左击生成点；选择线和面后鼠标左击开始绘制，可多次点击生成拐角，右击结束绘制；仅可绘制单点、单线、单面。

输入坐标最多可输入十组，输入项为小数，小数点前保留 3 位数，小数点后保留 8 位数。

分析对象为多选，必选。

点击“分析”按钮，输入对象和叠加对象的数据进行相互叠加（平面空间求并集），显示叠加结果，并判断叠加后数据和分析对象的矢量数据交点坐标，列出每一坐标及相交属性，文物名称为相交的范围图层所属的文物名称。

切换页面或点击收起图标可保留分析结果，关闭弹窗则结果不被保留。

3. 分析报告

多选项，必选。

点击“导出报告”按钮，若勾选的选项都无分析结果，则提示：“未进行分析，请分析后再导出报告。”导出的报告模板如图 5-5-10 所示。

序号	相交分析对象	文物名称	相交经度	相交纬度	文物地址	分析类型
1	本体范围图层	大浪古城	114.324922	23.342563		缓冲区分析
2	本体范围图层	大浪古城	114.324965	23.342594		叠加分析

图 5-5-10 分析报告模板

（四）数据结构

涉及数据表：文物基础信息。

（五）用户界面

用户界面展示如图 5-5-11 至图 5-5-13 所示。

图 5-5-11　缓冲区分析界面

图 5-5-12　叠加分析界面

图 5-5-13　分析报告界面

五、文物统计模块设计

（一）输入

鼠标左右键点击。

框选范围：由用户选择范围，输入介质为鼠标。

（二）输出

文物数据统计图标。

文物明细列表，详细信息参考文物信息表。

（三）算法逻辑

点击“文物统计”按钮出现文物统计和空间统计弹窗，默认显示所有文物的统计结果。

空间统计可根据在地图中区域选择或者坐标定位进行统计，点击“统计”按钮则根据空间筛选条件进行数据统计，根据统计结果更新文物统计弹窗的图表数据。

点击每一个图表板块，弹出文物明细弹窗。

点击“导出”按钮，导出当前空间统计条件下的所有文物明细，生成 xlsx 格式文件。

（四）数据结构

涉及数据表：文物基础信息。

（五）用户界面

用户界面见图 5-5-14 所示。

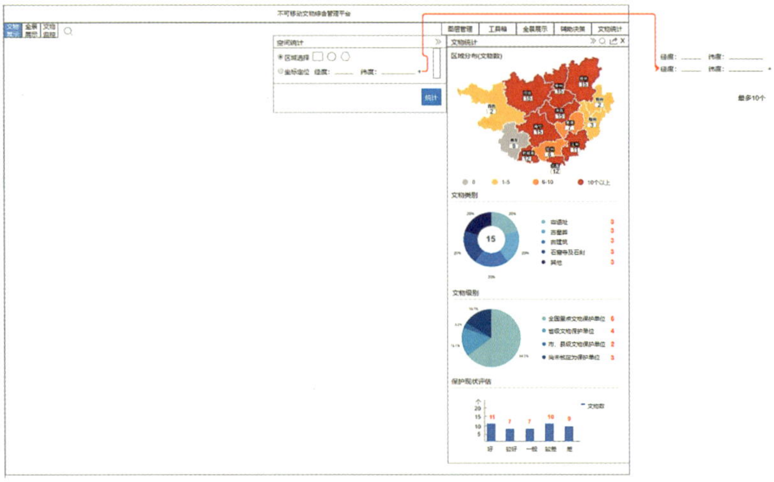

图 5-5-14　文物统计界面

六、信息维护模块设计

（一）输入

1. 基本信息维护

文物信息 Excel 文件：按照模板文件填写好数据。

文物基本信息：详细字段参见文物基础信息表，由用户输入，输入介质为键盘、鼠标。

文物现状信息：详细字段参见文物现状信息表，由用户输入，输入介质为键盘、鼠标。

GPS 测点信息：详细字段参见 GPS 测点信息表，由用户输入，输入介质为键盘、鼠标。

标本登记信息：详细字段参见标本登记信息表，由用户输入，输入介质为键盘、鼠标。

其他资料信息：详细字段参见其他资料信息表，由用户输入，输入介质为键盘、鼠标。

图纸册信息：详细字段参见图纸册表，由用户输入，图纸文件由用户上传，输入介质为键盘、鼠标。

2. 图片维护

文物图片：由用户上传，输入介质为键盘、鼠标。

关键字：由用户输入，输入介质为键盘、鼠标。

所属文物：由用户输入，输入介质为键盘、鼠标。

时间段：由用户输入，输入介质为键盘、鼠标。

图片标签：由用户输入，输入介质为键盘、鼠标。

（二）输出

1. 基本信息维护

提示信息（成功或失败），输出方式为弹窗形式。

其余输出各项与输入项意义相同，输出方式以数据列表形式进行展示。

2. 图片维护

提示信息（成功或失败），输出方式为弹窗形式。

图片缩略图：根据预设规格生成。

其余输入各项与输入项意义相同，输出方式以数据列表形式进行展示。

（三）算法逻辑

1. 基本信息维护

搜索条件中区域通过选择确定，文物名称、年代、编号可以模糊查询，不超过 50 个字符。

数据列表仅展示部分数据，点击“详情”按钮展示详细信息。

导入导出的文件需严格按照模板，导入时需校验字段的合法性，模板包含所有字段。

删除时需要弹窗确认，如未勾选任何记录，无法进行删除。

带星号的数据框为必填内容，其他为选填内容。

文物类别为两级选项，区域为三级选项，且都为单选。

统计年代、所有权、用途、损坏自然因素、损毁人为因素等选项为多选，剩余其他选项均为单选。

数字类型只能输入正整数且不超过 8 位，经纬度不超过经纬度的最大范围，最多保留小数点后 8 位，字符串最多不超过 50 个字符，其中现状描述、损毁原因描述、自然环境、人文环境、备注不能超过 1000 个字符。

资料文件最多上传 10 份，不限格式。

图纸册文件格式为 dlg。

2. 图片维护

图片名称、编号可以模糊查询，所属文物下拉选择且支持关键字匹配，输入框不超过 50 个字符。

图片以列表或卡片展示，点击照片名称或卡片则弹出照片详情界面。

删除时需要弹窗确认，如未勾选任何记录，无法进行删除。

图片格式仅限于 jpg、png，大小不超过 20 M，单次上传不超过 25 张。

实时显示总体上传图片数量，单张照片弹窗显示上传进度。

编辑与保存操作相互切换，文字说明不超过 1000 个字符，其余项不超过 50 个字符，星标为必填项。

全部取消时需进一步确定。

（四）数据结构

涉及数据表：文物基础信息、GPS 测点信息、标本信息、其他资料信息、图纸册、照片册。

（五）流程图

设计流程图如图 5-5-15 至图 5-5-22 所示。

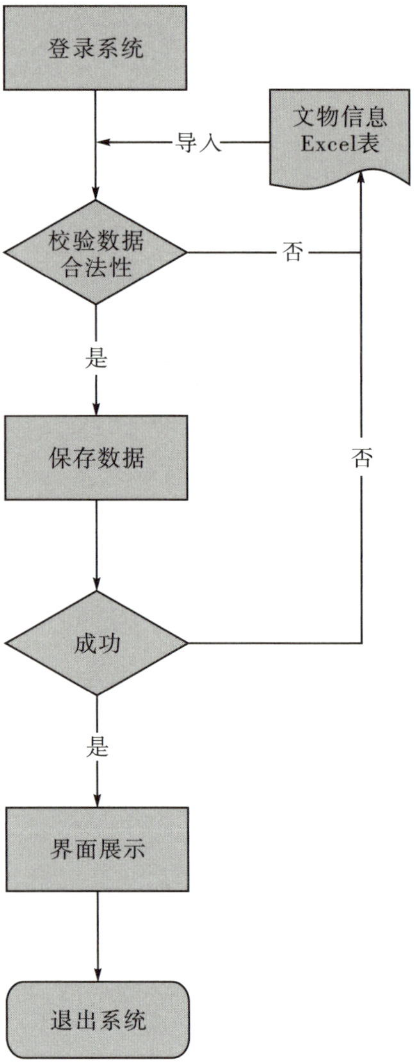

图 5-5-15 文物信息 Excel 表导入流程图

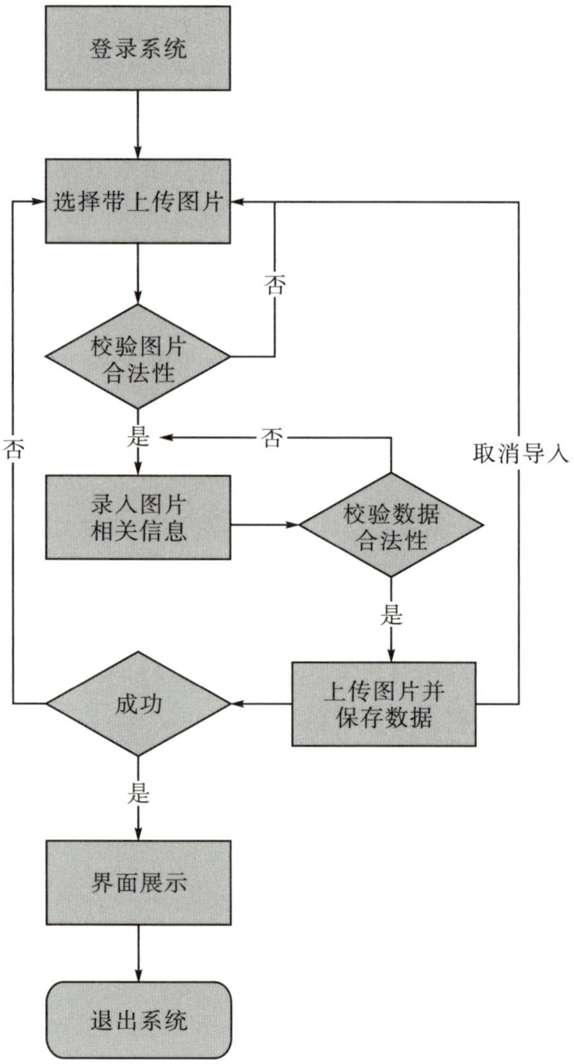

图 5-5-16 文物图片上传流程图

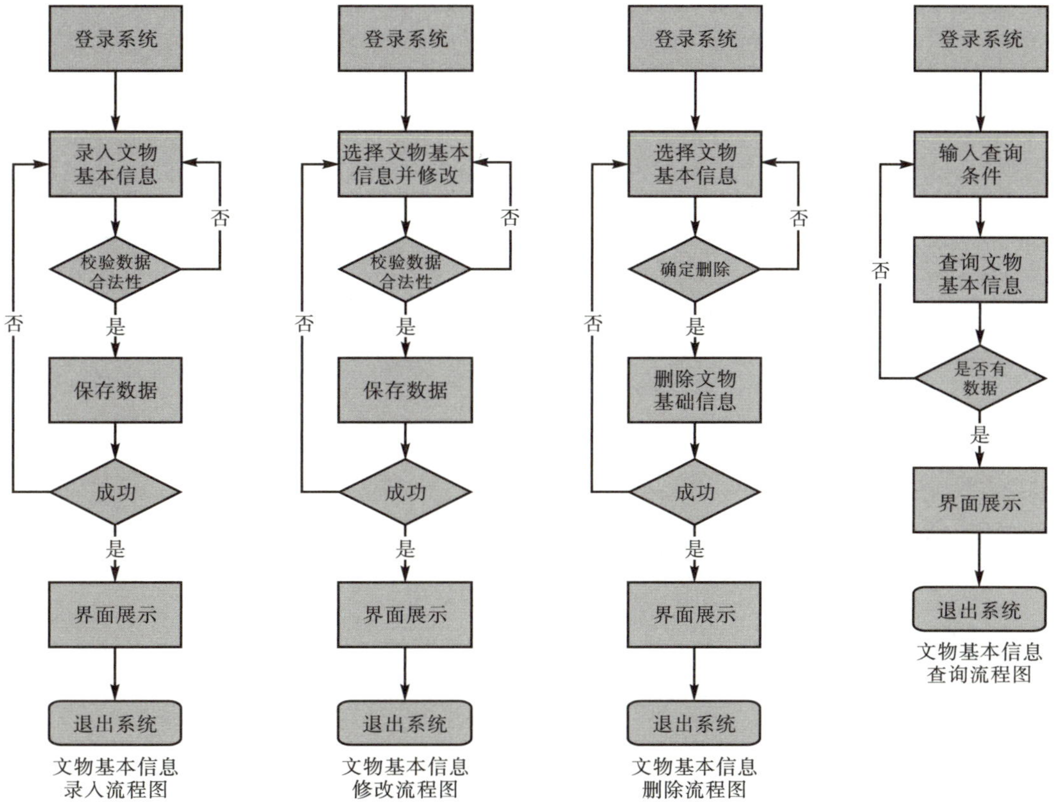

图 5–5–17　文物基本信息相关流程图

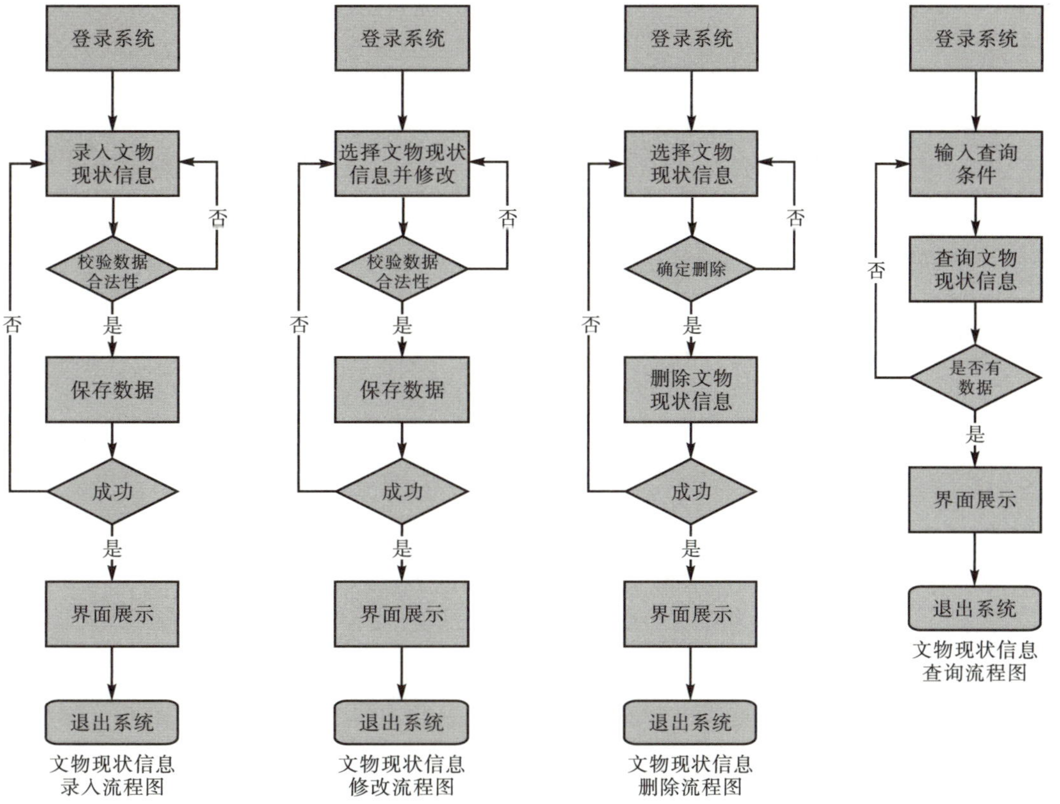

图 5–5–18　文物现状信息相关流程图

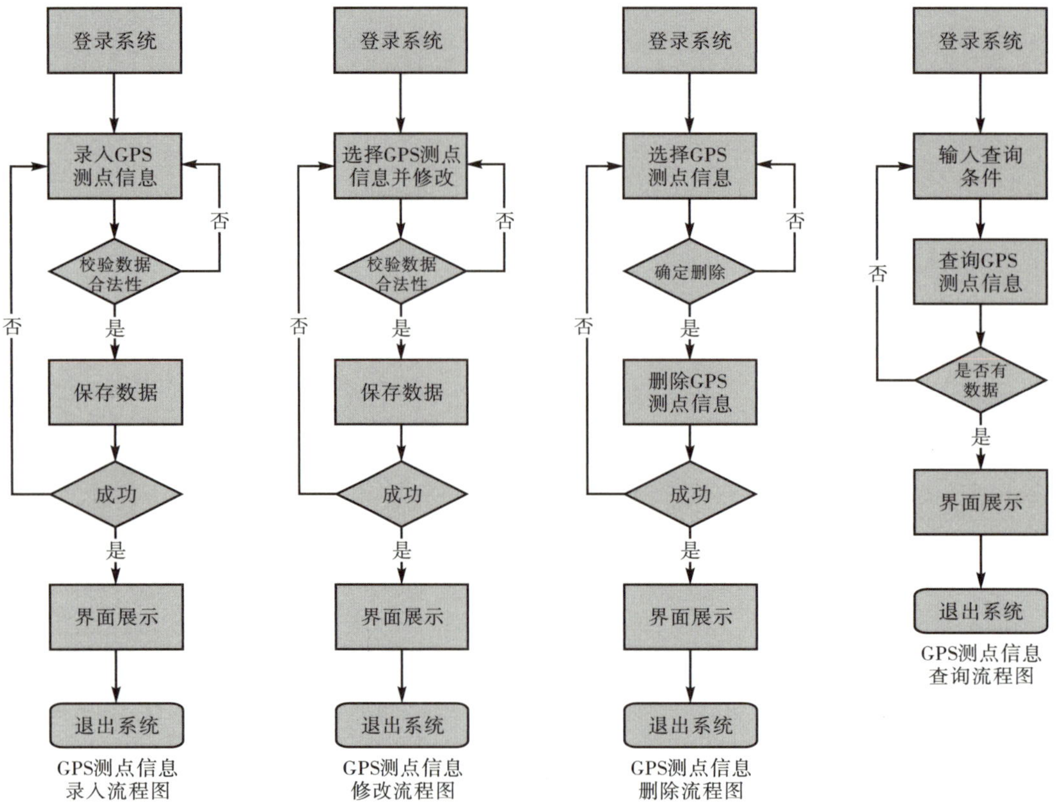

图 5-5-19　GPS 测点信息相关流程图

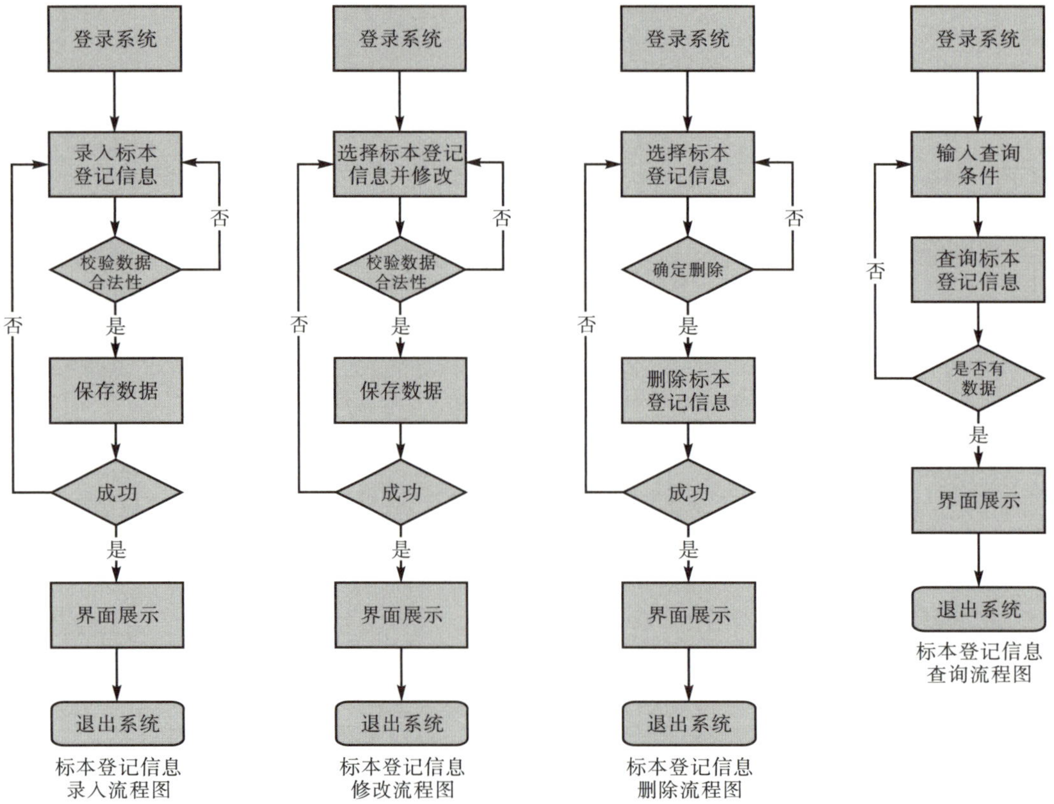

图 5-5-20　标本登记信息相关流程图

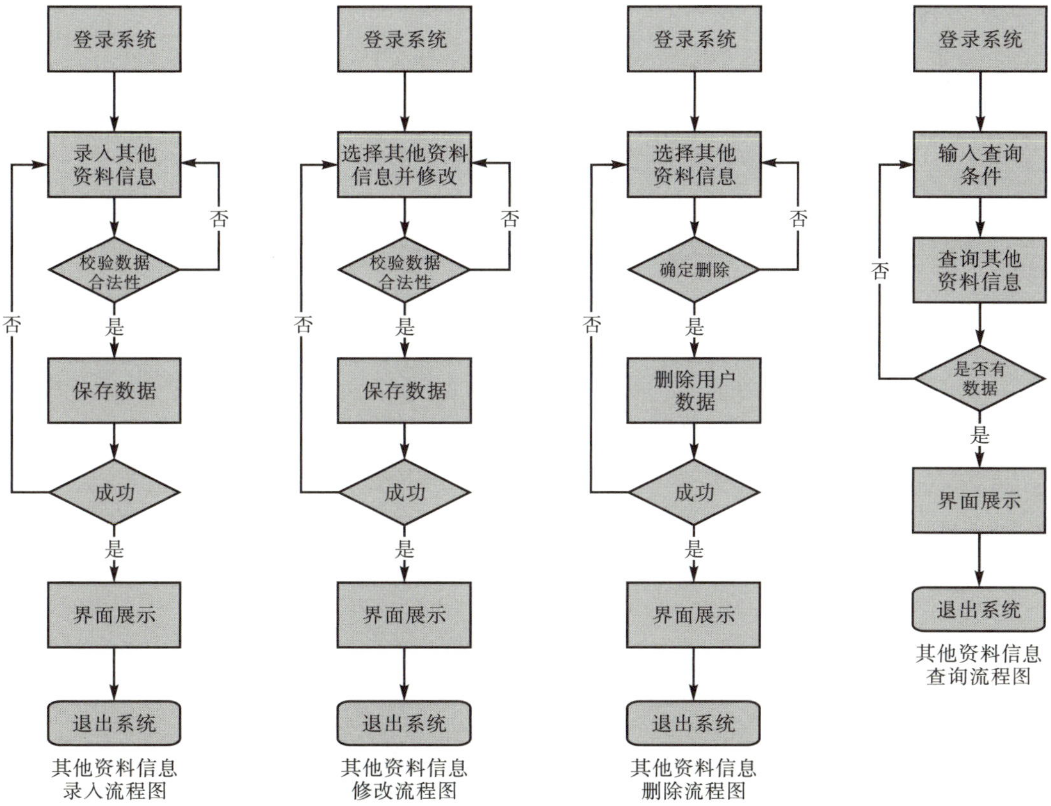

图 5-5-21　其他资料信息相关流程图

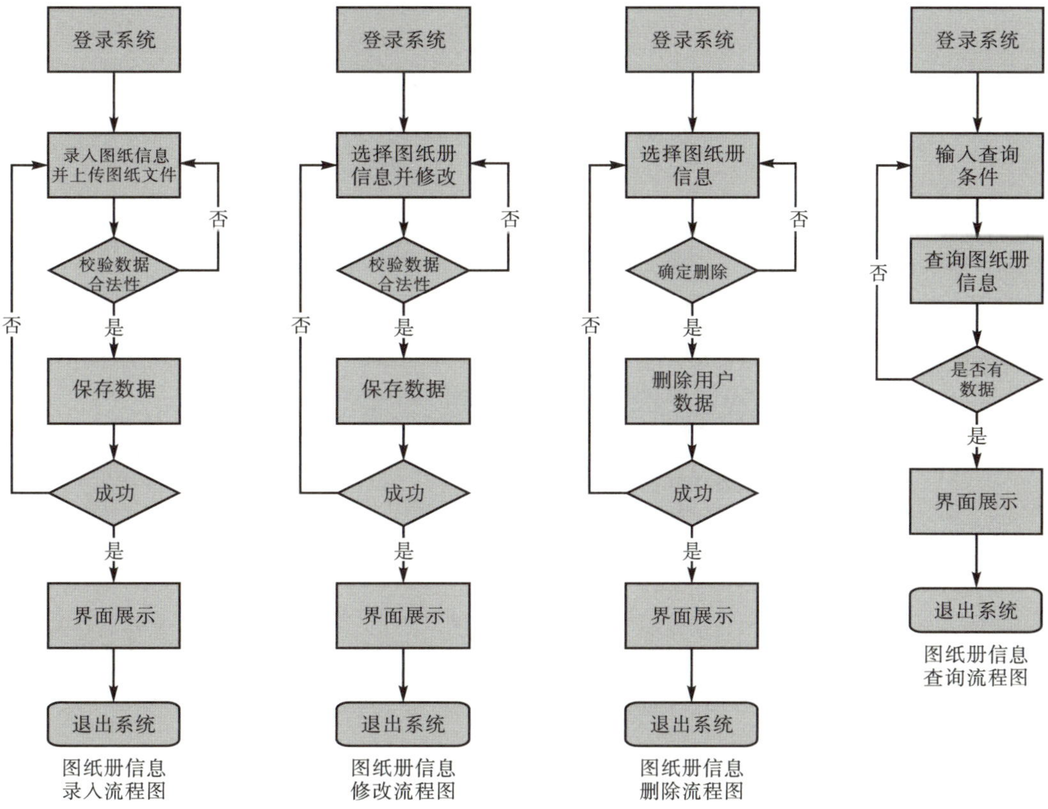

图 5-5-22　图纸册相关流程图

（六）用户界面

用户界面如图 5-5-23 至图 5-5-37 所示。

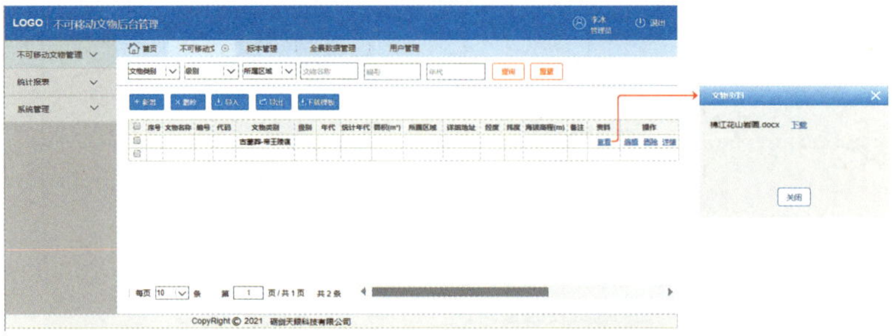

图 5-5-23　文物基本信息数据列表界面

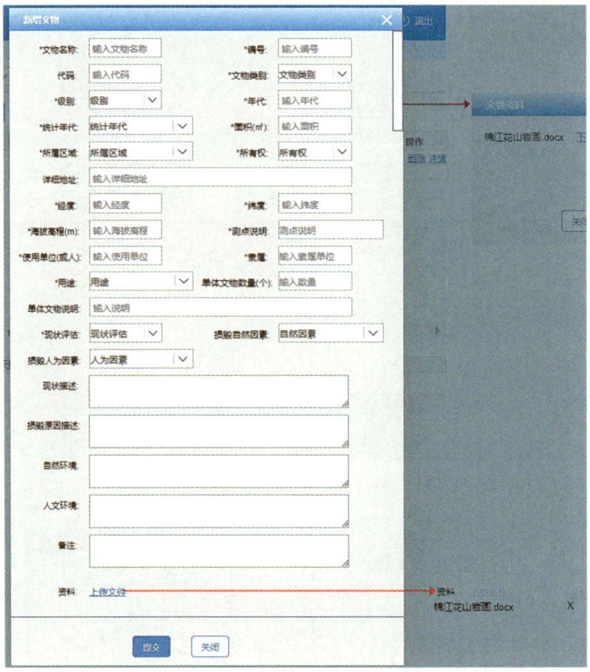

图 5-5-24　文物基本信息录入界面

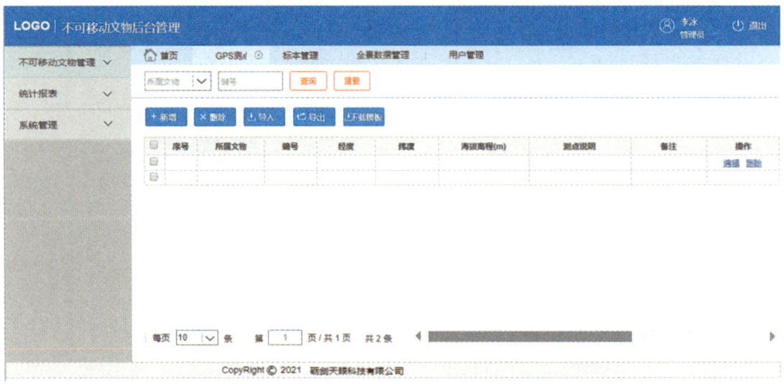

图 5-5-25　GPS 测点数据列表界面

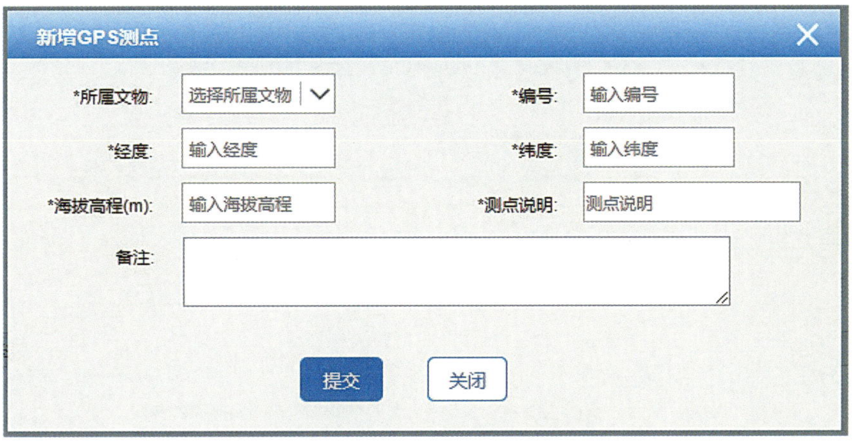

图 5-5-26　GPS 测点新增界面

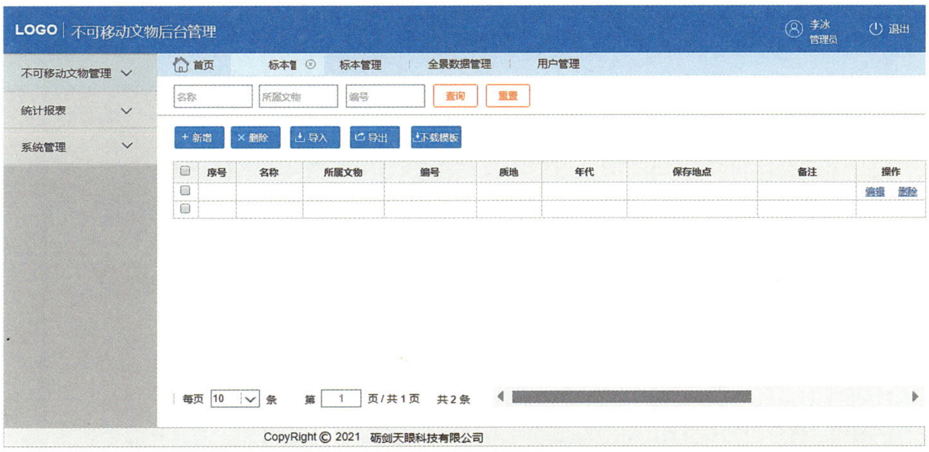

图 5-5-27　标本列表界面

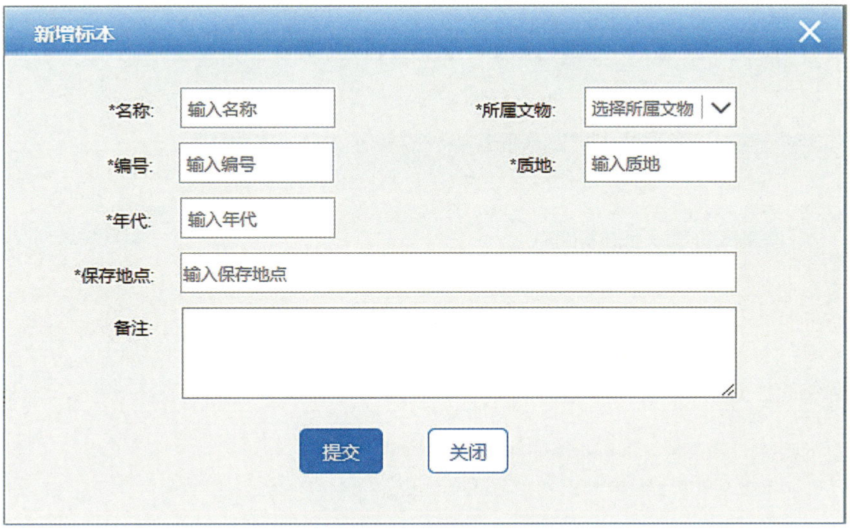

图 5-5-28　标本新增界面

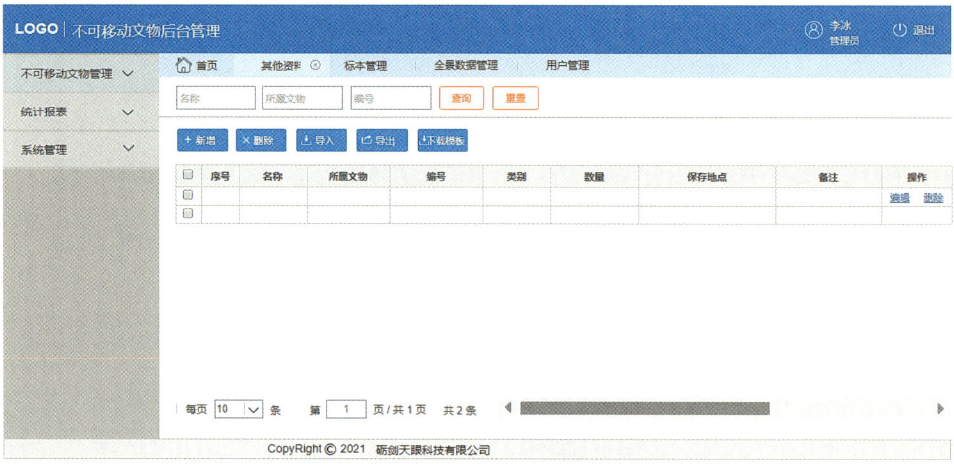

图 5-5-29　其他资料数据列表界面

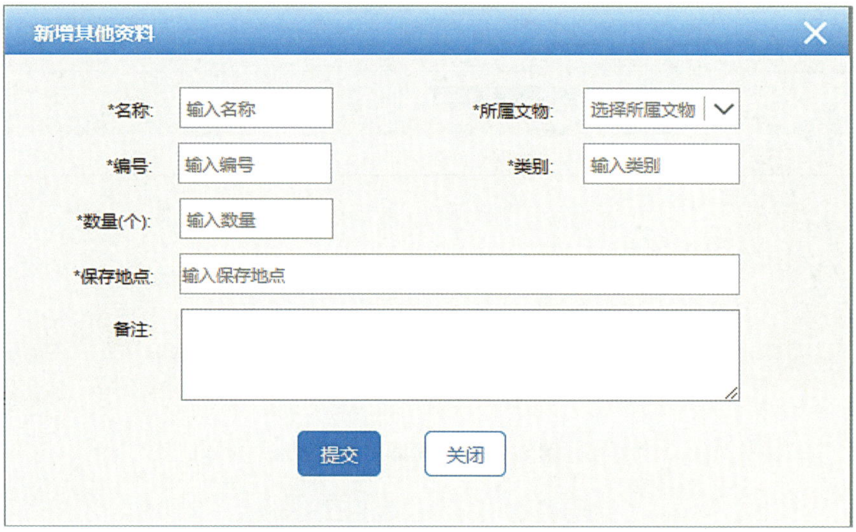

图 5-5-30　其他资料新增界面

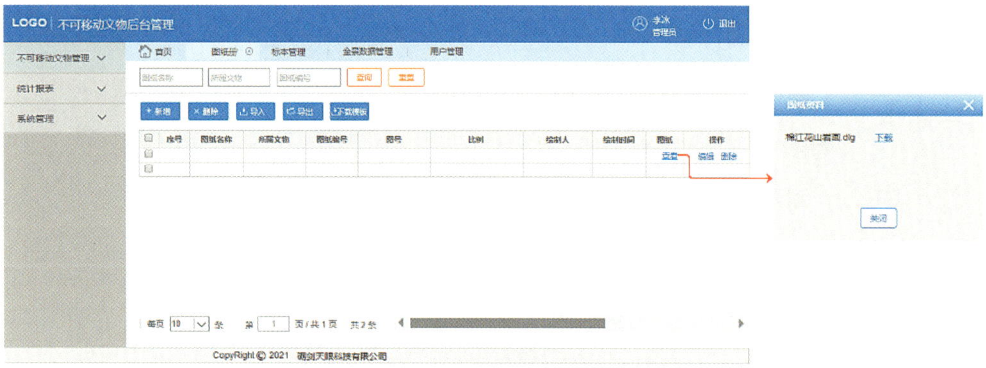

图 5-5-31　图纸册数据列表界面

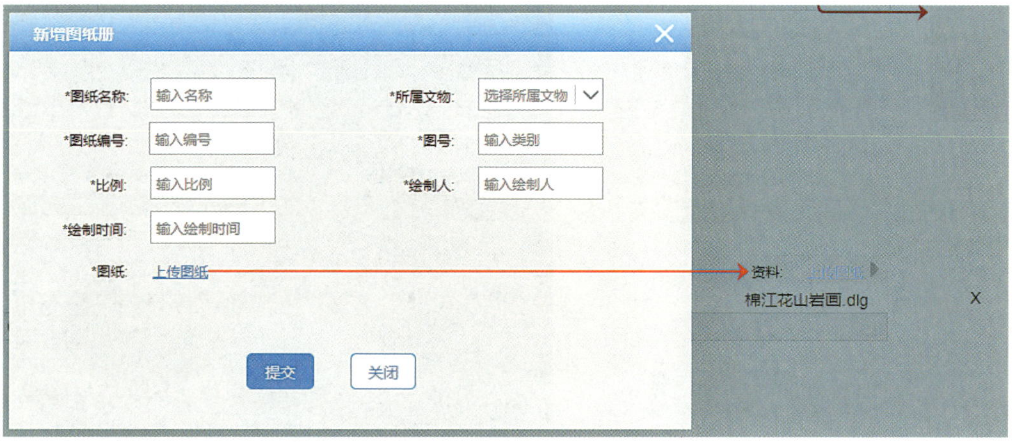

图 5–5–32 图纸册新增界面

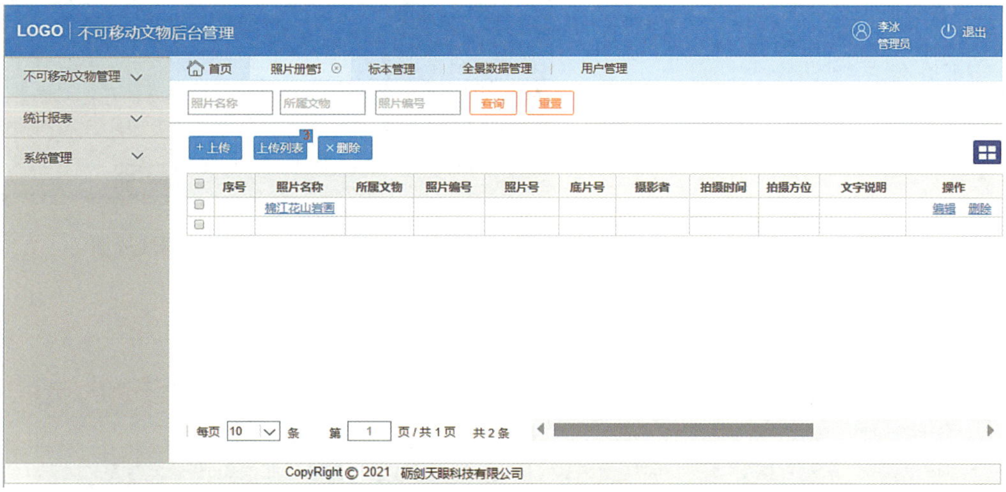

图 5–5–33 照片列表界面

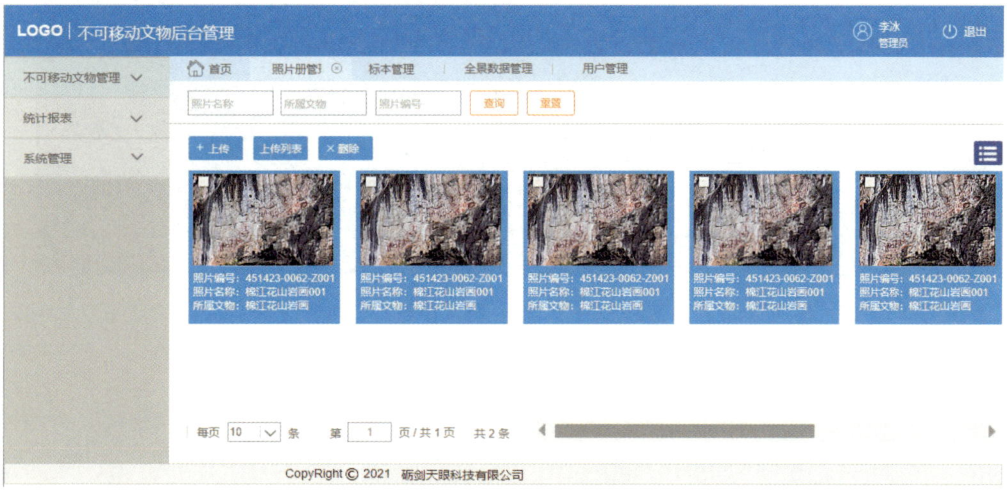

图 5–5–34 照片卡片界面

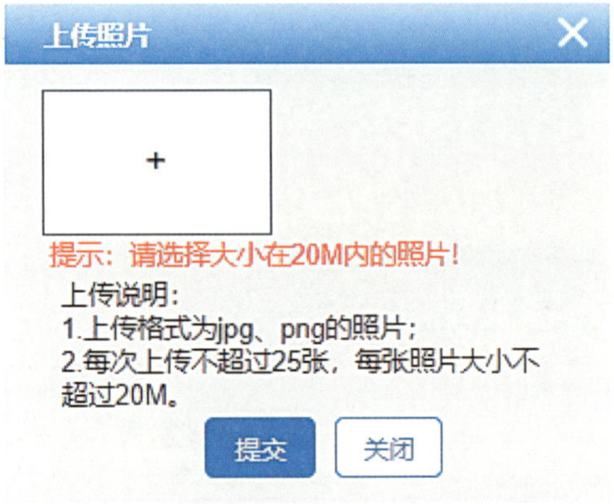

图 5-5-35　照片上传界面

图 5-5-36　照片上传进度列表界面

图 5-5-37　照片详情界面

七、系统管理模块设计

（一）输入

1. 用户管理

登录账户：系统自动生成。

登录密码：系统自动生成。

其余用户信息：由用户输入，详情参见用户表，输入介质为键盘、鼠标。

2. 部门管理

部门编号：系统自动生成。

其余部门信息：由用户输入，详情参见部门信息表，输入介质为键盘、鼠标。

3. 权限管理

角色编号：系统自动生成。

角色名称：由用户输入，输入介质为键盘、鼠标。

角色描述：由用户输入，输入介质为键盘、鼠标。

角色权限：由用户勾选，输入介质为键盘、鼠标。

4. 数据字典

类别值：由用户输入，输入介质为键盘、鼠标。

选项属性：由用户输入，输入介质为键盘、鼠标。

5. 文物指标维护

属性编号：系统自动生成。

文物属性：由用户输入，输入介质为键盘、鼠标。

字段类型：通过下拉选择框产生，输入介质为键盘、鼠标。

6. 日志管理

所有日志均为系统自动录入。

（二）输出

1. 用户管理

提示信息（成功或失败），输出方式为弹窗形式。

输出项与输入项意义相同，结果集以数据列表形式展示。

2. 部门管理

提示信息（成功或失败），输出方式为弹窗形式。

输出项与输入项意义相同，结果集以数据列表形式展示。

3. 权限管理

提示信息（成功或失败），输出方式为弹窗形式。

输出项与输入项意义相同，结果集以数据列表形式展示。

4. 数据字典

提示信息（成功或失败），输出方式为弹窗形式。

输出项与输入项意义相同，结果集以数据列表形式展示。

5. 文物指标维护

提示信息（成功或失败），输出方式为弹窗形式。

输出项与输入项意义相同，结果集以数据列表形式展示。

6. 日志管理

输出用户登录日志，包含用户登录信息。

（三）算法逻辑

1. 用户管理

登录账号和部门为必填，其他内容为选填，且不可超过 20 个字符，登录账号需校验唯一性。

删除时需要进行二次确认。

密码为系统生成默认密码，加密方式：MD5（密码 + 盐值），初次登录时需要提示用户进行密码修改。

查询用户信息时不可返回密码和盐值等机密信息。

一个用户可以分配多个角色，一个用户只属于一个部门。

系统自动初始化一个超级管理员账户。

2. 部门管理

部门编号为系统生成且唯一，其他部门信息由用户填写，不超过 20 个字符。

删除时需要进行二次确认，且只能删除没有下级部门的部门。

部门分层级进行管理，理论上支持无限级。

新增部门时需逐级添加，每个部门只有一个上级部门，系统自动初始化一个根部门。

3. 权限管理

角色编号由系统自动生成，名称由用户自行填写，且不超过 20 个字符。

角色可以新增、删除、修改，且只能修改角色名称，删除时需进行二次确认。

一个角色可以分配多个权限。

系统自动初始化一个超级管理员角色，包含所有权限。

分配权限粒度可分为：模块权限 > 菜单权限 > 按钮权限。

权限由系统自动生成，不能新增、删除、修改。

4. 文物指标维护

输入项可包含汉字、字母、数字和“（）”，可输入不超过 20 个字符，其余字符限制输入［或输入其余字符，点击“保存”按钮提示：“仅可输入汉字、字母、数字和（）”］。创建成功后的数据增加在列表中。若输入多行数据，视为批量新增，每一行为一个文物属性信息且增加在列表中；并在文物指标维护模块中按列表中的顺序新增相应字段；创建的输入项在文物管理页面新增文物信息时，该字段可输入不超过 10000 个字符。

选择项可勾选数据字典中的所有类别，可多选，勾选的类别显示在下拉框下方；取消勾选，则取消该类别的显示，搜索框为模糊搜索。点击“系统管理 – 数据字典”，判断该用户是否有数据字典页面权限，若无权限，则弹窗提示：“无权限，请联系系统管理员进行处理”；若有权限，则跳转到数据字典页面。

点击“保存”按钮，判断创建的数据与数据库已有数据之间是否是重复数据，若是，则弹窗提示：“已有重复属性，请重新输入。”

5. 数据字典

类别名称不可选中，点击后方“+”可添加类别，可输入不超过 20 个字符。

固定类别包括：文物类别 – 详细类别、级别、统计年代、所有权、用途、现状评估、损毁自然因素、损毁人为因素，不可编辑删除。

类别值为输入项，必填，可输入不超过 40 个字符；选项属性为单选项，必选，选项包括：单选、多选。

点击“删除”按钮，弹窗提示：“是否删除所选数据？”选择“确定”或“返回”。

点击一级类别名称后方“+”可添加二级类别，选择二级及以下的类别时列表增加属性字段“父类别值”，属性字段单选，选择项为上一级所有类型值，必选。

6. 日志管理

日志由系统自动生成。

日志查询必须指定时间范围，且最长不超过一个月。

（四）数据结构

涉及数据表：用户表、部门表、权限表、角色表、文物指标、数据字典、日志表。

（五）流程图

系统模块设计如图 5-5-38 至图 5-5-43 所示。

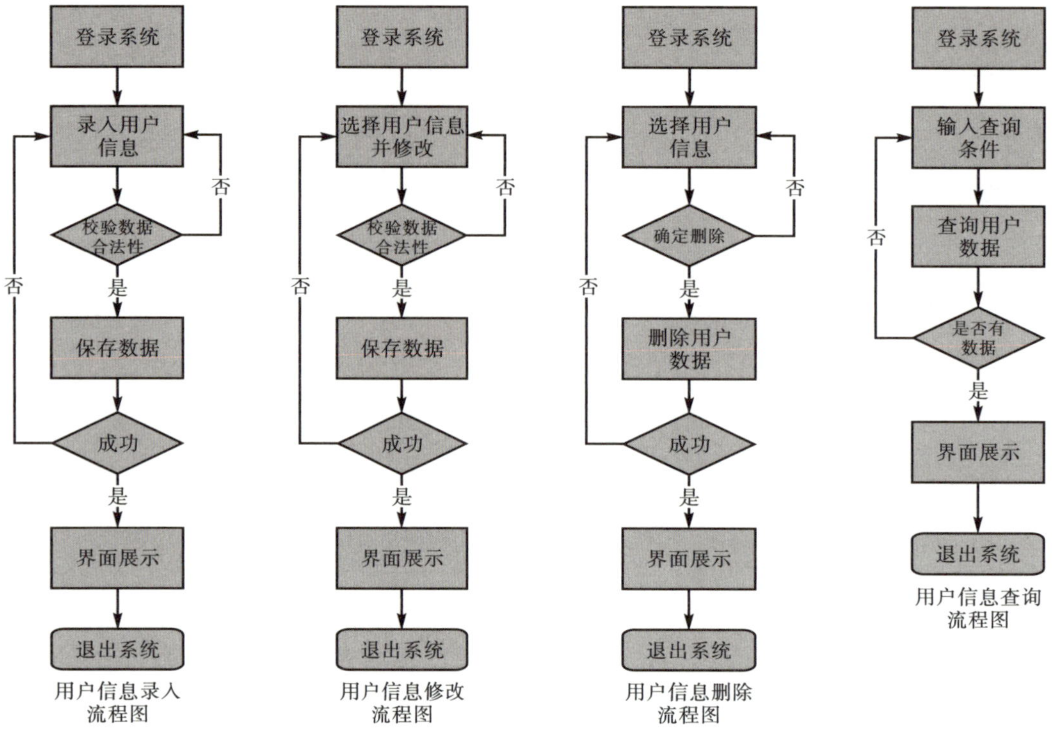

图 5-5-38 用户信息相关流程图

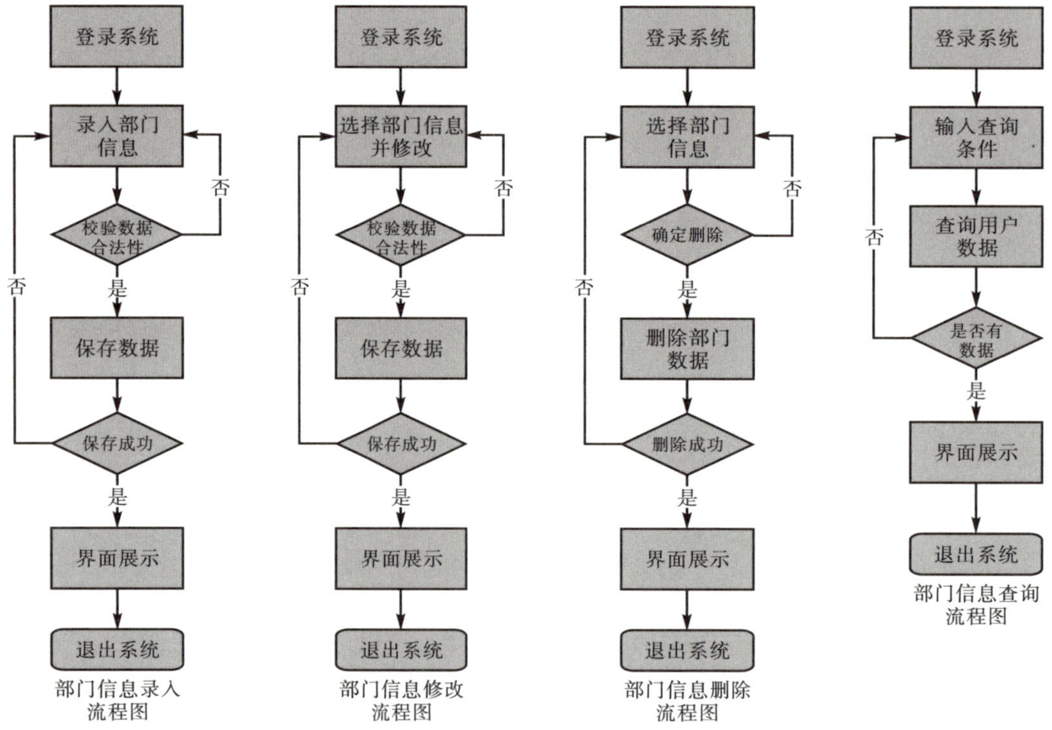

图 5-5-39 部门信息相关流程图

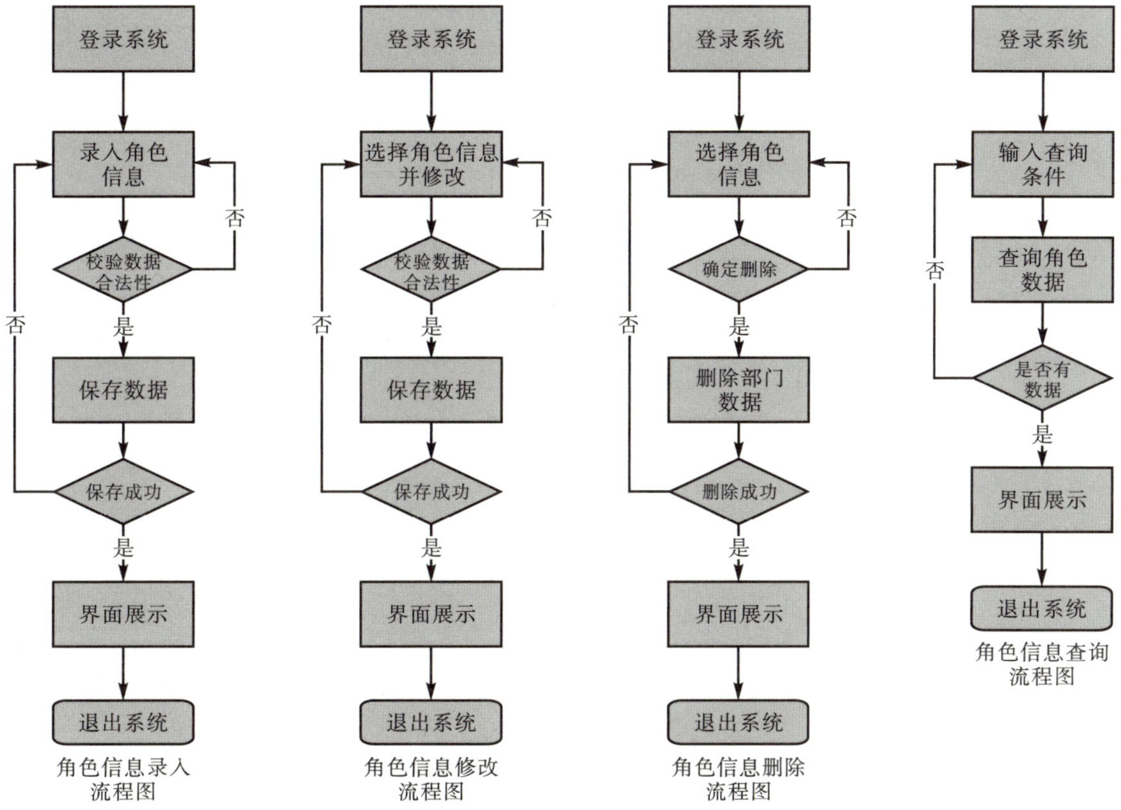

图 5-5-40　角色相关流程图

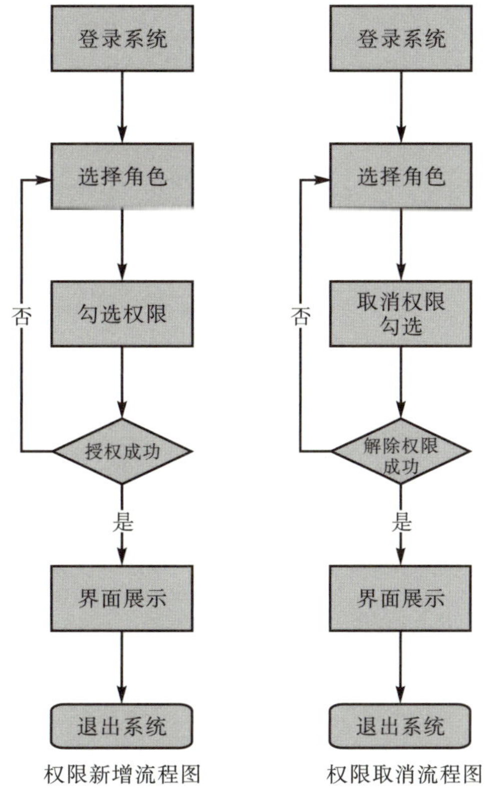

图 5-5-41　权限相关流程图

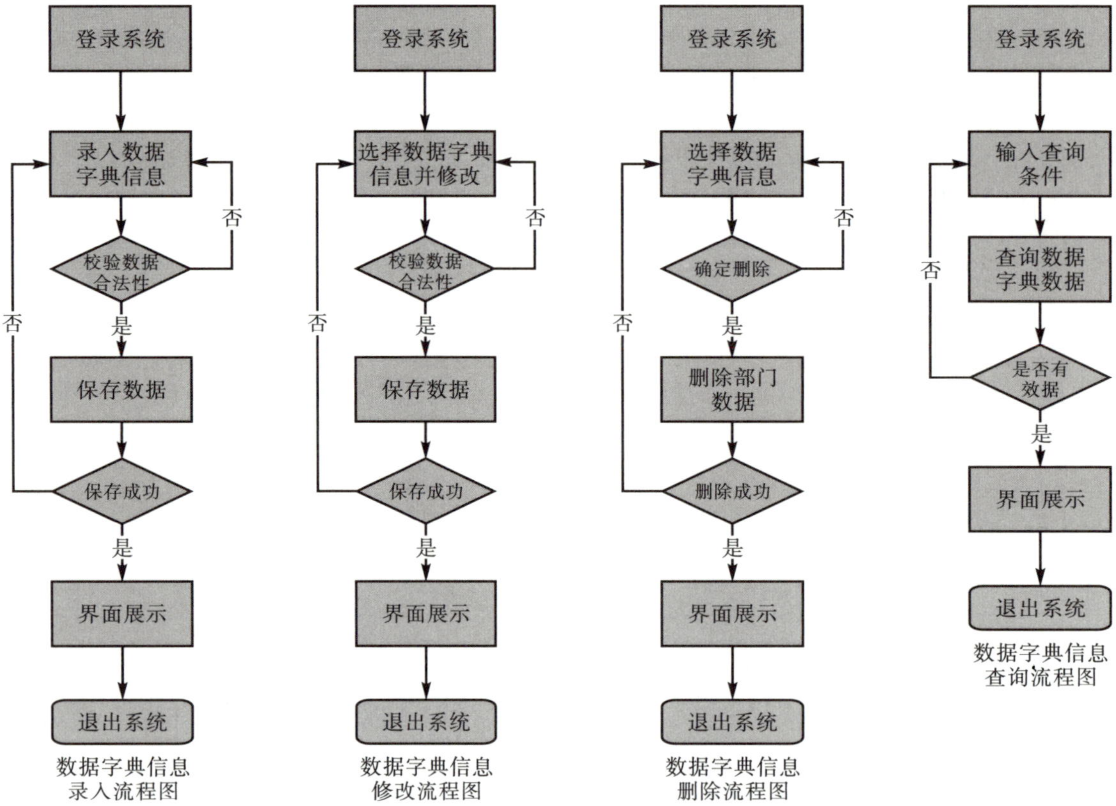

图 5-5-42 数据字典相关流程图

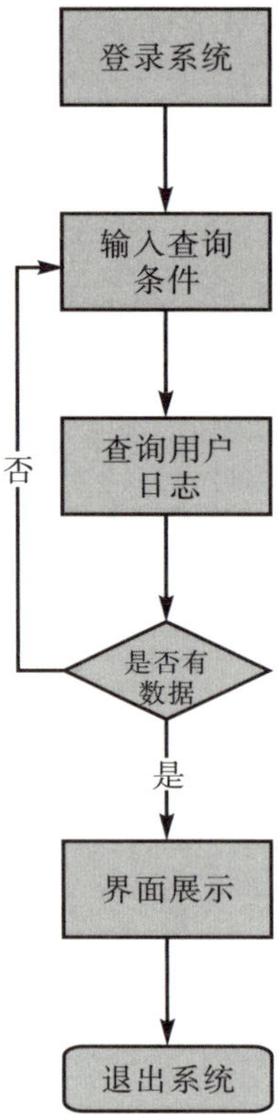

图 5-5-43 日志查询流程图

（六）用户界面

用户界面如图 5-5-44、图 5-5-45 所示。

图 5-5-44　文物指标界面

图 5-5-45　数据字典界面

八、非功能性设计

（一）可靠性

整个应用系统采用多服务器集群部署，通过 Nginx 进行负载均衡。当因意外情况导致某台服务器挂掉时，其他服务器仍然可以保持正常运行，且负载均衡会自动将挂掉的服务器暂时下线，不会将请求再转发到该服务器上，直至该服务器恢复正常。

数据库也采用主从备份的方式进行集群部署，同时进行读写分离，提高数据库的可用性、并发性及数据的安全性，当主数据库服务挂掉时会自动从服务器中重新确定一个数据库提供写操作，数据库服务恢复后则变成从数据库，并将主数据库的数据同步到本地。

（二）易用性

系统采用 B/S 模式进行研发，无需用户安装任何额外的软件，只需要浏览器即可快速地登录系统进行使用，不受任何系统环境的约束。同时，系统整体交互界面设计简单、功能明了，通过简单的学习即可快速地上手使用。

（三）维护性

系统提供定时备份数据库、定时备份应用系统、定时备份文物数据的自动化脚本，减少运维人员的工作，提高系统的维护性；同时对系统日志进行定时压缩和删除，保证服务器的存储空间有效利用。

（四）可移植性

系统使用目前主流的容器化部署方案，移植时仅需要将容器打包成镜像，再通过 docker 将镜像加载到另外的服务器上，实现方便快速地移植部署。

第六节　系统测试

一、测试目的

本次测试是针对项目软件部分进行系统测试，旨在确保工程开发、设计的质量及判定系统是否满足《技术需求》中规定的功能与性能指标。

读者对象是软件设计、开发、测试、管理人员。

二、测试范围

参照各项目的需求文档和规格参数，在此说明测试范围，列出要测试种类和测试内容。本次测试为软件系统确认测试，包括软件的功能性、稳定性、可维护性、易用性、可移植性、效率六个方面（见表 5-6-1）。

表 5-6-1　软件测试范围

序号	测试分类	测试内容
1	Function	功能性测试
2	Stability	稳定性测试
3	Usability	易用性测试
4	Maintainability	可维护性测试
5	Portability	可移植性测试
6	Efficiency	效率测试

（一）功能性

1. 测试目的

验证用户需求功能点的正确性。

验证系统描述、需求文档中的全部说明相对应，保持一致。

2. 测试内容

（1）接口测试

测试目标：确保各接口工作正常。

测试范围：系统的各个接口是否工作正常，功能是否实现。

测试重点和优先级：各接口是否正常；功能是否实现；单个接口模块的功能实现是否会影响另一个端口模块的功能；累积的接口模块误差是否会放大到不能被接受的程度。

（2）交互测试

核实用户与系统之间的交互，不仅可以确保系统访问或浏览功能的实现，还可以确保 UI 中的对象符合行业标准，并按预期的方式运行。

测试目标：通过测试进行的浏览可正确反映是否符合业务的功能和需求。

测试范围：包括系统中所有图形界面、易用性、操作性等。

测试方法：手动操作与产品功能定义进行对比。

完成标准：测试对象能正常显示或运行。

（3）功能测试

测试目标：系统是否满足了用户的功能需求（包括显性需求和隐性的需求）。

测试范围：系统各功能模块的实现，功能是否正常；文物信息输入、照片上传、文件传输等功能是否正常；各功能的业务流程是否能正常实现。

完成标准：系统各功能模块实现完毕；功能已达到用户需求。

（二）稳定性

1. 成熟性

使用的容量达到规定的极限时，系统是否正常。

使用的容量超出规定的极限时，系统是否正常。

用户造成错误输入时，系统是否正常。

异常情况下造成错误输入时，系统是否正常。

2. 容错性

能屏蔽用户的误操作。

对错误有正确的提示。

输入错误数据时，系统不崩溃、不异常退出。

有错误操作时，系统不崩溃、不异常退出。

3. 易恢复性

系统运行失效后，能较快重建系统。

4. 数据校验机制

应对数据项之间的逻辑关系进行校验，保证数据的有效性。

应保证数据的完整性和一致性，不会被破坏或留下垃圾数据。

对不符合要求的输入数据，系统应给出简洁、准确的提示信息。

（三）易用性

1. 易理解性

通过选择适当的术语、图形表示、背景信息，帮助用户理解、使用。

出错消息中提供差错产生的原因和纠正的详细信息。

2. 易浏览性

提供必要的信息，指导用户操作。

输出结果应简洁、直观、美观、方便阅读。

人机界面简洁、美观、实用，符合办公习惯。

在界面、人机交互、输出中的用语应与业务用语一致。

3. 易操作性

具有严重后果的功能执行可逆，或者给出明确警告，执行前要求用户确认。

软件操作简便，系统支持标准的鼠标、键盘操作。

提供辅助输入手段，数据检索方便、灵活。

上传参数应当给出默认值或提示，减少用户干预，操作方便。

（四）可维护性

1. 易分析性

系统可以正确判断缺陷或失效原因。

对于系统运行错误，应当提示清晰，便于用户和系统管理员解决问题。

2. 易改变性

对于非程序内部错误，系统应为系统管理员提供自行修正的手段。

系统应满足在设计环境与适用范围下不同用户的需求，为用户进行本地化配置提供手段。

3. 稳定性

系统在测试过程中运行稳定。

（五）可移植性

1. 适应性

系统可适应不同的规定环境（如：不同的网络环境）。

2. 兼容性

系统要适配操作系统、数据库、web 服务器等不同版本兼容。

（六）效率

1. 时间特性

系统各个功能点的响应时间。

2. 资源特性

系统启动后系统内存占用情况。
系统关闭后内存释放情况。

三、测试环境描述

相关参数见表 5-6-2。

表 5-6-2　测试环境参数

仪器编号	硬件环境		软件环境
	型号	配置 / 性能参数	
1	服务器端：兼容机	CPU：Intel Core i7-6850 K 主频：3.60 GHz 内存：46.9 G 硬盘：8.3 T	操作系统：CentOS 数据库：mySQL 支撑软件：Navicat Premium
2	web 端：兼容机	CPU：Intel Core i7-8700 或以上 主频：3.20 GHz 内存：16 G 或以上 硬盘：1 T 或以上	操作系统：Windows 7 或以上 浏览器：Chrome 支撑软件：无

第六章

广西不可移动文物数据采集技术标准制定

第一节　标准制定流程

项目组成员在广西壮族自治区桂林市、柳州市、崇左市、北海市等 15 个样本区域进行了为期两年多的数据采集实验，在此基础上按照标准化流程制定了相关标准。具体流程如下。

一、预研阶段

预研阶段是标准制修订的前期准备阶段，包括标准项目建议的提出、研究、论证。

（一）工作流程、内容及要求

1. 前期研究

（1）围绕主题，开展相关查询和调研工作。主要工作包括搜集项目背景资料，查询是否与现有标准存在重复；搜集相关的技术资料，调研标准的行业需求、可能的应用领域、预计使用者情况等。

（2）论证必要性和可行性。必要性论证包括制定标准的目的、意义，标准的适用范围，相关配套的标准情况，预期将来可获得的经济效益、社会效益和生态效益等。可行性论证包括提出项目的时机是否成熟、编制条件是否具备、技术指标是否可操作等。

（3）论证通过多次会议进行，参加者具有广泛性、代表性。

（4）提交项目建议书等材料。

2. 编写材料

编写申请材料，提交广西壮族自治区文物局审批。

（二）形成文件

（1）项目建议书。

（2）标准草案。

（3）其他相关材料。如相关调研报告、实验记录、实验报告、采集标准介绍、相关会议纪要或记录等，重点提供主要技术内容如技术指标、参数、性能要求、实验方法、检验规则等。

二、立项阶段

该阶段项目组保证了申报材料的齐备性、一致性、完整性、准确性。材料上报有关部门后，有关部门对新标准项目建议进行汇总、评审、协调、确认，最终形成评估意见。

三、起草阶段

起草工作是工作组组织研究、起草标准，直至完成“标准征求意见稿”的过程。在起草阶段，项目组广泛调研、充分论证，尽可能提早发现问题并解决问题，为后续各阶段顺利、高效完成起草任务做铺垫。

（一）工作流程、内容及要求

1. 成立标准起草工作组

召开启动会，制订工作计划，分解起草工作任务。标准起草工作组成员应选择具有专业性与代表性的人员。组员均具有丰富的专业知识和实践经验，熟悉业务，了解相关标准化工作。

2. 起草标准草案

（1）开展调研，资料收集、整理。

（2）验证技术设计及相关指标。

（3）召开专题会议，解决起草工作中的相关问题。

（4）准备内审材料，如标准征求意见稿、编制说明、拟征求意见对象名单等。

3. 内审

组织召开内审会，并形成会议纪要。内审会会议材料包括标准征求意见稿、编制说明、拟征求意见对象名单及其他材料。参会人员包括标准起草工作组成员、广西壮族自治区文物局代表、相关专家、重要利益相关方等。

审查内容主要包括：

（1）文件的规范性；

（2）技术的先进性、前瞻性和可操作性；

（3）标准论证的充分性（如技术指标、参数、公式、性能要求、实验方法、检验规则等）；

（4）标准的合理性、安全性、协调性；

（5）拟征求意见对象的广泛性、代表性。

内审会议结束有明确的会议结论，会上的意见和建议均如实记录，作为征求意见、审查的重要内容。

4. 汇总处理内审会意见

标准起草工作组研究处理内审会意见，完成“内审会意见汇总处理表”，修改“标准征求意见稿”。

5. 提交归档

“标准征求意见稿”等材料归档“标准起草过程中产生的文件”。

（二）形成的文件

（1）标准征求意见稿。

（2）编制说明。

（3）征求意见表。

（4）内审会会议纪要。

（5）内审会意见汇总处理表。

（6）采用国际标准的标准文件。

（7）标准起草过程中产生的工作文档。

四、征求意见阶段

在“标准征求意见稿”编制完成后，广泛征求修改意见，并对征集的意见进行汇总和处理，按处理结果修改“标准征求意见稿”，形成“标准送审稿”和“征求意见汇总处理表”等相关文件。

（一）工作流程、内容及要求

1. 征求意见

由标准起草工作组准备文件，由专人负责对“标准征求意见稿”征求意见。征求意见阶段主要采取发函、会议等形式。征求意见对象包括考古、文物保护、文物管理部门、信息技术等方面的专家。

2. 汇总处理反馈意见

标准起草工作组将收集的意见按标准章节顺序，逐一整理记录；在对征求意见分析基础上，完成“征求意见汇总处理表”，修改完善“标准送审稿”。

3. 提交“标准送审稿”等材料

4. 归档文件

（二）形成的文件

（1）上报公文。

（2）标准送审稿。

（3）编制说明。

（4）内审会会议纪要。

（5）内审会意见汇总处理表。

（6）其他相关材料。

五、审查阶段

标准征求意见阶段后，将“标准送审稿”及相关送审材料，提交广西壮族自治区文物局进行标准的审查；广西壮族自治区文物局组织考古、文物保护与管理、信息技术等方面的专家对标准进行审查；相关单位和人员结合目前行业技术水平和市场现状等多因素对标准进行讨论和审查，以确保标准的先进性和内容的合理性。标准起草工作组配合处理审查意见。

六、批准与发布阶段

由广西壮族自治区文物局审批。

第二节　标准概述

根据项目要求，项目组在充分实验对比和研究的基础上，针对最适合广西不可移动文物数据采集的四种技术制定相应的技术标准。

一、制定原则

（一）实用性原则

考虑标准运用的环境条件要求，结合广西壮族自治区独特的地理环境和不可移动文物的特点，尽可能兼顾全社会的综合效益及其他社会要素。

（二）推广性原则

合理利用国家资源，推广先进技术成果，结合本地实际情况，制定技术标准对文物进行数字化记录、保存、研究，有利于在行业里推广。

（三）科学性原则

保证相关标准是在科学研究的基础上制定出来的。

（四）前瞻性原则

积极学习国内外先进的标准，并在研究的基础上考虑标准符合行业未来的发展趋势。

二、制定内容

在充分实验对比和研究的基础上，根据广西壮族自治区独特的地理环境和不同类型文物的特点，并考虑技术的先进性和实用性，项目组推荐贴近摄影测量技术、倾斜摄影测量技术、三维激光扫描技术、全景数据采集摄影技术用于广西地区不可移动文物的数据采集。

（一）贴近摄影测量技术

通过近距离操控无人机贴近不可移动文物进行定点环绕，多层、多角度摄影方法进行数据采集。该方法可真实还原文物内外现状及局部细节，数据采集效率较高；可实现半自动化处理，建模成果结构及纹理清晰，无漏洞扭曲模糊等情况；成本比较适中，适用于广西多数不可移动文物的数据采集。

（二）倾斜摄影测量技术

通过搭载无人机采集空中和近地面影像。该技术数据采集效率高、成本低，可自动化处理，大范围数据采集效果较好，适用于室外三维场景建模，但该技术局部细节的数据采集可能存在模糊、扭曲、漏洞等缺点。该技术主要适用于研究文物外部地理位置、特征及周围环境且经费较少的数据采集项目。

（三）三维激光扫描技术

结合实际需求可通过机载激光雷达、站式激光雷达、手持式三维激光雷达等设备采集目标密集点云，通过非接触式数据采集，获取不可移动文物整体的结构、高度、尺寸等信息。其数据采集效率较高，精度可达毫米级，有利于文物保护和后期维护。该技术最适用于广西古建筑类和洞穴类不可移动文物数据采集，但考虑到其成本较高，仅推荐用于经费比较充裕且对建模要求精度高的数据采集项目。

（四）全景数据采集技术

通过全景相机拍摄照片来获取文物信息。该技术适用范围广，可快速获取不可移动文物的样貌，数据采集效率高，数据 360° 全方位呈现，成本低，但无法进行精确测量和建模，只适用于了解文物整体情况的数据采集项目。

这四种技术各有优点，可以满足不同要求的广西不可移动文物数据采集项目。广西的文物工作者可以根据需求、经费等不同情况采用不同的技术。为达到数据采集运用的基本要求，项目组根据实验、分析、研究的结果，分别制定了《广西不可移动文物贴近摄影测量数据采集技术标准》《广西不可移动文物倾斜摄影数据采集技术标准》《广西不可移动文物三维激光扫描数据采集技术标准》《广西不可移动文物全景数据采集技术标准》。

第三节　广西不可移动文物贴近摄影测量数据采集技术标准

一、前言

本规程起草规则依据《标准化工作导则　第 1 部分：标准文件的结构和起草规则》（GB/T 1.1—2020）。

本规程由广西壮族自治区文物保护与考古研究所提出并归口。

本规程由广西壮族自治区文物保护与考古研究所负责编写，参编单位有砺剑防务技术集团、广东财经大学。

本规程的主要起草人：杨清平、林强、魏如明、马华、张亦汉、罗旋、曾彩瑶、李昊晖。

二、引言

广西壮族自治区的不可移动文物分布广，数量多，地理环境独特，数字化保护难度大。通过对典型的文物进行数据采集实验得出结论，贴近摄影测量技术适用于广西绝大多数类别的不可移动文物，可实现文物内外现状及周边地理信息数据的采集。针对数字化难度大的岩画类、洞穴遗址类、挖掘后的墓葬类等地理环境特殊的不可移动文物，可真实还原文物内外现状和局部细节，数据采集效率较高，生产成本适中。为使该技术能够更好地服务于广西壮族自治区全境的不可移动文物数字化保护工作，特编写《广西不可移动文物贴近摄影测量数据采集技术标准》，以供参考。

贴近摄影测量利用近距离操控无人机贴近文物进行定点环绕，多层、多角度摄影的方法进行数据采集。通过设备贴近物体表面摄影，获取厘米级高清影像，进行摄影测量处理，生成具有真实地理位置和真实纹理结构的三维实景模型。该技术数据采集效率较高，半自动化处理，建模结构及纹理清晰，精度高。

本标准对贴近摄影测量技术数据采集及处理进行了规范，包括不可移动文物的贴近摄影测量数据采集技术要求和基于贴近摄影测量技术采集的数据制作高精度模型的技术要求。

三、范围

本标准规定了广西不可移动文物数字化工作中的基本术语。

本标准适用于广西不可移动文物数字化工作中的技术设计与施工方案。

四、规范性指引文件

下列文件对于本应用是必不可少的。凡是标注日期的引用文件都适用于本文件。凡是不标注日期的引用文件，其最新版本（包括所有的修改版）适用于本文件。

《全球定位系统（GPS）测量规范》（GB/T 18314—2009）

《摄影测量与遥感术语》（GB/T 14950—2009）

《数字测绘成果质量要求》（GB/T 17941—2008）

《数字测绘成果质量检查与验收》（GB/T 18316—2008）

《电子文件归档与电子档案管理规范》（GB/T 18894—2016）

《测绘技术设计规定》（CH/T 1004—2005）

《卫星定位城市测量技术规范》（CJJ/T 73—2019）

《数字水准仪检定规程》（CH/T 8019—2009）

五、术语、定义和缩略词

下列术语、定义、缩略语适用于本文件。

1. 不可移动文物

包括具有历史、艺术、科学价值的古遗址、古墓葬、古建筑、石窟寺和石刻；与重大历史事件、革命运动或者著名人物有关的以及具有重要纪念意义、教育意义或者史料价值的近代和现代重要史迹、代表性建筑等。

2. 贴近摄影测量

贴近摄影测量以物体的“面”为摄影对象，通过贴近摄影获取超高（亚厘米）分辨率影像，进行精细化地理信息提取。

3. 数字化采集

运用具有定位模块的设备对文物本体进行数据获取的过程。

4. 纹理模型

带有纹理信息的三维实体表面模型。

5. 数字正射影像

利用数字高程模型对数字化的航空像片、遥感影像（单色 / 彩色），经逐个像元进行投影差改正，再按影像镶嵌，根据图幅范围剪裁生成的影像数据。

六、总则

（一）空间基准

平面基准宜采用 2000 国家坐标系，采用地方坐标系时应与国家坐标系联测。

（二）高程基准

高程基准宜采用 1985 国家高程基准，采用地方高程基准时应与国家坐标系联测。

（三）时间基准

无人机和三维激光扫描作业及产品涉及的日期宜采用公元纪年，时间应采用北京时间。

（四）精度基准

空间点位相对精度（cm）以中误差衡量，取两倍中误差为限差。空间点位相对精度是指模型中两点之间的距离与实际量测距离的较差。

（五）数据格式要求

各种成果输出的格式应遵循表 6–3–1 的规定。

表 6–3–1　成果数据格式

数据类型	数据格式
控制点、标靶点	.txt，.xyz，.pts，.ptx 等
纹理模型	.osgb、.obj、.3ds 等
数字正射影像	.tiff、.jpg、.tga、.png 等

七、前期准备

（一）仪器校验

1. 总体要求

应按技术设计书中的仪器配置要求，准备相应符合要求的仪器设备及附属设备，并保证设备在检校合格有效期内；应对所选用软件是否满足预期用途的能力进行确认。

2. 贴近摄影智能航线规划软件指标

根据技术设计书的要求选择适宜的贴近摄影智能航线规划软件。

3. 贴近摄影测量重建软件的精度指标

根据技术设计书的精度选择适宜的贴近摄影测量三维重建软件。

4. 无人机系统检查

机身、桨叶等无损，遥控器能够正常连接无人机，GPS、RTK 信号正常，云台摆动正常，相机能够正常拍摄图像，内存卡容量应充足；外置同轴相机需进行参数校正。

5. 全站仪检验

全站仪设备按照现行《全站电子速测仪》（JJG 100—2003）规定的要求进行作业前的检验。

6. GNSS 接收设备检验

GNSS 接收设备应按现行的行业标准 CJJ/T 73—2019 的规定要求进行作业前的检验。

（二）现场踏勘

根据当地的实际天气情况、飞机起飞场地、飞机适航时间择机作业。

（三）技术设计

技术设计应根据采集要求，结合已有资料、实地勘察情况及相关的技术规范，编制技术设计书。技术设计书的编写体例应符合当前推荐的行业标准 CH/T 1004—2005 的规定。

技术设计书的主要内容应包括工作范围、工作内容、仪器配置、工作流程、成果技术指标和规格等。

八、数据采集与数据处理

（一）测绘作业

作业流程参照 GB/T 14950—2009 进行。为保证基于多图像的三维重建作业分组数据精度控制需要，在摄影测量的选点方面需注意以下几方面。

（1）测量作业与影像采集作业同时进行，关键控制点和连结点的选取结合影像采集人员的具体需求。

（2）选点是控制文物形制和分组采集数据合并空三的关键结构点。

（3）影像采集作业应逐步地拍摄，离物体越来越近，避免照片分辨率相差太大。

（4）轮廓清晰醒目、坚固，便于确认和识别。

（5）影像分布均匀合理，重叠率满足数据空三加密的需要，必要时增加控制点和连结点数量。

（二）控制性测量

1. 不单独布设控制网的要求

局部、小区域或单体扫描目标物，符合下列条件时可不单独布设标靶控制测量，固定扫描目标物宜与已有空间参考系建立联系。

（1）区域面积小于 0.01 平方千米，可以通过标靶进行闭合时。

（2）线状区域、长度在 300 m 以下时。

（3）地形限制。

2. 控制网布设要求

（1）控制网应根据已知控制点的情况、测区内地形地貌情况、区域内目标物的分布情况和不同目标物扫描的不同精度要求，设计控制网的网形和线路走向。

（2）控制网应全面控制测区，在分区进行作业时，应对各区的数据配准起到联系和控制误差传递的作用。

（3）控制网宜沿主要道路布设，或者视野开阔地布设；宜设计为附和线路或构成网状。

（4）控制点位选定应方便标靶点的测量。

3. 控制网观测

（1）控制测量方法。一级导线、二级 GNSS 静态、四等水准。

（2）导线测量、GNSS 测量和水准测量作业应符合现行行业标准《城市测量规范》（CJJ/T 8—2011）中的规定。

（三）贴近摄影测量三维重建原始图像数据采集

贴近摄影测量三维重建数据应围绕文物本体及其相应的场景均匀采集，使场景与文物本体均能被多角度、多方位采集，以确保采集的结果足以重建整个场景，特别是文物本体的三维模型。

1. 图像采集设备

图像采集的相机设备最小像素不低于 2000 万像素。

2. 图像采集天气

宜选择光线柔和、均匀的天气进行拍摄，避免光线不均或暗光拍摄。

3. 图像重叠率

相邻图像之间的重叠率能够满足三维重建，横向重叠率不宜低于 80%，纵向重叠率不宜低于 70%。

4. 密闭空间图像采集

洞穴内部和古建筑内部等光线较暗、地理环境特殊的密闭空间图像采集时，宜对文物本体进行较为柔和、均匀的补光，避免光线不均匀或暗光拍摄；同时采集人员宜根据具体需求增加图像之间连结点的数量。

5. 图像采集路线的设计

采集路线的设计需结合采集对象制定对应的方案，其原则应遵循系统、有效和方便的原则，并有利于后期数据处理及检查。当文物本体及其场景较大时，可采用分区、分组采集方式。

6. 图像采集角度和焦距的结合

可多角度地对文物本体及其场景进行覆盖贴近摄影测量数据采集，避免死角而导致的模型空洞，亦可调整焦距，多尺度地采集文物数据，以反映其全局与细节特征。

7. 图像数据现场检查的要求

（1）前期采集者和后期处理者交替检查

数据的前期采集者宜与数据的后期处理者在工作现场对所采集的数据进行交替检查。其中，原始数据在现场采集完后应进行现场检查，以保证质量。若图像数量或其质量不满足后期处理需求，则需采集人员重拍或者补充拍摄。

（2）图像清晰度

在原始分辨率下能够完整分辨信息采集区域采集对象的细节。所获取的图像须具有均匀一致的清晰度，不得存在因镜头失焦、光线衍射等原因导致的局部模糊等现象。

8. 原始影像数据采集参考参数

以大疆精灵 4RTK 无人测绘系统作为参考，在阴天光线均匀柔和的情况下，建议选择以下参数进行原始影像数据采集，具体采集参数参考值如表 6–3–2 所示。

表 6–3–2 原始影像数据采集参考参数

项目	条件	记录内容
采集概况	天气	阴天
	风速	微风 1 ～ 2 级
	能见度	较好（5 km），无雾霾
设备概况	无人机	大疆精灵 4RTK
	相机型号	FC6310R
	相机像素	有效像素 2000 万
采集参数	拍照模式	定点拍摄
	重叠度	航向 80%，旁向 80%
	立面距离	约 3 m
	倾斜角度	0° ～ 70°
	相机参数	自动调整（局部手动调整）
	照片比例	3 ：2
	分辨率	0.08 cm
	RTK 状态	信号良好

（四）原始图像数据计算前预处理

1. 颜色还原性

在后期处理工作中，应使用专业的图像处理软件以便高保真地还原文物本体的图像色彩。

2. 现场检查要素的复查

图像预处理前，须复查，如检查图像的失焦，调节图像的曝光和色彩，使所有图像的色彩均匀、曝光统一。

3. 计算数据的格式

根据软件所支持的格式自行选择，建议使用高保真、低压缩比的数据格式以保证数据的还原度。

九、成果制作

（一）影像空三加密处理

（1）摄影测量数据处理过程，采用光束法区域网联合平差的方法。

（2）影像数据处理宜采用满足项目设计要求的专业空三加密数据处理软件。

（二）精细三维模型建立

基于原始影像及空三成果，宜采用相关专业三维重建数据处理软件生成精细三维模型。

（三）精模

若贴近摄影技术生成的精细三维模型不满足要求，宜采用专业软件进行精修。

（四）数字三维模型要求

（1）数字三维模型的作业流程应包括点云正射纠正、图像数据预处理、空三加密、纹理映射、模型输出和模型精修等过程。

（2）三维模型色彩应为真彩色，纹理清晰，色调均匀，反差适中。

（3）模型输出时分辨率≤ 5 cm，精度误差≤ 10 cm。

（4）三维模型宜以 osgb 格式存储。

（五）数字正射影像要求

（1）数字正射影像图的作业流程应包括点云正摄纠正、图像数据预处理、构建三角网、纹理映射、图像输出、图像融合、图像裁切等过程。

（2）正射影像图应无明显配准痕迹，图像色彩应接近真彩色，纹理应清晰，色调应均匀，反差应适中。

（3）图像输出时应考虑最终成果的比例尺，分辨率不应小于 300 dpi。

（4）正射影像拼接时应该保证相邻两张图像重叠率足以自动配准。

（5）正射影像图宜以 tiff 格式存储。

十、质量检查

各成果的质量检查与验收应符合 GB/T 18316—2008 的规定，同时满足技术设计书的要求。按照本规范规定的技术要求和技术指标对数据质量和模型质量进行检查。数字三维模型与数字正射影像图质量元素与详查内容如表 6-3-3、表 6-3-4 所示。

表 6-3-3　数字三维模型检查质量元素与详查内容

质量元素	详查内容
数学精度	1. 模型空间点位相对精度误差≤ 10 mm
数据及结构正确性	1. 数据组织和文件命名的正确性 2. 数据格式的正确性（osgb/obj 等） 3. 数据坐标系统的正确性（平面基准采用 2000 国家坐标系，采用地方坐标系时应与国家坐标系联测；高程基准采用 1985 国家高程基准，采用地方高程基准时与国家坐标系联测） 4. 有效覆盖区域（模型覆盖区域应带有文物周边地理信息） 5. 原始数据使用的正确性 6. 模型单位的正确性［三维模型比例为 1 : 1，单位采用米（m）］

续表

质量元素	详查内容
模型质量	1. 模型分辨率（分辨率≤5 cm） 2. 模型色调和反差 3. 模型清晰度和纹理表现 4. 模型配准和接边质量 5. 模型外观质量（云块、划痕、斑点、污迹等） 6. 模型色彩 7. 模型满足地形图绘制（1∶500、1∶1000 比例尺）
资料质量	1. 元数据文件的正确性、完整性 2. 其他文档资料的正确性、完整性

表 6-3-4　数字正射影像图检查质量元素与详查内容

质量元素	详查内容
数学精度	平面位置精度
数据及结构正确性	1. 数据组织和文件命名的正确性 2. 数据格式的正确性 3. 数据的坐标系统和投影的正确性 4. 原始数据使用的正确性 5. 图像分辨率的正确性（≥ 300 dpi）
图像质量	1. 图像色调和反差 2. 图像清晰度和纹理表现 3. 图像配准和接边质量 4. 图像外观质量（噪声、云块、划痕、斑点、污迹等） 5. 图像色彩
资料质量	1. 元数据文件的正确性、完整性 2. 其他文档资料的正确性、完整性

第四节　广西不可移动文物倾斜摄影测量数据采集技术标准

一、前言

本规程起草规则依据《标准化工作导则　第 1 部分：标准文件的结构和起草规则》（GB/T 1.1—2020）。

本规程由广西壮族自治区文物保护与考古研究所提出并归口。

本规程由广西壮族自治区文物保护与考古研究所负责编写，参编单位有砺剑防务技术集团、广东财经大学。

本规程的主要起草人：杨清平、林强、魏如明、马华、张亦汉、罗旋、曾彩瑶、李昊晖。

二、引言

广西壮族自治区的不可移动文物分布广、数量多，文物调查难度较大，快速获取文物本体的外部形态及周围环境是不可移动文物管理部门需要考虑的。通过对典型的文物进行数据采集实验发现倾斜摄影测量技术可以适用于大范围的不可移动文物本体外部现状及周围地理环境的数据采集，且数据采集效率较高，但是文物本体内部特征和局部细节展示较弱。为使该技术能够更好地服务于广西壮族自治区全境的不可移动文物保护工作，特编写《广西不可移动文物倾斜摄影测量数据采集技术标准》，以供参考。

倾斜摄影测量技术通过在同一飞行平台上搭载多台传感器，从垂直、倾斜等多个角度进行拍摄，获取更真实完整的地物信息，弥补了正射影像技术的不足。垂直角度采集的影像称为正片，倾斜角度采集的影像称为斜片。通过配套软件的应用，可直接基于影像建立三维实景模型，并进行包括高度、长度、面积、角度、坡度等在内的真实尺寸测量，能够快速高效地还原真实状态下的不可移动文物外景模型。

本标准对倾斜摄影测量技术数据采集及处理进行了规范，包括不可移动文物倾斜摄影测量数据采集技术要求和基于倾斜摄影技术采集的数据制作高精度模型的技术要求。

三、范围

本标准规定了广西不可移动文物数字化工作中的基本术语。

本标准适用于广西不可移动文物数字化工作中的技术设计与施工方案。

四、规范性指引文件

下列文件对于本应用是必不可少的。凡是标注日期的引用文件都适用于本文件。凡是不标注日期的引用文件，其最新版本（包括所有的修改版）适用于本文件。

《全球定位系统（GPS）测量规范》（GB/T 18314—2009）

《摄影测量与遥感术语》（GB/T 14950—2009）

《数字测绘成果质量要求》（GB/T 17941—2008）

《数字测绘成果质量检查与验收》（GB/T 18316—2008）

《电子文件归档与电子档案管理规范》（GB/T 18894—2016）

《测绘技术设计规定》（CH/T 1004—2005）

《卫星定位城市测量技术规范》（CJJ/T 73—2019）

《数字水准仪检定规程》（CH/T 8019—2009）

五、术语、定义和缩略词

下列术语、定义、缩略语适用于本文件。

1. 不可移动文物

包括具有历史、艺术、科学价值的古遗址、古墓葬、古建筑、石窟寺和石刻；与重大历史事件、革命运动或者著名人物有关的以及具有重要纪念意义、教育意义或者史料价值的近代和现代重要史迹、代表性建筑等。

2. 倾斜摄影测量

通过在同一飞行平台上搭载多台传感器，同时从一个垂直、四个倾斜等五个不同的角度采集影像。

3. 数字化采集

运用具有定位模块的设备对文物本体进行数据获取的过程。

4. 纹理模型

带有纹理信息的三维实体表面模型。

5. 数字正射影像

利用数字高程模型对数字化的航空像片、遥感影像（单色/彩色），经逐个像元进行投影差改正，再按影像镶嵌，根据图幅范围剪裁生成的影像数据。

六、总则

（一）空间基准

平面基准宜采用 2000 国家坐标系，采用地方坐标系时应与国家坐标系联测。

（二）高程基准

高程基准宜采用 1985 国家高程基准，采用地方高程基准时应与国家坐标系联测。

（三）时间基准

无人机和三维激光扫描作业及产品涉及的日期宜采用公元纪年，时间应采用北京时间。

（四）精度基准

空间点位相对精度（cm）以中误差衡量，取两倍中误差为限差。空间点位相对精度是指模型中两点之间的距离与实际量测距离的较差。

（五）数据格式要求

各种成果输出的格式应遵循表 6-4-1 的规定。

表 6-4-1　成果数据格式

数据类型	数据格式
控制点、标靶点	.txt，.xyz，.pts，.ptx 等
倾斜模型	.osgb、.obj 等
数字正射影像	.tiff、.jpg、.tga、.png 等

七、前期准备

（一）仪器校验

1. 总体要求

应按技术设计书中的仪器配置要求，准备相应符合要求的仪器设备及附属设备，并保证设备在检校合格有效期内。应对所选用软件是否满足预期用途的能力进行确认。

2. 智能航线规划软件指标

根据技术设计书的要求选择适宜的智能航线规划软件。

3. 重建软件的精度指标

根据技术设计书的精度选择适宜的三维重建软件。

4. 无人机系统检查

机身、桨叶等无损，遥控器能够正常连接无人机，GPS、RTK 信号正常，云台摆动正常，相机能够正常拍摄图像，内存卡容量应充足；外置同轴相机需进行参数校正。

5. 全站仪检验

全站仪设备按照现行《全站型电子速测仪》（JJG 100—2003）规定的要求进行作业前的检验。

6. GNSS 接收设备检验

GNSS 接收设备应按现行的行业标准 CJJ/T 73—2019 的规定要求进行作业前的检验。

（二）现场踏勘

根据当地的实际天气情况、飞机起飞场地、飞机适航时间择机作业。

（三）技术设计

技术设计应根据采集要求，结合已有资料、实地勘察情况及相关的技术规范，编制技术设计书。技术设计书的编写体例应符合当前推荐的行业标准 CH/T 1004—2005 的规定。

技术设计书的主要内容应包括工作范围、工作内容、仪器配置、工作流程、成果技术指标和规格等。

八、数据采集与数据处理

（一）测绘作业

具体摄影测量作业流程参照 GB/T 14950—2009 进行。为保证基于多图像的三维重建作业分组数据精度控制需要，在摄影时选点需要注意以下几方面。

（1）测量作业与影像采集作业可同时进行，关键控制点和连结点的选取结合影像采集人员的具体需求。

（2）选点是控制文物形制和分组采集数据合并空三的关键结构点。

（3）影像采集作业应逐步地离拍摄物体越来越近，避免照片分辨率相差太大。

（4）轮廓清晰醒目、坚固，便于确认和识别。

（5）影像分布均匀合理，重叠率满足数据空三加密的需要，必要时增加控制点和连结点数量。

（二）控制性测量

1. 不单独布设控制网的要求

局部、小区域或单体扫描目标物，符合下列条件时可不单独布设标靶控制测量，固定扫描目标物宜与已有空间参考系建立联系。

（1）区域面积小于 0.01 km^2，可以通过标靶进行闭合时。

（2）线状区域、长度在 300 m 以下时。

（3）地形限制。

2. 控制网布设要求

（1）控制网应根据已知控制点的情况、测区内地形地貌情况、区域内目标物的分布情况和不同目标物扫描的不同精度要求，设计控制网的网形和线路走向。

（2）控制网应全面控制测区，在分区进行作业时，应对各区的数据配准起到联系和控制误差传递的作用。

（3）控制网宜沿主要道路布设，或者视野开阔地布设，宜设计为附和线路或构成网状。

（4）控制点位选定应方便标靶点的测量。

3. 控制网观测

（1）控制测量方法。一级导线、二级 GNSS 静态、四等水准。

（2）导线测量、GNSS 测量和水准测量作业应符合现行行业标准《城市测量规范》（CJJ/T 8—2011）中的规定。

（三）倾斜摄影测量三维重建原始图像数据采集

倾斜摄影测量的数据采集需要五个不同角度影像，使整个场景中的相关内容能多角度、全方位地在图像上予以采集，确保数据除客观因素的影响外，能尽可能重建整个场景的三维模型。

1. 图像采集路线的设计

采集路线的设计需结合采集对象制定对应的方案，其原则应遵循系统、有效和方便的原则，并有利于后期数据处理及检查。当文物本体及其场景较大时，可采用分区、分组采集方式。

2. 图像采集设备

图像采集的相机设备最小像素不低于 2000 万像素。

3. 图像采集天气

宜选择光线柔和、均匀的天气进行拍摄，避免光线不均或暗光拍摄。

4. 图像重叠率

相邻图像之间的重叠率能够满足三维重建，横向重叠率不宜低于 80%，纵向重叠率不宜低于 70%。

5. 图像数据现场检查的要求

（1）前期采集者和后期处理者交替检查：数据的前期采集者宜与数据的后期处理者在工作现场对所采集的数据进行交替检查。其中，原始数据在现场采集完后应进行现场检查，以保证质量。若图像数量或其质量不满足后期处理需求，则需采集人员重拍或者补充拍摄。

（2）图像清晰度：在原始分辨率下能够完整分辨信息采集区域采集对象的细节。所获取的图像须具有均匀一致的清晰度，不得存在因镜头失焦、光线衍射等原因导致的局部模糊等现象。

6. 原始影像数据采集参考参数

以大疆精灵 4RTK 无人测绘系统作为参考，在晴天光线均匀柔和的情况下，建议选择以下参数进行原始影像数据采集，具体采集参数参考值如表 6–4–2 所示。

表 6–4–2　原始影像数据采集参考参数

项目	条件	记录内容
采集气候	天气	晴天
	风速	微风 1 ～ 2 级
	能见度	较好（5 km），无雾霾
设备概况	无人机	大疆精灵 4RTK
	相机型号	FC6310R
	相机像素	有效像素 2000 万
采集参数	拍照模式	定时拍摄
	重叠度	航向 80%，旁向 80%
	相对航高	100 m

续表

项目	条件	记录内容
采集参数	倾斜角度	−45°
	相机参数	自动调整
	照片比例	3 ∶ 2
	分辨率（GSD）	1.37 cm
	RTK 状态	信号良好

（四）原始影像预处理

1. 颜色还原性

在后期处理工作中，应使用专业的图像处理软件以便高保真地还原文物本体的图像色彩。

2. 现场检查要素的复查

图像预处理前需复查，如检查图像的失焦，调节图像的曝光和色彩，使所有图像的色彩均匀、曝光统一。

3. 计算数据的格式

根据软件所支持的格式自行选择，建议使用高保真、低压缩比的数据格式以保证数据的还原度。

九、成果制作

（一）影像空三加密处理

（1）摄影测量数据处理过程，采用光束法区域网联合平差的方法。

（2）影像数据处理宜采用满足项目设计要求的专业空三加密数据处理软件。

（二）精细三维模型生产

基于原始影像及空三成果，宜采用相关专业三维重建数据处理软件生成精细三维模型。

（三）数字三维模型要求

（1）三维模型应无明显痕迹；模型色彩应接近真彩色，纹理应清晰，色调应均匀，反差应适中。

（2）模型输出时分辨率≤ 5 cm，精度误差≤ 5 cm。

（3）三维模型宜以 osgb/obj 格式存储。

十、质量检查

各成果的质量检查与验收应符合 GB/T 18316—2008 的规定，同时满足技术设计书的要求。按照本规范规定的技术要求和技术指标对数据质量和模型质量进行质检。数字三维模型、数字正射影像图质量检查如表 6-4-3、表 6-4-4 所示。

表 6-4-3　数字三维模型检查质量元素与详查内容

质量元素	详查内容
数学精度	模型空间点位相对精度误差≤5 cm
数据及结构正确性	1. 数据组织和文件命名的正确性 2. 数据格式的正确性（osgb/obj 等） 3. 数据坐标系统的正确性（平面基准采用 2000 国家坐标系，采用地方坐标系时应与国家坐标系联测；高程基准采用 1985 国家高程基准，采用地方高程基准时与国家坐标系联测） 4. 有效覆盖区域（模型覆盖区域应带有文物周边地理信息） 5. 原始数据使用的正确性 6. 模型单位的正确性［三维模型比例为 1∶1，单位采用米（m）］
模型质量	1. 模型分辨率（分辨率≤5 cm） 2. 模型色调和反差 3. 模型清晰度和纹理表现 4. 模型配准和接边质量 5. 模型外观质量（云块、划痕、斑点、污迹等） 6. 模型色彩 7. 模型满足地形图绘制（1∶500、1∶1000 比例尺）
资料质量	1. 元数据文件的正确性、完整性 2. 其他文档资料的正确性、完整性

表 6-4-4　数字正射影像图检查质量元素与详查内容

质量元素	详查内容
数学精度	平面位置精度
数据及结构正确性	1. 数据组织和文件命名的正确性 2. 数据格式的正确性 3. 数据的坐标系统和投影的正确性 4. 原始数据使用的正确性 5. 图像分辨率的正确性（≥300 dpi）
图像质量	1. 图像色调和反差 2. 图像清晰度和纹理表现 3. 图像配准和接边质量 4. 图像外观质量（噪声、云块、划痕、斑点、污迹等） 5. 图像色彩
资料质量	1. 元数据文件的正确性、完整性 2. 其他文档资料的正确性、完整性

第五节　广西不可移动文物三维激光扫描数据采集技术标准

一、前言

本规程起草规则依据《标准化工作导则　第 1 部分：标准文件的结构和起草规则》（GB/T 1.1—2020）。

本规程由广西壮族自治区文物保护与考古研究所提出并归口。

本规程由广西壮族自治区文物保护与考古研究所负责编写，参编单位有砺剑防务技术集团、广东财经大学。

本规程的主要起草人：杨清平、林强、魏如明、马华、张亦汉、罗旋、曾彩瑶、李昊晖。

二、引言

广西壮族自治区的不可移动文物种类丰富，数量多。通过对典型不可移动文物的采集实验可知，三维激光扫描技术对地形地貌的适应力较强，在平地、小山坡、高原地区、堤岸或更复杂的地质构造地形地貌都可以开展。采集的数据经处理可用于三维模型、数字正射影像、数字高程模型、平面图、立面图、剖面图制作等，特别适用于古建筑、古遗址和古墓葬的精确数据采集工作。在精度要求高且经费充裕的情况下，可选用该技术进行数据采集。为使该技术能够更好地服务于广西壮族自治区全境的不可移动文物保护工作，故编写《广西不可移动文物三维激光扫描数据采集技术标准》。

三维激光扫描技术是 20 世纪 90 年代中期兴起的三维测量技术。“点云”是被测对象的采样点（离散点）集合，它反映地物表面的阵列式几何图像数据。当点云数据采集完毕后，配合相关处理软件系统的使用，可快速计算出目标的三维模型及线、面、体、空间等各种制图数据。采集的三维激光点云原始数据还可进行测绘、仿真、模拟等各项后处理工作。三维激光扫描技术通过机载激光雷达、站式激光雷达、手持式三维激光雷达等设备采集目标密集点云，可以获取不可移动文物整体的结构信息、高度、尺寸等，数据采集效率较高，精度达到毫米级。

本标准对三维激光扫描数据采集及处理进行了规范，包括不可移动文物的三维激光扫描采集技术要求、基于三维激光扫描技术采集的数据和数据处理的技术要求。

三、范围

本标准规定了广西不可移动文物数字化工作中的基本术语。

本标准适用于广西不可移动文物数字化工作中的技术设计与施工方案。

四、规范性指引文件

下列文件对于本应用是必不可少的。凡是标注日期的引用文件都适用于本文件。凡是不标注日期的引用文件，其最新版本（包括所有的修改版）适用于本文件。

《全球定位系统（GPS）测量规范》（GB/T 18314—2009）

《摄影测量与遥感术语》（GB/T 14950—2009）

《数字测绘成果质量要求》（GB/T 17941—2008）

《数字测绘成果质量检查与验收》（GB/T 18316—2008）

《电子文件归档与电子档案管理规范》（GB/T 18894—2016）

《三维地理信息模型数据产品质量检查与验收》（CH/T 9024—2014）

《卫星定位城市测量技术规范》（CJJ/T 73—2019）

《数字水准仪检定规程》（CH/T 8019—2009）

五、术语、定义和缩略词

下列术语、定义、缩略语适用于本文件。

1. 不可移动文物

包括具有历史、艺术、科学价值的古遗址、古墓葬、古建筑、石窟寺和石刻；与重大历史事件、革命运动或者著名人物有关的以及具有重要纪念意义、教育意义或者史料价值的近代和现代重要史迹、代表性建筑等。

2. 三维激光扫描技术

三维激光扫描是测绘行业的一次重大技术突破，与以往的单点测量相比，它能提供被测物体表面的三维点云数据，具有高效率、高精度的优点。

3. 数字化采集

运用三维技术设备对文物本体进行数据获取的过程。

4. 点云

以离散方式分布在三维空间中的点的集合。

5. 点云密度

单位体积上点的平均数量。

6. 点间距

点云中相邻两点之间的距离。

7. 点云配准

把不同局部坐标系点云数据通过同名几何条件约束，变换到统一的坐标系下，构成完整点云数据的过程。

8. 纹理模型

带有纹理信息的三维实体表面模型。

9. 数字正射影像

利用数字高程模型对数字化的航空像片、遥感影像（单色 / 彩色），经逐个像元进行投影差改正，再按影像镶嵌，根据图幅范围剪裁生成的影像数据。

10. 数字高程模型

描述地表起伏形态特征的空间数据模型。

六、总则

（一）空间基准

平面基准宜采用 2000 国家坐标系，采用地方坐标系时应与国家坐标系联测。

（二）高程基准

高程基准宜采用 1985 国家高程基准，采用地方高程基准时应与国家坐标系联测。

（三）时间基准

无人机和三维激光扫描作业及产品涉及的日期宜采用公元纪年，时间应采用北京时间。

（四）精度基准

空间点位相对精度（mm）以中误差衡量，取两倍中误差为限差。空间点位相对精度是指模型中两点之间的距离与实际量测距离的较差。

（五）数据格式要求

各种成果输出的格式应遵循表 6–5–1 的规定。

表 6–5–1　成果数据格式

数据类型	数据格式
点云	.txt，.xyz，.pts，.ptx，.obj 等
控制点、标靶点	.txt，.xyz，.pts，.ptx，.obj 等
纹理模型	.3ds、.obj、.igs 等
数字正射影像	.tiff、.jpg、.tga、.png 等
数字高程模型	.tiff、.jpg、.tga、.png 等

七、前期准备

（一）仪器校验

1. 总体要求

应按技术设计书中的仪器配置要求，准备相应符合要求的仪器设备及附属设备，并保证设备在检校合格有效期内。应对所选用软件是否满足预期用途的能力进行确认。

2. 三维激光扫描仪的精度指标

根据技术设计书的精度选择适宜的地面三维激光扫描设备，可选择单一类型扫描仪，也可多种型号扫描仪配合使用。地面站式三维激光扫描仪观测精度指标应满足下列要求：

（1）测距精度 $md \leqslant 3$ mm。

（2）测角精度 $m\beta \leqslant 6''$ 。

3. 数码相机检查

能够正常拍摄图像，内存卡容量应充足；外置同轴相机需进行参数校正。

4. 全站仪检验

全站仪设备按照现行《全站型电子速测仪》（JJG 100—2003）规定的要求进行作业前的检验。

5. GNSS 接收设备检验

GNSS 接收设备应按现行行业标准 CJJ/T 73—2019 的规定要求进行作业前的检验。

6. 水准仪的检验

水准仪设备应按现行测绘地理信息计量检定规程 CH/T 8019—2009 的规定要求进行作业前的检验。

（二）技术设计

技术设计应根据采集要求，结合已有资料、实地勘察及相关的技术规范，编制技术设计书。技术设计书的编写体例应符合现行行业标准 CH/T 1004—2005 的规定。

技术设计书的主要内容应包括工作范围、工作内容、仪器配置、工作流程、成果技术指标和规格等。

八、控制测量

（一）不单独布设控制网的要求

局部、小区域或单体扫描目标物，符合下列条件时可不单独布设控制网，固定扫描目标物宜与已有空间参考系建立联系。

（1）区域面积小于 0.01 平方千米，扫描站可以通过标靶进行闭合。

（2）线状区域、长度在 300 m 以下。

（3）扫描站数不超过 10 站。

（二）控制网布设要求

（1）控制网应根据已知控制点的情况、测区内地形地貌情况、区域内扫描目标物的分布情况和不同目标物扫描的不同精度要求，设计控制网的网形和线路走向。

（2）控制网应全面控制扫描的区域，在分区进行扫描作业时，应对各区的点云数据的配准起到联系和控制误差传递的作用。

（3）两个控制点间扫描站数应不超过 10 站。

（4）控制网宜沿主要道路布设，宜设计为附和线路或构成网状。

（5）控制点位选定应方便标靶点的测量。

（三）控制网观测

（1）控制测量方法。一级导线、二级 GNSS 静态、四等水准。

（2）导线测量、GNSS 测量和水准测量作业应符合现行行业标准《城市测量规范》（CJJ/T 8—2011 中的规定。

九、三维扫描

（一）作业流程

数据采集作业流程包括：扫描站布设、标靶布设、设站扫描、纹理图像数据获取、外业数据检查、数据导出。

（二）扫描站测设

1. 扫描站布设

扫描站的布设应遵循以下原则。

（1）应设置在视野宽阔、地面平坦的安全区域。

（2）扫描站的扫描范围应覆盖整个目标物，均匀布设，设站数量宜少不宜多。

（3）目标物结构复杂、通视困难或线路拐角的情况可适当增加扫描站。

2. 扫描站坐标观测

需要测设扫描站坐标时，应在不同控制点上测设扫描站坐标至少 2 次，每次测量值平面较差不大于 2 cm，高程较差不大于 2 cm。取各次测量平均值作为扫描站坐标。

（三）标靶设置要求

1. 标靶布设

标靶布设应遵循以下原则：

（1）每一扫描站的标靶数量不少于 4 个。

（2）相邻两扫描站的公共标靶数量不少于 3 个。

（3）标靶应在相邻两扫描站连线的中点附近区域，均匀布置且高低错落。

（4）同一扫描站标靶之间的距离至少有一个不小于扫描目标物主体到扫描站的距离。

（5）标靶设置困难地区，可选择在点云中有明显特征的点、线等来代替标靶。

2. 标靶测设

在需要借助标靶进行坐标系转换时，应在不同控制点上实测两次以上。各次测量值平均较差不大于 2 cm，高程较差不大于 2 cm。取各次测量平均值作为标靶的中心坐标。

（四）点云数据采集

点云数据采集应满足下列要求。

（1）作业前应将仪器放置在观测环境中进行温度平衡。

（2）激光扫描仪应按以下步骤操作：架设扫描站、建立扫描项目、扫描范围设置、点间距或者采集分辨率设置、开始扫描。

（3）扫描站应按顺序编号。

（4）每个工程应建立一个文件夹，文件夹宜用工程名命名。同一个工程每天的数据应建立一个文件夹，文件夹宜用“日期”命名。每个扫描站数据宜建立一个文件，文件名命名宜采用“扫描站号 + 扫描站位置描述”的方式命名。

（5）扫描点间距≤ 2 mm。

（6）如果整体采集分辨率较低时，应对标靶进行精扫。

（7）相邻扫描站间点云数据的重叠度应不低于 30%。

（8）扫描时若仪器发生断电、死机等故障，或者仪器位置发生改变，应重启仪器进行自检，重新开始扫描。

（9）点云的覆盖率应≥ 90%。

（10）原始点云数据采集参数（天宝 X7 为例，仅供参考）。具体如表 6-5-2 所示。

表 6-5-2　原始点云数据采集参数

数据类型	具体参数	数据类型	具体参数
扫描类型	全面扫描	扫描时间 / 测站	3 分钟
扫描距离	5 ～ 20 m	相邻站间点云重叠度	40%
扫描速度	97.6 万点 / 秒	彩色扫描	开
扫描点间距	2 mm	相机模式	AUTO

（五）纹理图像数据采集

（1）纹理图像采集宜使用满足分辨率要求的单反相机，单张图像相幅设置到相机的最大分辨率。

（2）相机的最小像素应不低于 1000 万像素。

（3）拍摄时应尽量保持镜头正对目标面，或者先拍摄部分全景，再逐个正对拍摄，以便后期合成。

（4）宜选择光线较柔和、均匀的天气进行拍摄，避免光线不均或暗光拍摄。

（5）相邻照片之间应保证有不小于 30% 的重叠区域。

（6）采集图像时应画好图像采集分布图。

十、数据处理

（一）处理流程

数据处理基本流程应包括点云数据配准与误差改正、坐标系转换、降噪与抽稀、图像数据预处理等。

（二）点云数据配准与误差改正

根据不同的作业方法，可选择应用控制点、地物特征点、标靶进行点云数据配准，并应符合以下规定。

（1）相邻扫描站间点云重叠度不应小于 30%。

（2）采用不少于 3 个同名点建立转换矩阵进行点云配准，配准后同名点的内附合精度高于点间距。

（三）坐标系转换

坐标系转换应符合下列规定。

（1）文物三维扫描点云，不宜使用绝对坐标的整体转换。

（2）应采用 3 个以上、分布均匀的同名点进行坐标系转换，通过参数模型解算点云坐标系和绝对坐标系之间的转换参数，坐标转换残差应小于 5 mm。

（四）降噪与抽稀

（1）点云数据中存在脱离扫描目标物的异常点、孤立点时，应采用滤波方法或人工进行降噪处理。

（2）对点云数据抽稀应符合下列规定。

①扫描目标物表面曲率变化不明显区域宜用均匀抽稀，抽稀的原则符合建模时点密度要求。

②扫描目标物表面曲率变化明显区域宜用保持特征的抽稀，根据法向量变化和曲率识别特征区域进行抽稀。

（五）图像数据处理

具体步骤应包括图像色调调整和色彩纠偏、变形纠正、图像配准、格式转换，同时应符合下列要求。

（1）图像出现曝光过度、曝光不足、阴影、相邻图像间的色差等现象时，应进行色调调整、色彩纠偏，保持图像反差适中、色调一致。

（2）因视角或镜头畸变引起变形，应对图像的变形部分做纠正处理。

（3）应保证图像清晰，无配准镶嵌缝隙。

（4）应对处理后的图像进行格式转换，转换为通用的文件格式。

（5）处理后的图像应与实际情况一致，真实反映物体的质感、图案、透明度及颜色。

十一、成果制作

（一）三维模型制作流程

三维模型作业流程包括模型建立、纹理图像处理、纹理映射等。

（二）三维模型要求

模型制作应符合下列规定。

（1）应利用点云三角化的方法建立初步模型，初步模型应满足精度要求。

（2）宜利用孔填充、边修补、简化和细化、光滑处理等技术手段优化初步模型。

（三）纹理映射要求

（1）纹理映射的阈值（三角网模型与图像的对应点偏差值）不应大于 2 mm。

（2）纹理映射完成后，须严格检查图像和三角网模型的匹配质量，对于超过阈值的映射成果需重新选取同名点对，重新纹理映射。

（四）数字正射影像要求

（1）数字正射影像图的作业流程应包括点云正射纠正、图像数据预处理、构建三角网、纹理映射、图像输出、图像融合、图像裁切等。

（2）正射影像图应无明显配准痕迹，图像色彩应接近真彩色，纹理应清晰，色调应均匀，反差应适中。

（3）图像输出时应考虑最终成果的比例尺，分辨率不应小于 75 dpi。

（4）截屏输出的正射影像必须保证放大的倍数一致，并且相邻两张图像有不少于 25% 的重叠区域。

（5）正射影像图宜以 tiff 格式存储。

（五）数字高程模型要求

（1）数字高程模型的作业流程应包括点云拼接、误差改正、坐标系转换、降噪与抽稀等过程。

（2）模型应无明显配准痕迹，色调应均匀，反差应适中，能够反映地表信息的高程。

（3）模型输出时应考虑最终成果的比例尺，分辨率不应小于 75 dpi，截屏输出的影像必须保证放大的倍数一致。

（4）数字高程模型宜以 tiff 格式存储。

（六）平面图、立面图、剖面图制作要求

（1）平面图、立面图、剖面图制作应符合《建筑制图标准》（GB/T 50104—2010）相关规定。

（2）剖面图宜采用点云切片方式绘制，使切片点云投影到平面，基于投影点云描绘。

（3）由于点云采集不全，无法准确获取结构尺寸时，对于目标物交接关系明确的，可根据露明部分尺寸推算隐蔽尺寸，反推算的结果应特别说明。

（4）平面图、立面图、剖面图的结构尺寸应实地检核，较差应不大于 1 cm。

（5）基于数字正射影像绘制某一比例尺的平面图、立面图，依据的正射影像的比例尺不应小于绘制比例尺的 2 倍。

十二、质量检查

各成果的质量检查与验收应符合 GB/T 18316—2008 的规定，同时满足技术设计书的要求。按照本规程规定的内容和指标进行检查，详细质量检查方法遵循 GB/T 18316—2008 中相关规定。质检内容如表 6-5-3 至表 6-5-7 所示。

表 6-5-3　点云数据检查质量元素与详查内容

质量元素	详查内容
点云覆盖情况	1. 原始点云密度 2. 原始点云噪点情况 3. 原始点云点间距 4. 处理后点云密度 5. 处理后点云完整性 6. 处理后点云是否有分层，以配准精度为准
点云着色情况	具有真实 RGB 信息

表 6-5-4　三维模型检查质量元素与详查内容

质量元素	详查内容
点云模型正确性	1. 点云模型单位选择：m 2. 检查标靶点云完整性 a. 两扫描站之间公共标靶数目 b. 标靶分布情况 c. 标靶拟合精度 d. 扫描站间的配准精度 3. 检查点云模型的可靠性 a. 单扫描站云数据无相对偏移 b. 点云数据噪声情况 4. 检查点云数据是否有分层

续表

质量元素	详查内容
三角网模型正确性	1. 三角网模型的单位：mm 2. 三角网模型的空间位置是否正确，保证其与原始点云的空间位置一致 3. 无关模型是否删除干净，即与被测物体不相关的点云，如行人、飞鸟、标靶球等 4. 三角网模型表面完整，无孔洞 5. 三角网模型无重叠面，即模型无分层，无面的重叠，以避免模型显示、纹理映射时出错，同时减少无用模型 6. 三角网模型表面平滑，无钉状物 7. 三角网模型要清晰体现被测物体的细节，保证模型表面精度在 2 mm 以内 8. 带纹理三角网模型，其纹理须清晰，每 2 mm×2 mm 的范围内须有一个有效像素 9. 带纹理三角网模型，其纹理须明暗适中，不允许有接缝出现 10. 带纹理三角网模型，其纹理须完整，不允许有空洞出现

表 6-5-5　数字正射影像图检查质量元素与详查内容

质量元素	详查内容
数学精度	平面位置精度
数据及结构正确性	1. 数据组织和文件命名的正确性 2. 数据格式的正确性 3. 数据的坐标系统和投影的正确性 4. 原始数据使用的正确性 5. 图像分辨率的正确性
图像质量	1. 图像色调和反差 2. 图像清晰度和纹理表现 3. 图像配准和接边质量 4. 图像外观质量（噪声、云块、划痕、斑点、污迹等） 5. 图像色彩
资料质量	1. 元数据文件的正确性、完整性 2. 其他文档资料的正确性、完整性

表 6-5-6　数字高程模型检查质量元素与详查内容

质量元素	详查内容
数学精度	平面位置精度
数据及结构正确性	1. 数据组织和文件命名的正确性 2. 数据格式的正确性 3. 数据的坐标系统和投影的正确性 4. 原始数据使用的正确性 5. 模型分辨率的正确性

续表

质量元素	详查内容
模型质量	1. 模型色调和反差 2. 模型清晰度和地表起伏形态表现 3. 模型配准和接边质量 4. 模型外观质量（噪声、云块、划痕、斑点、污迹等） 5. 模型色彩
资料质量	1. 元数据文件的正确性、完整性 2. 其他文档资料的正确性、完整性

表 6-5-7　平面图、立面图、剖面图检查质量元素与详查内容

质量元素	详查内容
数据正确性	1. 外形结构完整、表达清楚 2. 文字描述准确性 3. 尺寸标注正确性 4. 比例尺正确性 5. 图例表达合理性 6. 与多项已有资料或多项设计资料矛盾情况
数据格式	.dwg、.dxf、.jpeg、.tga、.png、.tiff 等
资料质量	1. 元数据文件的正确性、完整性 2. 其他文档资料的正确性、完整性

第六节　广西不可移动文物全景摄影数据采集技术标准

一、前言

本规程起草规则依据《标准化工作导则　第 1 部分：标准文件的结构和起草规则》（GB/T 1.1—2020）。

本规程由广西壮族自治区文物保护与考古研究所提出并归口。

本规程由广西壮族自治区文物保护与考古研究所负责编写，参编单位有砺剑防务技术集团、广东财经大学。

本规程的主要起草人：杨清平、林强、魏如明、马华、张亦汉、罗旋、曾彩瑶、李昊晖。

二、引言

广西壮族自治区的不可移动文物数量多、分布广，但多数等级不高，如果都以高精度的数据化采集方式保存，则消耗时间长、难度较大。通过对典型文物进行数据采集实验后发现，全景摄影技术适用于多数级别较低且对数据要求不高的不可移动文物数字化采集。运用该技术采集的数据能够从多个角度了解文物全貌。为使该技术能够更好地服务于广西壮族自治区全境的不可移动文物保护工作，故编写《广西不可移动文物全景摄影数据采集技术标准》，以供参考。

全景技术是采用三维立体实景 720° 全方位的图像技术。它有三个显著的特征：（1）全方位地展示 720° 范围内的全部场景，操作鼠标可控制视角，浏览场景的不同方向；（2）呈现真实的场景，三维实景基于照片拼合而成，保证场景的真实性；（3）720° 环视的效果，用软件处理平面照片，最后生成 720° 实景，能给人以三维立体的空间感觉，使观者犹如身在其中。

本标准对广西不可移动文物全景摄影数据采集技术及数据处理进行了规范，包括不可移动文物的全景摄影数据采集技术要求和基于全景摄影技术采集的数据的处理技术要求。

三、范围

本标准规定了广西不可移动文物数字化工作中的基本术语。

本标准适用于广西不可移动文物数字化工作中的技术设计与施工方案。

四、规范性指引文件

下列文件对于本应用是必不可少的。凡是标注日期的引用文件都适用于本文件。凡是不标注日期的引用文件，其最新版本（包括所有的修改版）适用于本文件。

《全球定位系统（GPS）测量规范》（GB/T 18314—2009）

《摄影测量与遥感术语》（GB/T 14950—2009）

《数字测绘成果质量要求》（GB/T 17941—2008）

《数字测绘成果质量检查与验收》（GB/T 18316—2008）

《电子文件归档与电子档案管理规范》（GB/T 18894—2016）

《三维地理信息模型数据产品质量检查与验收》（CH/T 9024—2014）

《卫星定位城市测量技术规范》（CJJ/T 73—2014）

《数字水准仪检定规程》（CH/T 8019—2009）

五、术语、定义和缩略词

下列术语、定义、缩略语适用于本文件。

1. 不可移动文物

包括具有历史、艺术、科学价值的古遗址、古墓葬、古建筑、石窟寺和石刻；与重大历史事件、革命运动或者著名人物有关的以及具有重要纪念意义、教育意义或者史料价值的近代和现代重要史迹、代表性建筑等。

2. 全景摄影技术

相机环绕 720° 拍摄的一组或多组照片拼接成一个全景图像。

3. 数字化采集

运用三维技术设备对文物本体进行数据获取的过程。

4. 地面全景

在地面通过操控全景相机拍摄。

5. 空中全景

无人机搭载全景相机在空中拍摄照片。

6. 全景图

使用软件对相机拍摄的图像或计算机建模图片进行整合，并用专门的播放器进行播放，即可生成 720° 全景图。

六、数据基础

成果数据如表 6-6-1 所示。

表 6-6-1　成果数据基础

数据类型	数据要求
全景图——数据格式	.tiff、.jpg、.tga、.png 等
全景图——成图像素	满足 2 的 N 次方

七、前期准备

（一）仪器检校

1. 总体要求

应按技术设计书中的仪器配置要求，准备相应符合要求的仪器设备及附属设备，并保证设备在检校合格有效期内。应对所选用软件是否满足预期用途的能力进行确认。

2. 全景相机检查

能够正常拍摄图像，内存卡容量应充足；外置同轴相机需进行参数校正。

3. 无人机检查

每次飞行之前校正 GPS，检查螺旋桨是否正常，电池电量是否充足，SD 卡存储空间是否充足。

（二）技术设计

技术设计应根据采集要求，结合已有资料、实地勘察情况及相关的技术规范，编制技术设计书。技术设计书的编写体例应符合现行行业标准《测绘技术设计规定》（CH/T 1004）的规定。

技术设计书的主要内容应包括工作范围、工作内容、仪器配置、工作流程、成果技术指标和规格等。

八、全景影像原始数据采集

（一）作业流程

数据采集作业包含地面全景采集和空中全景采集两部分。

（二）拍摄方法

1. 地面全景采集

地面全景采集应遵循以下原则。

（1）拍摄位置设置在视野开阔、地面稳定的安全区域。

（2）将全景云台水平安置在脚架上，安装好相机，选择每次旋转的角度，拍摄范围应覆盖整个目标物，均匀布设，尽量少拍摄。

（3）在结构复杂、通视不便或线路拐角的情况下，尽量多拍摄。

2. 空中全景采集

将无人机悬停在空中旋转拍摄四圈。

（1）照片采集第一圈：将云台仰角调至 30°，操控无人机按顺时针转动进行照片采集，每旋转 30° 采集一次照片，共采集 12 张照片。

（2）照片采集第二圈：将云台调至水平，按照第一圈的采集方法采集 12 张照片。

（3）照片采集第三圈：将云台的俯角调至 30°，按顺时针转动采集照片，每旋转 45° 采集一次照片，共采集 8 张照片。

（4）照片采集第四圈：将云台俯角调至 60°，按顺时针转动采集照片，每旋转 60° 采集一次照片，共采集 6 张照片。最后将云台调至 90°，摄像头垂直对地面方向采集两张照片。

3. 拍摄时间

收集待采集区域的天气情况，结合采集计划，合理安排。建议拍摄时间段（拍摄特殊景色除外，如日出、晚霞等）如下。

（1）正常天气，春夏采集时间段：白景 9:00—18:30。

（2）正常天气，秋冬采集时间段：白景 9:30—16:30。

4. 天气

天气需晴好，能见度须在 8 km 以上，风力≤ 4 级，若出现扬沙、雾、霾等天气时不能进行采集。

（三）拍摄要求

1. 地面全景

（1）在拍摄过程中，尽量安排在人较少的时间段进行采集工作。在拍摄过程中，相机保持固定，拍摄完毕后方可移动。

（2）在拍摄过程中，尽量避开大树、行人等对象，寻找开阔的地点进行拍摄。有行人明显接近取景框时，需要等其离开再进行拍摄，避免不相关的人员占据相片的 1/2。同一组相片必须同时拍完，若拍摄过程被行人或车辆等打断，此场景点需要重新拍摄。

（3）在同一个场景点拍摄过程中，相机的移动速度不要太快，避免快门未完全闭合导致的画面不清晰现象。

（4）关闭相机中的日期、时间项。时间、日期不能出现在图片中。

2. 空中全景

（1）为保证后期的全景拼接能够顺利运行，应保证相邻照片间有 30% ～ 40% 的部分相互覆盖。

（2）由于无人机无法拍摄顶部天空的照片，需要在地面拍摄两张顶部天空的照片或者使用已经制成的全景天空图片进行后期的拼接。

（四）拍摄距离

1. 地面全景

（1）当场景点变化较大，相邻场景的相似度不高时，每 3 ～ 5 m 拍摄一个场景，邻接场景必须有重叠景物以确保拍摄的连续性。

（2）当场景点变化不大，相邻场景的相似度较高时，每 5 ～ 10 m 拍摄一个场景，邻接场景必须有重叠景物以确保拍摄的连续性。

2. 空中全景

航拍的高度一般选择 100 m 左右，不过也可以根据情况适当调整，影响航拍高度的因素大概有以下几个方面。

（1）取景范围的大小：如果取景范围过大，就需要上升高度；如果取景范围较小，则降低高度。

（2）能见度的影响：如果天气较好，能见度高，可适当提升高度；相反，如果能见度较低时，就需要降低航拍高度。

（3）航拍航线上的障碍物情况：在与障碍物保持安全距离的前提下，可适当降低高度。若不能，则需高出障碍物，保持安全高度。

（五）内容检查

每拍摄完一组图片后，均需要对成果进行自检。自检内容为：

（1）图片中是否存在人的比例过大情况。

（2）图片中是否存在噪点或者异物等。

（3）图片是否存在过曝 / 欠曝的情况。

（4）图片中是否存在跑焦的现象。

（5）图片中是否存在由于快门过慢导致焦距不清晰的情况。

（6）图片中是否存在由于抖动等误操作造成画面不清晰的情况。

（7）图片中是否存在脏点的情况（可检验天空是否有存在脏点的情况）。

九、成果制作

成果制作包括全景图片拼接、全景图片修补、全景图片上传基本流程。

（一）全景图片拼接

全景照片的拼接采用操作较为便捷且能提高图片清晰度的 PTGui 软件进行拼接。首先，点击界面左侧“加载图像”，将一个拍摄地点所拍摄的照片导入软件；然后，点击“对准图像”，该软件会自动配置其镜头参数，拼接生成全景图片。

拼接后的全景图片存在以下几个问题时，需逐步解决。

（1）对于部分图像出现冗余，导致相互重叠、出现色差等问题，应将冗余部分的个别照片删除。

（2）对于出现相邻的照片无法自动匹配拼接的情况，应通过寻找相邻照片之间的共同部分，手动添加控制点，再次点击“自动匹配”以找到更多的控制点使相邻照片得以顺利拼接。

（3）对于全景图片中不满意的部分，点击“蒙版”，调用红色的擦除工具擦除掉不满意部分，删除以后还需要对其进行重新对准校正。

解决完成上述问题，创建全景图，以 jpg 格式导出拼接好的全景图片。

（二）全景图片修补

PTGui 导出的全景图片缺失顶部天空部分，需通过 Photoshop 将全景天空图片与 PTGui 制作的全景图片相融合，生成最终的全景图片。

（1）将全景图片和全景天空图片导入软件，将全景天空图片的宽度调整至与全景图片一致，并按照顺序放置两张图片。

（2）在全景天空图片的图层上添加白色“蒙版”，选中“蒙版”。在左边工具栏选择渐变工具，设置中灰密度的线性渐变，通过鼠标从下往上，由中间向两边逐渐拉伸两张图片的交界处，使两张图片逐渐合为一张图片（拉伸过程中切忌大幅度拉伸，采取多次小幅度拉伸才能融合出较为完美的全景图片）。

（3）调整图片的饱和度、色相、对比度，使得图片更加鲜艳、明亮并导出最终的全景图片。

（三）全景图片上传

将制作好的全景图片上传全景网站过程如下。

（1）通过全景网站的编辑界面对上传的全景图片进行编辑。

（2）设置场景之间相互转换的指示标，当转换到任意一个全景图像中，可切换观看不同地点的全景图像。

（3）在浏览全景和进入全景的过程中加入音乐，增强全景的展示效果。

（4）添加文字内容介绍等。

十、命名规则

（一）按照方位

按照方位的命名方式，将文物分成若干个子区域，如采用“××东侧”的命名方式可以对覆盖较大空间范围的图片进行清晰描述。此时，图片方位的描述基于拍摄该张照片时相机所处的位置。

（二）按照顺序

按照照片拍摄的先后顺序，以“室内景描述＋数字”的格式依次排列，例如“墓葬1”“碑刻1”“角度1”等。

十一、质量检查

各成果的质量检查与验收应符合GB/T 18316—2008的规定，同时满足技术设计书的要求。按照本规程规定的内容和指标进行检查，详细质量检查方法遵循GB/T 18316—2008中相关规定。全景影像质检内容如表6-6-2所示。

表6-6-2　全景影像图检查质量元素与详查内容

质量元素	详查内容
数据及结构正确性	1.数据组织和文件命名的正确性 2.数据格式的正确性（jpg/png/tiff等） 3.数据的坐标系统和投影的正确性 4.原始数据使用的正确性 5.全景范围的正确性（全景范围应涵盖文物周边地理环境及内部环境） 6.影像分辨率的正确性（≥75 dpi）

续表

质量元素	详查内容
影像质量	1. 影像色调和反差 2. 影像清晰度和纹理表现 3. 影像配准和接边质量 4. 影像外观质量（噪声、云块、划痕、斑点、污迹等） 5. 影像色彩（均匀，无明显色差） 6. 影像真实性（影像应实景场景拍摄，真实逼真、无虚构） 7. 影像交互性（全景影像应可与 Flash 技术衔接，使用鼠标或键盘控制环视的方向，可以进行上下、左右、前后范围的漫游式浏览）
资料质量	1. 元数据文件的正确性、完整性 2. 其他文档资料的正确性、完整性

第七章

项目研究总结

由广西壮族自治区文物保护与考古研究所联合砺剑防务技术集团有限公司共同申报、共同实施的2019年度广西重点研发计划项目——“广西不可移动文物基础数据采集关键技术研究”（项目合同为桂科 AB19185006）终于按期完成了所有的研究任务。三年来，项目组通过运用不同技术手段、设计不同的参数，对广西不同类别的不可移动文物进行了数据采集技术研究。经过上百次的对比、实验，最终取得了较为满意的研究成果。这是广西文物系统第一次进行不可移动文物基础数据采集技术的综合研究，具有开创性意义，研究中所获得的基础数据也弥足珍贵。项目组根据研究结果制定的广西不可移动文物数据采集技术相关标准更使广西第一次有了不可移动文物数据采集方面的技术遵循，这种标准在全国各地并不多见，具有重要价值。

第一节　项目实施过程

在项目实施过程中，项目组精心组织，严格按照事先设计的技术路线，不断优化实施细节，为最终成果的取得奠定了坚实的基础。项目立项后，项目组立即进入实施阶段。

一、选择确定数据采集技术

项目组通过文献检索和现场考察，对国内外现有的各种不可移动文物数据采集技术进行梳理和分析，全面了解国内数据采集技术的应用情况和研究深度。在众多的技术中，选择了全景摄影技术、倾斜摄影测量技术、贴近摄影技术、三维激光扫描技术、高光谱技术、偏振光技术以及人工建模技术作为研究的技术，并对这些技术的工作原理、技术流程、技术优劣等进行了全面了解。

二、选择确定研究对象

在广西众多的不可移动文物中，项目组精心选择了具有代表性的15处国家重点文物保护单位作为研究对象，涵盖古遗址、古墓葬、古建筑、古石刻、古壁画等五大类别。在选择文物对象时，不仅考虑了这些文物的代表性问题，还考虑了这些文物的特殊性问题。例如，在选择古遗址时，不仅选择了比较常见的露天遗址，而且特意选择了具有广西地域特色的洞穴遗址；同时，考虑到为了更好地展示遗址的细节，有意识地选择了有考古发掘现场的遗址。在选择古墓葬时，不仅选择了分布范围较大但不见墓室的合浦四方岭汉墓群，还选择了既有封土也有墓室的康僖王陵。在选择古建筑时，选择燕窝楼作为研究对象，主要考虑其具有中国古代建筑的典型特征；选择惠爱桥作为研究对象，主要是考虑到古桥在广西分布十分广泛，且惠爱桥结构特殊，具有较高研究价值；选择千家寺红军标语楼作为研究对象，除了其古建筑属性，还考虑到了其革命文物的性质。所选择的古石刻既有野外分布的崖壁石刻和摩崖造像，也有存放在室内的重要碑刻；在野外的古石刻中，既有分布在洞内崖壁上的，也有分布在洞外崖壁上的。在选择古岩画时，项目组选择了左江花山岩画的三处岩画点作为重点研究对象，其代表性是不言而喻的。

三、进行实验研究

根据所选择的文物对象，项目组采用不同的技术进行数据采集对比研究。每一处文物点均采取三种以上的技术进行实验研究。在每一类技术的对比研究中，均设置不同的参数进行实验，重点从建模技术难点、参数选取、数据应用几个环节进行分析、完善、补充。通过反复实验，找到每一种技术的优缺点以及最佳设计参数。在确定最合适的技术以及最佳参数后，将实验结果运用于所选择的 15 处文物的数据采集中，高保真还原本体特征、所处自然和人文环境、地理信息等多方面的信息。

四、搭建展示平台

为了更好地展示采集的数据，给公众展示广西不可移动文物基础数据采集标准执行的效果，项目组开发了一个展示平台，即“广西不可移动文物综合管理平台”。它是以广西不可移动文物为核心，基于现代信息技术而搭建的一个高效、准确、快捷的管理服务平台。借助该平台，有关部门可以全面地管理广西的文物信息资源，直观地掌握广西文物保护现状情况，获得文物本体基础状态和周边环境信息，辅助相关管理机构高效作出科学决策，提升广西不可移动文物的管理水平，实现广西不可移动文物从资源集中管理，到文物信息可视化展示，再到业务辅助决策形成一体化的解决方案。

五、制定标准

在充分实验对比和研究的基础上，根据广西壮族自治区独特的地理环境和不同类型文物的特点，并考虑技术的先进性、科学性、实用性和推广性等原则，项目组推荐贴近摄影测量技术、倾斜摄影测量技术、三维激光扫描技术、全景摄影技术用于广西地区不可移动文物的数据采集，并按照标准制定的流程与规范，制定了广西不可移动文物数据采集的四个技术标准。2022 年 7 月 6 日，广西壮族自治区文物局组织专家对《广西不可移动文物贴近摄影测量数据采集技术标准》《广西不可移动文物倾斜摄影测量数据采集技术标准》《广西不可移动文物三维激光扫描数据采集技术标准》《广西不可移动文物全景摄影数据采集技术标准》进行了评审，并于 2022 年 8 月 3 日复函广西壮族自治区文物保护与考古研究所，同意将上述四个标准作为广西全区不可移动文物基础数据采集的指导标准（试行）。

第二节　项目所取得的重要技术成果

本项目在不可移动文物数据采集技术对比研究、数据库建立、管理系统开发、技术标准制定等方面取得了一系列重要成果，大部分成果在广西是第一次取得，具有明显的技术创新性。

一、技术对比实验研究成果

通过对广西五种不同类型的不可移动文物数据采集研究与实验，项目组发现不同技术对不可移动文物本体外貌特征、所处环境、地理信息等多方面的基础数据采集结果存在差异。据此，项目组对每一种技术的优缺点进行了总结，并针对每一类遗址可以采用的技术进行了推荐。

（一）倾斜摄影技术

该技术可以克服全景单点环视的缺点，实现全域任意视点环视浏览。通过实验发现，不同飞行高度、重叠率、云台倾斜角度生成的不可移动文物实景三维模型均有不同。飞行高度越低，影像分辨率越高。当航向重叠率低于 60%，旁向重叠率低于 50% 时，模型易出现空洞；当云台倾斜角度高于 30°、低于 60° 时，模型效果差异不大。在倾斜摄影模型中其周边地理信息都完整可见，在平坦地区精度误差可控制在厘米级，能满足对文物及文物周边环境总体范围数据的采集。

该技术优点在于范围大、效率高、成本低、非接触式，可以反映文物周边真实情况、尺寸信息、顶部纹理和面积可控；缺点是无法实现文物内部建模、地物细节纹理模糊、局部结构扭曲、精度只能达厘米级、对于不规则的文物本体其模型特征的细节易模糊等。该技术可以运用于所有类型的不可移动文物（包括古墓葬、古遗址、古建筑、古石刻和古壁画等）的外部环境建模。

（二）贴近摄影测量技术

该技术的采集效率高，能够完整地还原周边环境与文物本体的细节，节省较多的人力、物力，而且精度可以达到毫米级，也可以派生出点云与数字高程模型等多种不同格式的产品。项目测试了在不同飞行高度、重叠率、云台倾斜角度、天气生成的不可移动文物实景三维模型，发现其周边地理信息都完整可见，细节真实、清晰可见，模型精度在 0.5 ～ 1 mm 以内。当距离越近时，影像分辨率越高，建模效果越好，纹理越清晰。当航向重叠率高于 80%，旁向重叠率高于 70% 时，模型完整，纹理清晰。云台倾斜角度适宜调整，对建模效果影响不大。原始影像数据采集时，宜选择光线较为柔和、均匀的天气进行拍摄。该技术既能满足对文物周边地理信息数据的采集，又能满足文物专家们对不可移动文物本体外貌细节的长期研究和文物在数字空间永生的要求。

该技术优点是效率高、成本较低、非接触式，可以反映文物周边及文物内部结构与纹理真实情况、精度可达毫米级、内部细节纹理清晰、采集数据量较小，可实现网络发布，可视化建模效果较好，适用于各种不可移动文物；缺点是对于卫星信号弱或者特征点较少的不可移动文物，其建模难度较大。该技术可以运用于所有类型的不可移动文物（包括古墓葬、古遗址、古建筑、古石刻和古壁画等）的外部环境及其文物细节建模。

（三）三维激光扫描技术

三维激光扫描技术对文物数据采集工作效率高，节省人力、物力。激光精度高，点云密度大，可以很好地通过一次测量获取高精度、大面积、复杂物体的细节特征。点云成果具有地理信息参数且精度较高。三维激光扫描采集通过非接触式扫描可以减少人为因素对文物的损坏，更好地保护文物。但现阶段三维扫描设备价格相对较高，数据处理软件专业性强。结合数据采集研究内容及采集成本，项目组认为对古墓葬、古遗址、古建筑类等文物数据精度要求高且费用充足的条件下，可以采用三维激光扫描方式对其进行数据采集。这样的成果能够满足文物专家们对不可移动文物高精度数字化内容存档、相关学者对文物的研究学习和文物在数字空间永生的要求。

该技术优点在于效率高、非接触式、数字化程度高、扩展性强，可以反映文物真实的地理信息，精度可达毫米级，对于文物研究具有重要价值；缺点是纹理需在后期数码相机进行数据采集后处理，内业贴图工作量巨大，耗时费力，生产成本高，效率低，贴图渲染出的数字三维模型成果纹理容易出现失真。该技术可以运用于中小型的不可移动类型文物（如古墓葬、洞穴遗址和古建筑等）的三维模型构建。

（四）全景摄影技术

全景可以给人以三维立体感的实景 360° 全方位图像，文物周边地理信息都完整可见，最大限度地保留场景的真实性，使观者犹如身在其中，能够满足不可移动文物保护、推广、线上浏览的要求。实验表明，在不同天气、快门速度、感光度和高度下，全景影像的成像质量均有所差异。总体上看，全景可满足专家学者对不可移动文物环境的了解。由于全景技术本身特性，无法进行文物测量，也不便于不可移动文物更精细地分析与研究。

该技术优点在于效率高，成本低，真实感强，有较好的交互性，不需要单独的插件，可以进行上下、左右、前后范围的漫游式浏览等；缺点是无法测量文物的尺寸信息，而且距离较远、分辨率差，容易产生视觉死角等。该技术可以运用于所有类型的不可移动文物（包括古墓葬、古遗址、古建筑、古石刻和古壁画等）的外部环境浏览。

（五）人工建模技术

采用草图大师和 3D Max 等软件构建人工建模生成的实景三维模型，模型主体通过人工测量尺寸、点云数据测量、影像数据来生产。对于规则物体表面可以迅速建模，适合具有一定自相似性的物体。若对于不规则物体，其精度误差相对大，采用人工贴图易发生纹理失真，且工作量巨大、耗时长，无法满足专家学者对文物研究的实际需求。在经费预算充足的情况下，可通过多种建模软件，尝试用不同数据源进行手工三维建模，当精度满足研究要求时，可将模型的所有结构拆解用于学者研究，也可用于文物展示科普。

该技术模型精度误差大，纹理需后期数码相机采集后内业贴图，工作量巨大，耗时费力，生产成本高，效率低下，且贴图渲染出的数字三维模型成果纹理容易出现失真。该技术可以运用于具有规则表面的不可移动文物（包括如古建筑和古石刻等）的建模。

（六）偏振光成像技术

该项目运用偏振光成像技术对石刻进行基础数据采集，经多次采集实验，并对结果进行分析后，发现偏振光对一般碑刻文字有一定增强显示的效果。在室内或室外光线柔和，且拍摄距离在 0.5 ～ 1 m 时效果最佳，同时适当调整拍摄角度（如倾斜 45° 拍摄）也有助于提高成像效果。但对于模糊程度较高的文字，几乎没有增强识别的效果。由于偏振光设备的局限性，后续若采用高分辨率、高帧率、高性能的偏振相机，配合相机三角支架、移动平行光源等配件，搭配具备分段线性拉伸、小波变换、直方图均衡化、伪彩色显示、图像融合等功能的第三方软件，可提高增强识别的效果。

该技术运用在古石刻类不可移动文物数据采集时，对于模糊的文字可以进行适当还原，但是其专业性强，适用设备较少，费用昂贵，目前在文物保护方面仅处于科研阶段。相关理论研究表明，偏振光对石刻中的文字等有增强显示的作用，但由于现阶段设备等局限性，仅适用科学研究。该技术主要运用于古石刻等需要识别纹理不明显字体与痕迹的不可移动文物。

（七）高光谱成像技术

项目运用高光谱数据采集技术对花山岩画进行了多次数据采集，获取了一定基础研究数据。由于岩画地理位置特殊，部分岩画有岩石脱落和沉积物覆盖，导致覆盖区域岩画与背景混淆。通过 MNF 变化和波谱差值运算，以及分离复杂背景等数据处理工作，可以较好地提取空间维数据和光谱维数据。但由于高光谱设备的局限性、数据分析的专业性以及时间和人力成本的昂贵性，使得该技术在岩画类数据采集的推广难度较高。

运用高光谱技术对古岩画类不可移动文物进行数据采集的优点是高光谱可以对采集岩画进行清晰处理，理论上可以分析其材质、颜料和组分等。但需要实验室的基础光谱等数据支撑，其专业性极强，而且可采用的设备较少，市场应用较弱，大面积采用难度较大，特别是空中高光谱成像。该技术主要运用于古岩画等需要识别物体成分的不可移动文物，由于现阶段设备等局限性，其主要应用于科学研究。

（八）小结

综合所示，项目组考虑到广西不可移动文物分布广、数量多、经费、采集效率、效果等因素，根据不同类别的不可移动文物特征及其数据采集需求，项目组推荐了不同类型的不可移动文物适宜的技术，具体如下。

（1）古墓葬：全景摄影技术、倾斜摄影技术、三维激光扫描技术、贴近摄影技术。

（2）古遗址：全景摄影技术、倾斜摄影技术、三维激光扫描技术、贴近摄影技术。

（3）古建筑：全景摄影技术、倾斜摄影技术、三维激光扫描技术、贴近摄影技术。

（4）古石刻：全景摄影技术、倾斜摄影技术、贴近摄影技术。

（5）古壁画：全景摄影技术、倾斜摄影技术、贴近摄影技术。

二、数据库成果

项目组在实验的基础上，对广西 15 处国家重点文物保护单位进行了数据采集，获得了一大批数据。

（一）获得了大量的实验数据

通过全景摄影技术、倾斜摄影技术、三维激光扫描技术、贴近摄影技术、偏振光成像技术、高光谱成像技术在不同文物类别、不同参数下的运用，获取了大量的实验数据。这些实验数据，是实地研究获得的第一手材料，不仅为将来开展进一步的研究奠定了很好的基础，也是本次研究中制定技术标准的关键性材料，弥足珍贵。

（二）获取了广西 15 处国家重点文物保护单位的数据

项目组在研究的基础上，用最适合的技术对 15 处文物保护单位进行了数据采集，有的文物点获得了多种技术条件下的数据成果，包括全景图像、贴近摄影建模成果、三维激光扫描建模成果、倾斜摄影数据成果等。这些成果是文物本体及其周边环境的基础数据，可以作为档案永久保存，也可以作为文物部门对其进行管理、保护和利用的科学性材料，具有重要价值。

三、管理系统开发成果

项目组开发了一套管理系统，即“广西不可移动文物综合管理平台”。该平台是目前广西第一个真正意义上的不可移动文物综合管理系统。

该平台在架构设计中，通过制定统一的技术体系和统一的行业标准规范，把与文物相关的业务和数据进行聚合，构建统一的业务管理平台，形成有机整体和规模效应。平台可以对接基于大数据、物联网、云计算作为底层的支持，采用多层模式。模块化的设计充分体现了“高内聚、低耦合”思想，每个模块相对独立且逻辑层次清晰，便于维护管理，同时能够随时弹性扩展未来新的业务发展需求。

系统功能方面包括两大块，一是三维可视化综合 GIS 管理系统，二是不可移动文物数据管理系统。三维可视化综合 GIS 管理系统可实现文物地图展示（包括文物地图分布、地图操作）、文物查询（包括条件查询、空间查询、联合查询）、信息展示（包括基本信息展示、图片展示、全景展示、三维展示）、辅助决策（包括辅助规划、缓冲区分析、叠加分析、生成分析报告）、文物统计（包括条件统计、空间统计）等功能。不可移动文物数据管理系统可实现系统维护（文物信息导入、基本信息维护、图片信息维护、全景管理）和系统管理（用户信息管理、用户权限控制、文物指标维护、日志管理）等功能。

该平台的建立实现了以下目标。

一是实现了完善的文物资源统一管理。平台基于“四有”档案资料规范体系，增加数字化专题数据，将来能无缝对接第三次普查系统数据构建的文物信息资源库，实现完善的资源管理功能。

二是实现文物信息可视化展示。平台利用地理信息、三维展示、360° 全景影像等技术手段，从地面与空中、整体与局部、单点到区域等多维视角，全面地展示不可移动文物时空信息，实现不可移动文物数据的可视化展示。

四、标准制定成果

项目组在充分的对比实验基础上，根据实验结果制定了《广西不可移动文物贴近摄影测量数据采集技术标准》《广西不可移动文物倾斜测量摄影数据采集技术标准》《广西不可移动文物三维激光扫描数据采集技术标准》《广西不可移动文物全景摄影数据采集技术标准》等四个技术标准。这四个技术标准均通过了广西壮族自治区文物局组织的专家评审。专家们一致认为，这些标准制定流程符合规范，标准内容符合广西不可移动文物数据采集的基本需要，具有前瞻性、创新性、科学性、实用性和推广性等特点，建议广西壮族自治区文物局将上述标准作为广西不可移动文物数据采集的地方准则。广西壮族自治区文物局在研究后，同意将上述四个标准作为广西不可移动文物数据采集的地方准则。

第三节　本项目研究的价值

“广西不可移动文物基础数据采集关键技术研究”项目的开展，是广西第一次进行这方面的研究，具有很强的创新性，是文物保护与科技有机融合的有益尝试，是文旅系统与科技部门践行习近平总书记重要讲话精神的重要实践，具有重要的学术价值、社会价值和经济价值。

一、学术价值

对不可移动文物基础数据进行采集是文物管理、保护和利用必不可少的工作。运用最新最适宜的采集技术对不可移动文物进行基础数据采集是加强文物保护科技力量的重要体现。目前，全国各地虽然用科技手段对一些文物进行了数据采集的尝试，但对于不同文物类别到底运用何种技术进行采集最为适宜还没有清晰的认识，尤其是针对一些特殊文物的数据采集，还没有形成一套成熟的技术手段。本项目立足广西不可移动文物保护的实际情况，在充分对比研究的基础上，发现了不同技术手段在具体运用中的优缺点，从而找到了不同类型文物可以运用的技术手段和最适宜运用的技术手段。

项目组还在充分研究的基础上，制定了四个技术标准。标准的制定是一个认真、细致且冗长的过程，需要考虑标准的前瞻性、科学性、实用性、推广性等因素，是不断研究、完善、补充的过程。因此技术标准的制定不仅为广西文物研究部门将来研究、制定类似标准积累了宝贵的经验，也为文物管理部门审定相关标准提供了学术参考。

二、社会价值

文物是不可再生的资源，保护文物就是保护我们的精神家园。广西不可移动文物数量众多，类型多样。这些文物大多分布在野外，面临着自然和人为破坏的双重风险，保护形势不容乐观。对这些文物进行有效保护，尽可能地延续其生命，是全社会的共同责任。除传统的保护方法之外，采用科技手段对其进行保护势在必行。

本项目针对广西不可移动文物数据采集技术进行研究，通过实验、比对、分析，为广西找到了一套最合理、最优化的文物数据采集技术，为将来广西不可移动文物的数据采集提供了有益借鉴，有助于推动广西文物数字化保护水平迈上新台阶。

本项目收集了大量的文物基础信息。这些基础信息是全面的、多角度的，是围绕文物进行保护、研究与利用的基础性资料，据此建立的数据库可为未来文物的管理、利用以及决策部门的决策提供数据支撑，为中国文物影响力的扩大以及向世界传播中国文化、讲述中国故事提供很好的素材。

项目组通过数据的采集和数据融合，开发了一套适合广西不可移动文物管理特点的管理系统。通过该管理系统评估分析文物现状，获得文物本体基础状态和周边环境信息，并对数字信息进行模糊处理，计算获得文物本体与周边环境及相互作用，将为广西不可移动文物的规范化管理提供基础数据和分析依据。

项目组制定的四个技术标准作为地方准则具有前瞻性、科学性、实用性、推广性、合理性等特点。它将进一步提升广西不可移动文物数据采集的规范化、科学化水平，助力广西不可移动文物的管理、保护与利用。

三、经济价值

本项目运用新技术对广西五种不同类别的不可移动文物（古遗址、古墓葬、古建筑、古壁画、古石刻）进行数据采集，并制定相关的采集技术标准以高保真还原本体特征、所处自然和人文环境、地理信息等多方面的信息，成果应用前景十分广阔。本项目的成果，可以广泛运用于广西不可移动文物的研究、保护、展示等方方面面。在加强广西文物安全、文物信息存储与管理、文旅融合等方面具有广阔的应用空间和重要的经济价值。

附　录

广西五类文物信息采集成果

附录 1　本项目完成的数据采集成果列表

广西不可移动文物研究区数据成果列表

序号	类型	所在地	文物名	高光谱	偏振光	全景	倾斜摄影	三维激光扫描	贴近摄影	数字高程模型
1	古墓葬	桂林市区	康僖王陵	×	×	√	√	√	√	√
		桂林市区	悼僖王陵	×	×	√	√	×	√	×
		北海市合浦县	合浦汉墓群（四方岭）	×	×	√	√	×	√	×
2	古遗址	桂林市区	甑皮岩遗址	×	×	√	√	√	√	×
		北海市合浦县	大浪古城遗址	×	×	√	√	√	√	√
		北海市合浦县	越州故城遗址	×	×	×	√	√	√	√
3	古建筑	桂林市全州县	燕窝楼	×	×	√	√	√	√	×
		桂林市兴安县	红军标语楼	×	×	√	√	√	√	×
		北海市合浦县	惠爱桥	×	×	√	√	×	√	×
4	古石刻	柳州市区	柳侯祠碑刻	×	√	√	√	×	√	×
		桂林市区	清秀山石刻	×	×	√	√	×	√	×
		桂林市区	骝马山石刻	×	×	√	√	×	√	×
5	古壁画	崇左市龙州县	沉香角花山岩画	×	×	√	√	×	√	×
		崇左市龙州县	朝船头花山岩画	√	×	√	√	×	√	×
		崇左市龙州县	棉江花山岩画	×	×	√	√	×	√	×

附录 2 古墓葬类不可移动文物数据采集成果

1. 康僖王陵

图 1 全景摄影技术（空中全景）

图 2 全景摄影技术（地面全景）

图 3 倾斜摄影技术（康僖王陵正面）

图 4 倾斜摄影技术（康僖王陵侧面）

图 5 点云扫描技术（真彩色）

图 6 点云扫描技术（循环着色）

图 7 贴近摄影技术（康僖王陵整体）

图 8 贴近摄影技术（细节尺寸）

图 9　贴近摄影技术（康僖王陵地宫）

图 10　贴近摄影技术（地宫细节尺寸）

图 11　数字高程模型（地图着色）

图 12　数字高程模型（HSV 着色）

2. 悼僖王陵

图 13　全景摄影技术（空中全景）

图 14　全景摄影技术（地面全景）

图 15　倾斜摄影技术（悼僖王陵正面）

图 16　倾斜摄影技术（悼僖王陵侧面）

图 17　贴近摄影技术（悼僖王陵整体）

图 18　贴近摄影技术（细节尺寸）

3. 四方岭汉墓群

图 19　全景摄影技术（空中全景）

图 20　全景摄影技术（地面全景）

图 21　倾斜摄影技术（四方岭汉墓群正面）

图 22　倾斜摄影技术（四方岭汉墓群侧面）

图 23　贴近摄影技术（四方岭汉墓群整体）

图 24　贴近摄影技术（细节尺寸）

附录 3　古遗址类不可移动文物数据采集成果

1. 甑皮岩

图 25　全景摄影技术（空中全景）

图 26　全景摄影技术（地面全景）

图 27　倾斜摄影技术（甑皮岩整体）

图 28　倾斜摄影技术（甑皮岩侧面）

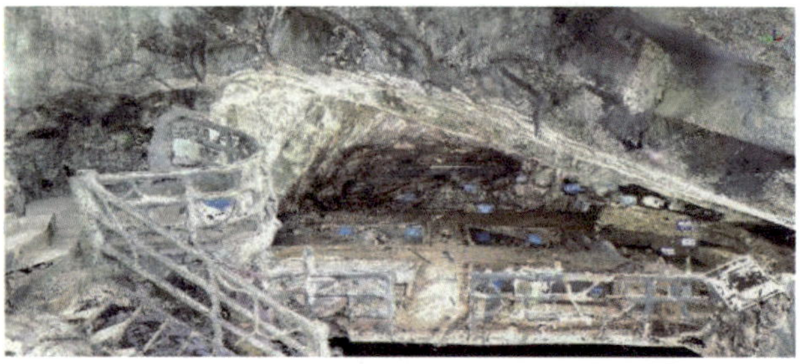

图 29　点云扫描技术（真彩色）

图 30　点云扫描技术（按高程着色）

图 31　贴近摄影技术（甑皮岩外部）

图 32　贴近摄影技术（甑皮岩内部）

2. 大浪古城遗址

图 33　全景摄影技术（空中全景）

图 34　全景摄影技术（地面全景）

图 35　倾斜摄影技术（大浪古城图 1）

图 36　倾斜摄影技术（大浪古城图 2）

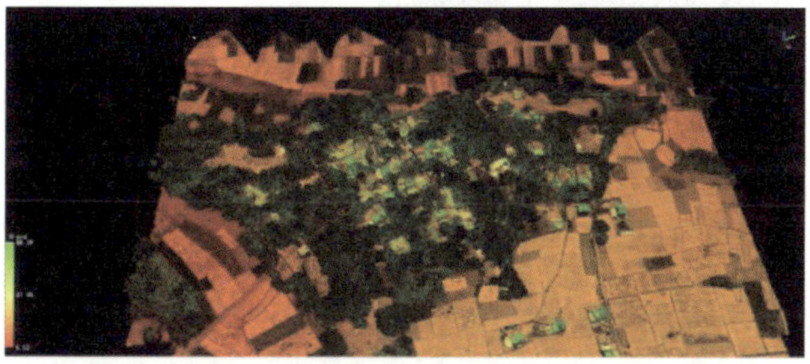

图 37　点云扫描技术（循环着色）

图 38　点云扫描技术（按高程着色）

图 39　贴近摄影技术（古城考古工地）

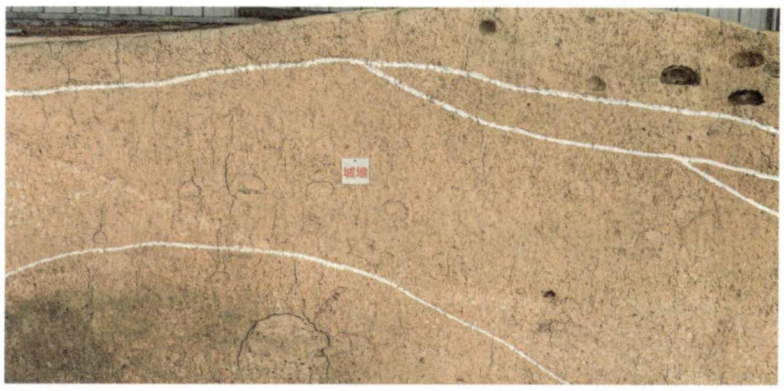

图 40　贴近摄影技术（细节尺寸）

图 41　贴近摄影技术（古城遗迹）

图 42　贴近摄影技术（细节尺寸）

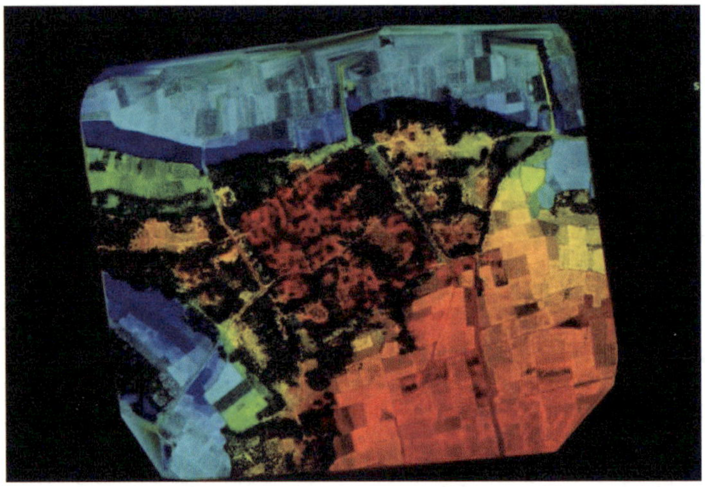

图 43　数字高程模型（按高程着色）

3. 越州故城

图 44　倾斜摄影技术（越州故城图 A）

图 45　倾斜摄影技术（越州故城图 B）

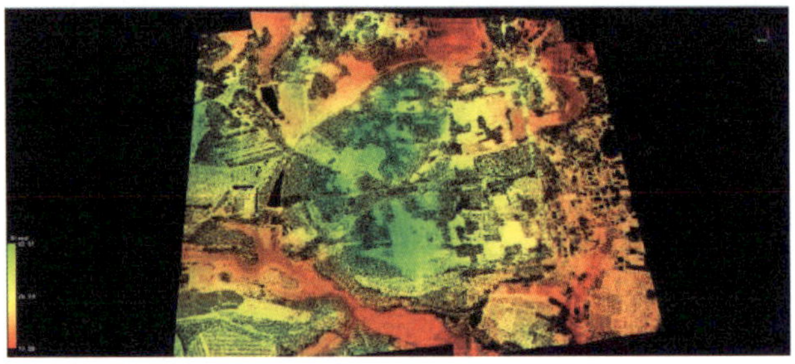

图 46　点云扫描技术（循环着色）

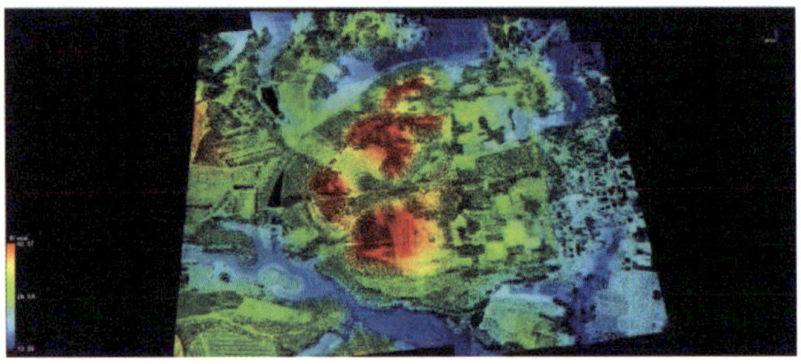

图 47　点云扫描技术（按高程着色）

图 48　贴近摄影技术（越州故城考古工地）

图 49　贴近摄影技术（细节尺寸）

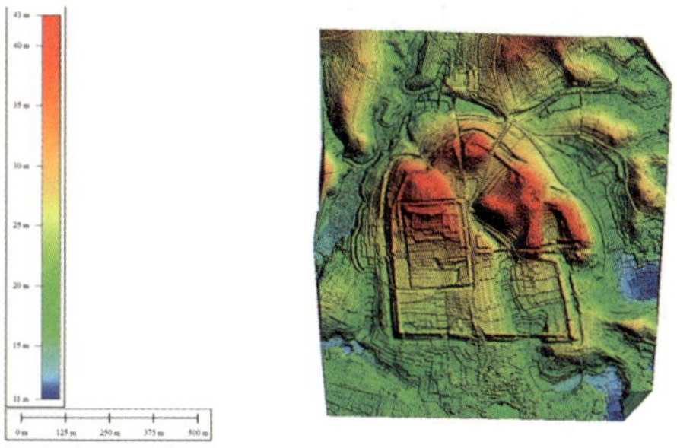

图 50　数字高程模型（地图着色）

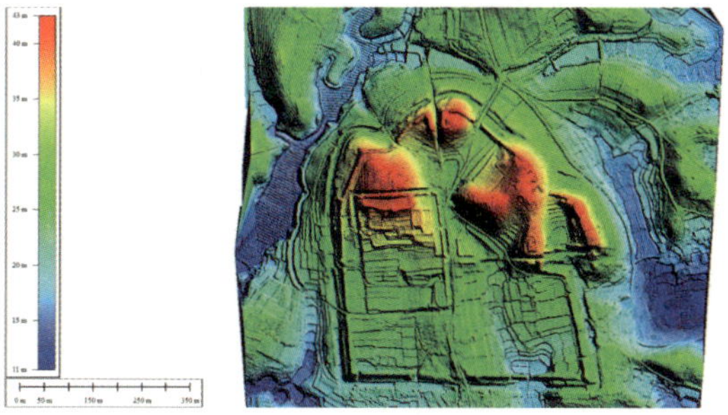

图 51　数字高程模型（色环着色）

附录 4　古建筑类不可移动文物数据采集成果

1. 燕窝楼

图 52　全景摄影技术（空中全景）

图 53　全景摄影技术（地面全景）

图 54　倾斜摄影技术（燕窝楼正面）

图 55　倾斜摄影技术（燕窝楼侧面）

图 56　点云扫描技术（真彩色）

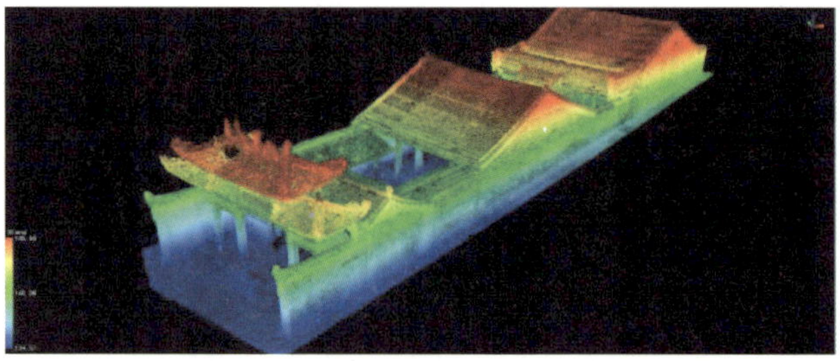

图 57　点云扫描技术（按高程着色）

图 58　贴近摄影技术（燕窝楼外部）

图 59　贴近摄影技术（外部细节尺寸）

图 60 贴近摄影技术（燕窝楼内部）

图 61 贴近摄影技术（内部细节尺寸）

2. 千家寺红军标语楼

图 62 全景摄影技术（空中全景）

图 63 全景摄影技术（地面全景）

图 64 倾斜摄影技术（标语楼正面）

图 65 倾斜摄影技术（标语楼侧面）

图 66 点云扫描技术（真彩色）

图 67 点云扫描技术（按高程着色）

图 68　贴近摄影技术（标语楼整体）

图 69　贴近摄影技术（标语细节尺寸）

3. 惠爱桥

图 70　全景摄影技术（空中全景）

图 71　全景摄影技术（地面全景）

图 72　倾斜摄影技术（惠爱桥正面）

图 73　倾斜摄影技术（惠爱桥侧面）

图 74　贴近摄影技术（惠爱桥整体）

图 75　贴近摄影技术（细节尺寸）

附录 5　古石刻类不可移动文物数据采集成果

1. 清秀山石刻

图 76　全景摄影技术（空中全景）

图 77　全景摄影技术（地面全景）

图 78　倾斜摄影技术（清秀山石刻图 1）

图 79　倾斜摄影技术（清秀山石刻图 2）

图 80　贴近摄影技术（清秀山石刻细节）

2. 骝马山石刻

图 81　全景摄影技术（空中全景）

图 82　全景摄影技术（地面全景）

图 83　倾斜摄影技术（骝马山石刻图 1）

图 84　倾斜摄影技术（骝马山石刻图 2）

图 85　贴近摄影技术（骝马山石刻）

图 86　贴近摄影技术（石刻细节尺寸）

3. 柳侯祠石刻

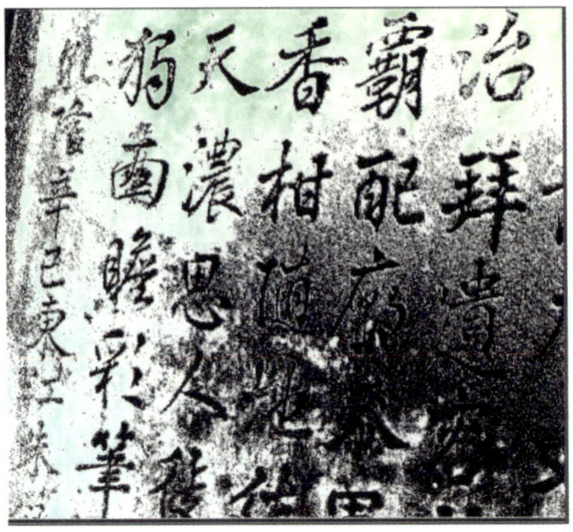

图 87　偏振光技术（柳侯祠石刻图 1）

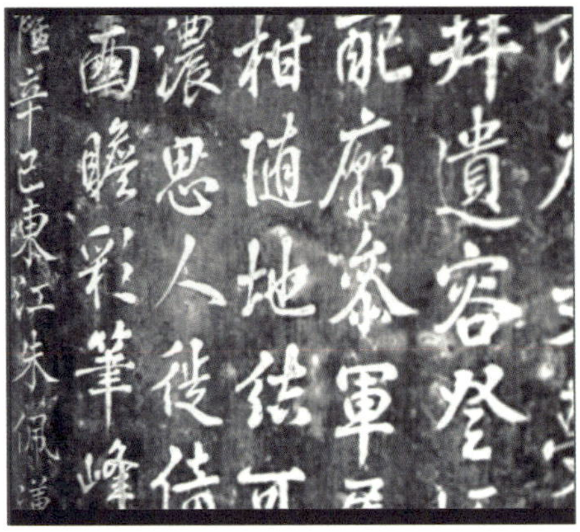

图 88　偏振光技术（柳侯祠石刻图 2）

图 89　偏振光技术（柳侯祠石刻图 1）

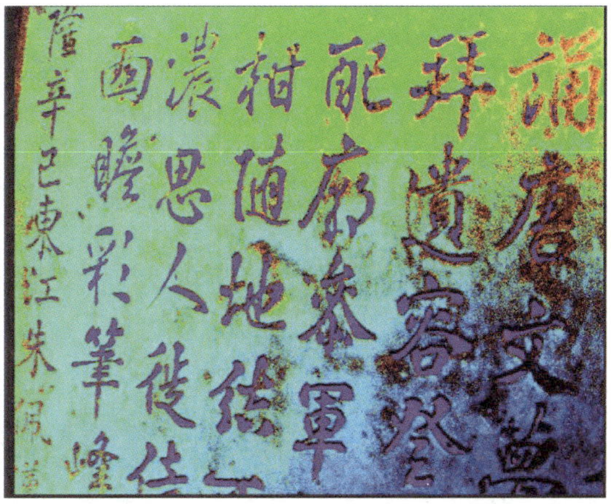

图 90　偏振光技术（柳侯祠石刻图 2）

图 91　全景摄影技术（空中全景）

图 92　全景摄影技术（地面全景）

图 93　倾斜摄影技术（柳侯祠石刻图 1）

图 94　倾斜摄影技术（柳侯祠石刻图 2）

图 95　贴近摄影技术（柳侯祠石刻）

图 96　贴近摄影技术（柳侯祠石刻细节尺寸）

附录 6　古壁画类不可移动文物数据采集成果

1. 沉香角花山岩画

图 97　高光谱技术（原始影像）

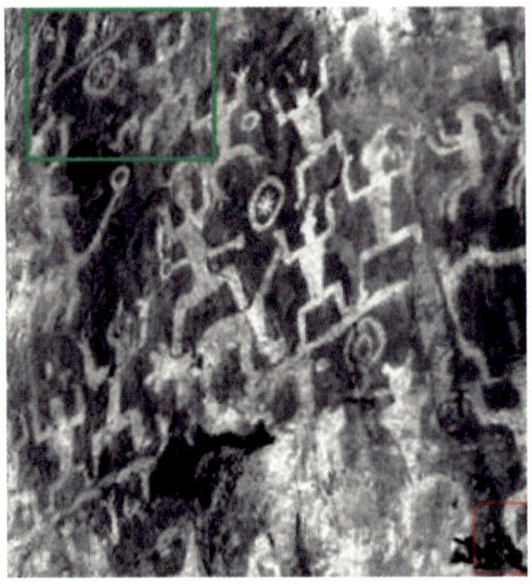

图 98　高光谱技术（波段运算）

图 99　高光谱技术（逆变换处理）

图 100　全景摄影技术（空中全景）

图 101　倾斜摄影技术（岩画岩体正面）

图 102　倾斜摄影技术（岩画岩体侧面）

图 103　贴近摄影技术（细节 A）

图 104　贴近摄影技术（细节 B）

2. 朝船头花山岩画

图 105　全景摄影技术（空中全景）

图 106　全景摄影技术（地面全景）

图 107　倾斜摄影技术（朝船头岩画岩体正面）

图 108　倾斜摄影技术（朝船头岩画岩体侧面）

图 109　贴近摄影技术（朝船头岩画）

图 110　贴近摄影技术（朝船头岩画细节尺寸）

3. 棉江花山岩画

图 111　全景摄影技术（空中全景）

图 112　全景摄影技术（地面全景）

图 113　倾斜摄影技术（棉江花山岩体正面）

图 114　倾斜摄影技术（棉江花山岩体侧面）

图 115　贴近摄影技术（棉江花山岩画第一组）

图 116　贴近摄影技术（棉江花山岩画第三组）

后　记

“广西不可移动文物基础数据采集关键技术研究”是广西文物保护与考古研究所自成立以来获得的第一个广西科技重点研发项目，也是该所第一次与外省科技研发机构联合申报广西壮族自治区科学技术厅项目，以开展文物保护技术方面的科学研究。该项目的顺利实施和完成对于进一步提升广西考古、文物保护等单位和个人的科研能力具有重要意义。

立项后，项目负责人随即组织团队成员开展工作。项目实施期间，团队成员遇到了大量出乎意料的困难，如经费严重不足、新冠疫情暴发以及各种自然和非自然的因素的影响等。但在广西壮族自治区文化和旅游厅、广西壮族自治区文物局、广西文物保护与考古研究所等单位领导的支持下，项目组克服重重困难，最终完成了各项研究任务，取得了一大批重要的科研成果。现在回想起来，实属不易。

在项目的实施过程中，项目组主要采用了理论分析与实地检验法、GIS空间分析法和摄影测量法等多种方法开展科学研究，攻克了多个关键技术难题，并制定了一套广西不可移动文物基础数据采集关键技术的地方标准，填补了多项广西不可移动文物基础数据采集技术方面的成果空白。

在项目技术成果应用方面，项目组也有所探索。除了将技术和标准应用于项目规定的15处国家重点文物保护单位的数据采集之外，还将其应用于项目外的其他文物数据采集，如广西省第一图书馆旧址、桂林古南门、民国桂林市政府旧址和广西人民革命大学旧址等不可移动文物的三维建模等。项目成果以产品（包括视频、图片和模型）、标准和学术论文等展示，得到了相关同行的广泛认可。

在研究结果即将付梓之际，我们要感谢有关方面的领导、专家和同行。在这里，我们要感谢广西壮族自治区文化和旅游厅副厅长谢日万、文物保护与考古处处长吴兵和一级调研员彭鹏程、资源开发处处长莫志东，广西民族博物馆馆长陶少艺，广西壮族自治区科学技术厅社发处原副处长谢美清，广西壮族自治区博物馆馆长韦江，广西文物保护设计中心主任陆卫，他们在本项目的申报、实施、验收等各个环节都给予了极大的关心与帮助。当然，我们还要特别感谢广西文物保护与考古研究所各位领导和同事对项目申报、实施、管理等方面给予的帮助，感谢砺剑防务技术集团有限公司、广西文物保护设计中心、广东财经大学、合浦县申报海上丝绸之路世界文化遗产中心、合浦县博物馆、桂林甑皮岩遗址博物馆、柳州市博物馆、全州县文物管理所、兴安县博物馆、宁明县文物管理所、中国红军第八军革命纪念馆等单位领导和同行对本项目的大力支持，同时还要感谢魏如明、罗旋、唐茜、叶林、张玉艳、陈紫茹、杨奕白、黄文娟、潘俊杰、李光亮、彭颖、何安益、谢广维、胡鹏程、翟翠丽、欧波、黄艺平、蒙芳、刘梅、覃秀芳、滕兰花、唐际红、李添、麻超君、黄伟、王晓川、刁彦、梁滨、黄菊、赵平、郑粤海等人员的积极参与和辛勤付出，他们在项目的实施、书稿的撰写与校对等方面提供了大量无私的帮助。当然，为本项目提供支持与帮助的朋友还有很多，因篇幅有限，不再一一罗列，在此一并表示感谢。

著者

2023 年 10 月